Inhalt

Zum Geleit!

Von der Überalterung der Menschheit, der Vergreisung der Städte, der wachsenden Belastung der öffentlichen Haushalte durch die anschwellende Zahl der aus dem Arbeitsprozeß Ausscheidenden wie auch von der *Not und Hilflosigkeit der Alten* wird oft gesprochen. Selten aber werden Möglichkeiten aufgezeigt, wie die Menschen in den höheren Lebensjahren weiter am Leben der Gemeinschaft teilnehmen, wie sie ihr Dasein sinn- und gehaltvoll gestalten oder gar unausgenutzte schöpferische Fähigkeiten entfalten und ausbauen und so weiterhin Werteschaffende, also wirtschaftlich positive Faktoren bleiben können.

Weithin gilt noch jene vom holländischen Psychiater *H. C. Rümke* vertretene Auffassung der *Lebensalter*, die für Kindheit und Jugend, Mannesalter und Reifezeit zwar psychohygienisch wertvolle Hilfen bietet, jedoch für die Zeit von 55–65 (von ihm „Präsenium", also Vergreisungs-Vorbereitungszeit genannt) und für das „Senium", die Zeit nach dem 65. Jahr, nur Negatives vorschlägt: Verzicht, Ablösung vom aktiven Leben, Auseinandersetzung mit Einsamkeit und Tod ...

In Wirklichkeit wird diese Wertung der höheren Lebensjahre durch die Erfahrungen der Hundertjährigen, die Erfolge der Psychodynamik und die Fülle der Altersleistungen widerlegt.

Goethe erkannte das „Präsenium" treffend als die Zeit der „zweiten Pubertät". Wir sprechen von der „*zweiten Leistungswelle*", der, wenn sie recht genützt wird, *Jahrzehnte wachsender Leistung, Reifung und fruchtbaren Schaffens, also zunehmender Selbstverwirklichung und Lebenssinn-Erfüllung folgen.*

Weil die Bedeutung dieser zweiten Leistungswelle und des Lebensplans für die Zeit danach bisher völlig unzureichend begriffen und kaum brauchbare Anleitungen gegeben wurden, *diese Zeit, die die Krönung des ganzen Daseins sein sollte, beglückend und fruchtbar zu gestalten* und für die Allgemeinheit nutzbringend zu machen, werden hier auf Grund der Erkenntnisse der dynamischen Psychologie mutmachende und richtungweisende Anregungen vermittelt zur Entfaltung aller positiven Kräfte und Anlagen im höheren Lebensalter.

Das erfreuliche Echo, das diese Hinweise bereits gefunden haben, beweist ihre Richtigkeit und ihren Nutzen.

DAS UNBEKANNTE ALTER

Das Leben, sagt *Hilty*, „wird im Alter nicht leichter; aber es kann und soll mit den Jahren immer größer, schöner und umfassender werden".

Heute sind die Möglichkeiten, die Schönheit und der Reichtum des Alters noch weithin unbekannt. Die allgemeinen Vorstellungen vom Altwerden und Altsein sind vorwiegend negativ, obwohl zahllose Altershochleistungen großer Menschen zeigen, *daß die Quellen schöpferischen Vermögens mit der „zweiten Leistungswelle" zwischen 55 und 65 bei rechtem Verhalten nicht nur stärker fließen können als je zuvor, sondern auch länger, als man bisher dachte.*

So bekannt die körperlichen Vorgänge des Alterns sind, so unbekannt sind die seelisch-geistigen Wandlungen und Möglichkeiten. Daher werden „die Alten“ weithin zum Untätigsein verdammt, schöpferische Quellen, die in ihnen aufbrechen könnten, verstopft.

In China und Rom galten einst die Alten als die Führenden, und Land und Volk gediehen. Heute werden die Alten zurückgestellt, und überall spürt man die fehlende Führung und Weisheit.

Statt die Alten zu „*betreuen*“, sollte man ihnen mehr vertrauen und *zutrauen*, ihre schöpferischen Vermögen der Allgemeinheit nutzbar machen. Denn es gibt, wie *Ebner-Eschenbach* sagt, im Alter „zwei Möglichkeiten: entweder versteinert oder verklärt es“.

Versteinern oder verklären! — hier scheiden sich in der Tat die Geister. Die meisten denken beim Älterwerden nicht daran, daß das Alter dem Jungsein in keiner Weise nachsteht. *Jeder* Lebensabschnitt hat seine Aufgaben und Freuden, seine Höhepunkte und Erfüllungen, weshalb es grundfalsch ist, sich in der Jugend nach dem Reifsein oder im Alter nach der Jugend zu sehnen.

Richtig lebt, wer die besonderen Möglichkeiten seines Lebensabschnitts erkennt, bejaht und freudig ausschöpft. Wer so lebt, der versteinert nicht, sondern verklärt und durchsonnt sein Dasein und erfüllt es, je älter er wird, immer sichtbarer mit der frohen Gelassenheit dessen, der sich zu jeder Zeit geborgen und zu ewigem Leben und Fortschritt berufen weiß.

Die größten Weisheiten der Menschheit sind – Altersweisheiten. Gerade die Reife des Alters macht den Menschen, der gelernt hat, nicht zu versteinern, sondern diesen Lebensabschnitt zu verklären, für Erkenntnisse und Einsichten wach und aufnahmefähig, die der Jugend noch verschlossen sind.

NEUE LEBENSKRAFT

Eine Londoner Zeitung berichtete vor einiger Zeit über den Fall eines hoffnungslos Kranken, der von seinem Arzt, einem Spezialisten, als Todeskandidat aufgegeben wurde. Der Arzt riet ihm, die ihm noch verbleibende Lebensspanne von 3—4 Monaten im Frieden der Natur zu verbringen, damit wenigstens seine Seele gesunde.

Der Kranke ging nach dem Süden, wo ihn das Schicksal mit einem 85jährigen Priester zusammenführte, der ihm die Todesgedanken ausredete und sein Herz mit neuem Vertrauen und Lebensmut erfüllte. Der Kranke fand wieder ruhigen Schlaf, spürte seine Kräfte wachsen, gewann erneut Freude am Leben; und als er nach einem halben Jahre heimkehrte, konnte sein Arzt nur bestätigen, daß ein Wunder geschehen, daß er gesund sei.

Solch Glück der Wiedergesundung ist erschütternd. Noch ergreifender aber ist, daß ein Priester mit 85 Jahren innerlich so lebendig und stark ist, daß er in einem aufgegebenen und zusammengebrochenen Menschen neuen Mut und neue Lebenskraft zu erwecken vermag.

Ich weise hierauf hin, weil dieser Priester zeigt, was ich in diesen Betrachtungen über die *geheimnisvolle Kraft, Schönheit und Weisheit des Alters* bewußt machen möchte: die Tatsache, *daß in jedem Menschen so viele ungeahnte Kräfte stecken, daß er* — gleich, ob er 50 oder 60, 70 oder älter ist — *jederzeit eine „zweite Jugend" herbeiführen, seinem vielleicht schon als abgeschlossen angesehenen Dasein einen neuen Sinn, Wert und Inhalt geben, eine Periode neuen*

Wachsens, Blühens und Fruchttragens einleiten und damit praktisch ein neues Leben für das alte eintauschen kann.

Die Voraussetzung dieser Wandlung kann jede Frau und jeder Mann erfüllen: die *innere Umstellung*, die Freimachung von den Vorurteilen, die ans Älterwerden geknüpft werden, die Ersetzung jeglicher Sorge um die Erhaltung des Lebens durch die freudige Hingabe an etwas, was einen überdauert und damit einem selbst Dauer gibt.

Der alte *Goethe* meinte mit Recht, daß jeder zu bedauern sei, der „die Vergänglichkeit der Dinge und des Lebens beklagt und sich in Betrachtung irdischer Nichtigkeiten verliert, *sind wir doch dazu da, das Vergängliche unvergänglich zu machen*". Bei Erfüllung dieser Aufgabe wird uns, statt des Älterwerdens, unsere eigene Unvergänglichkeit bewußt.

Wie das müdeste Herz zu neuem Mut und neuer Kraft finden und der Schönheit und Weisheit, der Würde und des Glücks des Alters teilhaftig werden kann, möchten diese Betrachtungen zeigen. Mögen sich recht viele davon angesprochen und ermutigt fühlen, den Tausch des alten Lebens gegen das neue, größere, zeitlose Leben, das verborgen darin ruht, zu wagen und die Freuden und Segnungen, die auch dieser Abschnitt des Daseins birgt, zu erkennen und auszuschöpfen!

Gunst und Kunst des Altseins

Die meisten Sterblichen, sagt *Seneca*, klagen über die Ungunst der Natur, weil sie „nur für eine kurze Lebensdauer geboren würden und weil die Frist der ihnen verliehenen Zeit so reißend schnell ablaufe, daß sie, wenn sie mit den Zubereitungen für das Leben fertig seien, es schon wieder verlassen müßten. In Wirklichkeit haben sie nicht zu wenig Zeit, sondern sie verschwenden zu viel davon. Auch zur Vollbringung der größten Werke ist das Leben lang genug, wenn es nur gut, das heißt: zu etwas Gutem verwendet wird."

Gerade im Alter lohnt es sich, hierüber nachzudenken und zu versuchen, im Blick auf die Gunst wie die Kunst des Altseins etwas Gutes, ja das Bestmögliche aus dem Leben zu machen. Das aber heißt: Erkenne, daß im Ablauf des Daseins jedes Stück der Lebensbahn seinen besonderen Wert und seine Aufgaben hat, die als solche erfüllt werden wollen!

Die *Gunst des Altseins* — wie die jedes Lebensabschnittes — besteht in der Tatsache, daß man nicht von der körperlichen Kraft und Tüchtigkeit, von den Jahren oder den Umständen abhängt, sondern durch rechtes Denken und Verhalten seine Überlegenheit, Selbst-Gewißheit und Zielgerichtetheit erweisen kann, zumal man in den höheren Lebensjahren dazu die nötige Übersicht, Reife und Gemütsruhe mitbringt.

Daß man auch die *Kunst des Altseins* beherrscht, beweist man, indem man von diesen Möglichkeiten den würdigsten und besten Gebrauch macht. Diese Kunst kann jeder meistern, weil man, wie *Schopenhauer* betont, „im Alter wirklich *weiß*, was man in der Jugend zu wissen glaubt. Nur wer alt ist, erhält eine vollständige und angemessene Vorstellung vom Leben, indem er es in seiner Ganzheit übersieht. *Darum entstehen auch gewöhnlich erst im Alter die reifsten Werke.* Die ersten 40 Jahre liefern den Text, die nächsten den Kommentar dazu, der uns den wahren Sinn und Zusammenhang des Lebens nebst allen Feinheiten recht verstehen lehrt. In der ersten Lebenshälfte müssen die Ideen, die Grundgedanken gesammelt und eingetragen werden; aber die Verarbeitung und Beherrschung dieses Stoffes ist Werk des späten Alters."

Der handelt weise, der sich in der Kunst übt, sich der Gunst des Altseins durch rechte Nutzung seiner Zeit und seiner Möglichkeiten jeden Tag aufs neue würdig zu erweisen, oder der zumindest der Mahnung des Mystikers folgt:

„Versuch's nur, lieber Freund! Mit Übung lernt man viel. Wer nur nicht sitzen bleibt, der kommt doch noch zum Ziel!"

DIE WISSENSCHAFT VOM ALTWERDEN

Neulich hörte ich, wie ein fröhlicher Alter zu einem neu erschienenen Buch bemerkte: „Über das Altwerden brauche ich kein Buch; das lernt sich von allein."

Das mochte für ihn gelten; die meisten aber plagen sich aus Unkenntnis mit den Unbilden des Alters. Es lohnt sich darum, sich mit den Ergebnissen der *Gerontologie*, der „Wissenschaft vom Altwerden", zu befassen. Bisher standen hier mehr die medizinischen Probleme der späteren Lebensjahre im Vordergrund. Seitdem aber die Rolle der seelischen Faktoren beim Altwerden erkannt ist, sucht man den seelischen Ursachen vorzeitigen Alterns — Einsamkeit und Langeweile, Krankheit und Unbefriedigtsein — mit wachsendem Erfolg zuleibe zu rücken.

Dabei wurde als besonders wichtig erkannt, daß alles getan werde, damit der *Ruhestand* nicht zum (geistigen und körperlichen) *Stillstand* und damit zu einem *Mißstand* aus Unverstand, sondern weise zu einem möglichst *befriedigenden Zustand* gemacht wird.

Wenn alte Menschen zufrieden sind, so in der Mehrzahl deshalb, weil sie eine große Familie oder Enkelkinder haben, an deren Werden und Wachsen sie lebendig teilnehmen, oder weil sie einen Garten oder eine Geist und Körper beschäftigende Liebhaberei oder Arbeit haben, die Langeweile und Grübeleien, Unzufriedenheit und Mißmut fernhalten.

Letztere kommen erfahrungsgemäß dort leicht auf, wo der Ruhestand zum Nicht-mehr-tun-dürfen wird und das Gefühl des Allein- und Überflüssigsein auslöst. Diese Gefahren vermeidet, wer

a) schon von der Lebensmitte an sich an positive Erwartungen und Planungen hinsichtlich der späteren Jahrzehnte gewöhnt,

b) sich mit den Jahren mehr Steckenpferde zulegt, die *bis* zur Pensionierung nebenher, *nach* derselben hauptsächlich gepflegt werden,

c) sich darin übt, nie bedauernd rückwärts oder ängstlich in die Zukunft zu blicken, sondern zu bejahen, daß *jedes Lebensalter sein eigenes Glück hat*, das es zu erkennen und zu ergreifen gilt,

d) sich mit Fragen der *Lebenskunst* beschäftigt, weil das den Geist rege hält und es dem Menschen leichter macht, sich für die Zeit des Ruhestandes neue Ziele zu setzen und bewußt ein freudenreiches *neues Leben* zu beginnen.

Wer das versucht, hält die Übel des Alters von sich fern und erlebt, wie wahr das Wort von Bertrand *Russell* ist: „*Die Fähigkeit, Mußezeit und Ruhestand klug auszufüllen, ist die höchste Stufe der persönlichen Kultur, zu der sich wenige aufgeschwungen haben, die aber jeder erreichen kann.*"

WEDER WARTESTAND NOCH STILLSTAND

Wenn ich beim Besuch eines Altersheims so manchen Insassen taten- und teilnahmslos dasitzen sehe, durchzuckt der heiße Wunsch mein Herz, ihn aufzurütteln, ihm bewußt zu machen, daß er nicht, wie er vielleicht meint, vor dem Untergang, sondern in einem Übergang steht, und *wie* er sich selber helfen und sein Leben auf mannigfache Weise lebendiger und reicher, gehalt-, sinn- und wertvoller gestalten kann.

Gewiß geschieht heute mehr als je zuvor für die „Alten". Wenn es gilt, neue Altersheime zu schaffen, findet man aufgeschlossene Herzen. Aber die Sorge für die soziale Sicherung der Menschen im höheren Lebensalter genügt nicht. Denn weit drückender als die Jahre ist ihre *seelische Not*.

Der ältere Mensch will nicht nur versorgt sein; sein Selbst- und Wertgefühl muß einsichtsvoll angesprochen und gesteigert werden. So wichtig wie die äußere und gesundheitliche Fürsorge ist ein positives seelisches und soziales Klima und die Sorge dafür, *daß der Mensch auch im höheren Alter zur Sinnerfüllung seines Lebens gelangt.*

Denn solange er seelisch gesund und aktiv ist, wird er sich auch körperlich wohl und in seiner Umwelt zu Hause fühlen. Er wird dankbar sein für das neue Verständnis, das man ihm entgegenbringt, und positive Kräfte des Gemüts und des Geistes entfalten, die sonst verkümmern würden.

Schon wenn von „*alten Menschen*“ gesprochen wird wie von etwas, was nicht mehr gefragt ist, gilt es, dieser Fehleinschätzung entgegenzutreten und klarzustellen, daß es „den alten Menschen“ nicht gibt, sondern nur Menschen auf verschiedenen Entwicklungsstufen.

Das Alter ist weder ein Stillstand noch ein Wartestand, sondern eine Entwicklungsphase wie alle früheren mit neuen Aufgaben und Möglichkeiten. Das Leben ist ewig im Fluß, und solange der Mensch bewußt an ihm teilnimmt, ist er lebendig, schöpferisch und unentbehrlich.

Es gilt zu erkennen, daß *jeder* Abschnitt im Leben seine besonderen Abläufe, Entwicklungen, Krisen und neuen Möglichkeiten hat und daß man aus *jedem* weit mehr positive Werte und Höhepunkte gewinnen kann, als man ahnt. *Auch die Entwicklungsphasen des höheren Lebensalters sind nicht Abstieg, Abbau und Verfall, sondern Aufstieg.*

Der Geist ist, wie das Leben, ein ewig Fortschreitender, und das Dasein ist ein Stufengang, der ständig höher führt zu neuen Einsichten und Werten, Weisheiten und Gewißheiten. Wer diese Höhepunkte bejaht, wer die *Schönheit des Alters* erkennt, die der der vorangegangenen Lebensabschnitte in keiner Weise nachsteht, der bewirkt, daß das Alter das ganze Leben krönt und verklärt.

KEINE ALTERSGRENZE

„Unser Vater macht uns Sorge," klagte mir jüngst eine Frau; „seitdem er pensioniert ist, wähnt er sich vom Leben ausgeschlossen, kommt sich unnütz vor, grübelt und grimmt und verfällt zusehends."

Er ist ein Opfer des bei uns geltenden anfechtbaren Grundsatzes, daß ein Beamter oder Angestellter mit 65 ausscheiden müsse, weil er nach Überschreiten der „*Altersgrenze*" vermeintlich nicht mehr die für sein Amt nötige geistige und körperliche Frische besitzt ...

Man übersieht dabei, daß über die Hälfte aller Großen und Erfolgreichen in den Bereichen des Geistes und der Kultur, der Wissenschaft und Kunst, der Wirtschaft und Politik ihre überragenden Leistungen nie entfaltet hätten und nie berühmt geworden wären, hätte man sie mit 65 in den Ruhestand versetzt.

In den USA denkt man weiter: dort gibt es keine Altersgrenze, nach deren Erreichung der aktive, schöpferische Mensch auszuscheiden hat. Dort kommt oft vor, was bei uns selten ist: daß Beamte ihr 50jähriges Dienstjubiläum feiern. In New York starb, um ein Beispiel zu nennen, 1932 ein städtischer Angestellter im Alter von *103* Jahren, nachdem er noch ein Jahr vorher seinen Posten zu allgemeiner Zufriedenheit versehen hatte.

Psychologen führen auf diese Gepflogenheit, schaffenden Menschen ohne Rücksicht auf ihr Alter den Arbeitsplatz zu erhalten, solange sie Freude am Schaffen haben und leistungsfähig sind, zwei positive Auswirkungen zurück: die konkurrenzlose Produktivität und das unentwegte Ansteigen des Lebensstandards des amerikanischen Volkes und die hohe mittlere Lebenserwartung des Amerikaners gegenüber dem Europäer.

Man weiß, daß die Fixierung eines „Pensionierungsalters" die ständige unbewußte Hinlenkung der Gedanken auf das Alter bewirkt mit der Folge, *daß der Mensch vorzeitig alt wird*, während dort, wo das Denken und Wollen von der *Freude am Schaffen und Vorwärtskommen* inspiriert wird, *der Mensch vom Ablauf der Zeit weniger berührt wird und länger produktiv bleibt.*

Es erscheint wünschenswert, daß diese biologisch wie volkswirtschaftlich richtigere und vorteilhaftere Auffassung sich auch bei uns durchsetzt und die Pensionierungsregel wenigstens aus einer schockhaft wirkenden starren *Muß*-Bestimmung in eine bloße *Kann*-Bestimmung umgewandelt wird.

UMGANG MIT ALTEN MENSCHEN

„Sie kennen Opa nicht," klagte die Hausfrau. „Seine ewige Nörgelei und zugleich Hilflosigkeit strapaziert unsere Geduld von früh bis spät."

Ich sprach daraufhin mit ihrem Vater, hörte ihn an und konnte der unglücklichen Hausfrau beim Abschied ein Rezept zur Sicherung der Einmütigkeit im Hause hinterlassen mit den folgenden 7 allgemeingültigen Regeln für den Umgang mit alten Menschen:

1) Zeige dem Älteren, daß Du ihn achtest und ernst nimmst, ohne dabei auf sein Alter abzuheben, das ja nicht von den Jahren abhängt, sondern von seiner gei-

stigen Haltung bedingt ist — auch von der, mit der die anderen ihm begegnen.

2) Sorge darum für ein positives seelisches Klima durch heitere Stimmung, optimistische Lebenshaltung, liebe- und verständnisvolle Einstellung, gute Laune und Gelassenheit. Sieh und bejahe an allem das Gute, nütze jede Gelegenheit zum Loben und Danken — und gewöhne Dich und Deine Umwelt, den heutigen Tag als den besten und wichtigsten zu werten und auszuschöpfen.

3) Bejahe und fördere die Selbstverantwortlichkeit des Älteren ebenso wie seine Fähigkeit zur Selbsthilfe. Sprich ihn nicht mit „Opa“ oder „Oma“, sondern als zeitlos Ebenbürtigen an und entfache seine Selbstachtung durch Inanspruchnahme seiner Tat- und Hilfsbereitschaft. Eigene Schwächen, Mängel und Leiden werden in der hilfreichen Hinwendung auf fremde Wünsche oder Nöte vergessen.

4) Gib dem Älteren Möglichkeiten, seine Steckenpferde zu pflegen und sich daneben im Haushalt oder Garten, als Erzieher oder Berater mithelfend zu betätigen, um so sein Selbstwertgefühl wachzuhalten.

5) Laß ihm andererseits Zeiten des Allein- und Fürsichseins, zur schweigenden Selbstbesinnung und Entfaltung seines Innenlebens wie auch zur Pflege der Freundschaft mit Gleichaltrigen und Jüngeren zu gegenseitiger Ergänzung und Anregung, Förderung und Bereicherung.

6) Ermutige ihn — neben der Tätigkeit im Hause — zu viel Bewegung in freier Luft, zu Spaziergängen, Teilnahme an Veranstaltungen, Begleitung bei Einkäufen, Besuchen, Kirchgängen. Vermittle ihm gute Lektüre,

soweit sie gewünscht wird, schöne Bilder, Unterhaltung durch Radio und Fernsehen, oder gib ihm Gelegenheit, ein Tier um sich zu haben oder wenigstens Zimmerblumen zu betreuen.

7) Wirke einer etwaigen Angst vor dem Tode entgegen durch lebensbejahende Einstellung und Haltung wie durch Hinweise auf Möglichkeiten meditativer Selbstbesinnung und Verinnerlichung, die ihm zum Innewerden der Unvergänglichkeit seines innersten Wesenskerns und dazu verhelfen, sein Dasein und alle Dinge im Lichte der Ewigkeit zu sehen. *Was Du an Ermutigung ausstrahlst, kehrt als Beglückung und Harmonie zu Dir zurück.*

TEILHABE DURCH TEILNAHME

Daß ältere Menschen kein Mitleid wollen, für freundschaftliche Teilnahme hingegen immer dankbar sind, habe ich in vielen Gesprächen erfahren, bei denen mir zugleich lebendig bewußt ward, wie sehr jede liebevolle Hinwendung zum Anderen verborgene Kräfte- und Freudequellen in *beiden* zum Fließen bringt.

Je älter man wird, desto deutlicher erkennt man, daß man immer „an so viel Freude und Glück Anspruch und Anteil hat, als man selbst teilnehmend anderen gewährt". Das meint *Tiedges* Wort:

„Sei hoch beseligt oder leide,
Das Herz bedarf ein zweites Herz.
Geteilte Freud' ist doppelt Freude,
geteilter Schmerz ist halber Schmerz."

Dem Teilnahmslosen wandeln sich selbst Vorteile unversehens in Nachteile, während sich am Teilnahmebereiten das Wort *Hesiods* erfüllt: „*Die Hälfte ist mehr als das Ganze.*“

Das heißt: wer durch liebevolle Teilnahme anderer Leid halbiert und ihre Freude verdoppelt, hat selbst noch größeren Gewinn, weil seine Liebe ein Mehrfaches eigenen Leides löst, Lastendes mindert und lindert und die eigene Freudekraft vervielfacht. So erwählt der Gebende stets das bessere Teil.

Niemand empfindet das wohl deutlicher als der ältere Mensch: allseitige liebende *Teilnahme* hilft ihm, die Glücks- und Werdemöglichkeiten der höheren Lebensjahre klarer zu erkennen und vollkommener auszuschöpfen,also seine Fähigkeit zur *Teilhabe* am Reichtum des Lebens ständig zu erhöhen.

Wo der Geist der Teilnahme herrscht, da wird die Fürsorge für einen Schwächeren oder Leidenden aus einer Last zu gern getanem Liebeswerk, und zugleich wird die *erneuernde und verjüngende Kraft lebendiger Teilnahme* verspürt, also die *erhöhte Teilhabe am ewigen Fortschritt.*

Solche Teilnahme bewirkt nicht zuletzt, daß Freundschaften, die im Alter geschlossen werden, zu einem verständnisvollen und fürsorglichen Miteinandergehen auf allen Gebieten des Lebens werden, das bis ans Ende Kraft und Beglückung spendet und dahin führt, daß auch das Hinübergehen des Einen die unsichtbare Verbundenheit und das innere Einswissen beider nicht aufzuheben vermag.

DER BLEIBENDE SCHATZ

Das Schönste am Altwerden ist das *Miteinander-Altwerden*, sagte ein betagter Arzt, dem man, wie seiner Lebensgefährtin, ansah, wie wahr das Dichterwort ist: „*Wenn Menschen sich lieben, bleiben sie jung füreinander*". Und warum? Weil die Liebe eine Kraft ist, die uns über die flüchtige Zeit erhebt, und weil in der Liebe das Ewige in uns sich dem Ewigen im Anderen zuneigt und dem Vergänglichen an uns mehr Dauer verleiht.

Wie bei diesem Ehepaar sieht man oft zwei Menschen in stetem Mit- und Füreinander ins Alter hineinwachsen, ohne daß sie es spüren, weil einer dem andern in hellen wie in dunklen Tagen ein Quell der Freude und Aufrichtung ist.

Hier spürt man, daß alles Streben nach dem Großen und Schönen, wenn es auch das Herz adelt, erst beglückend wird, wenn man es mit einer mitempfindenden Seele teilt. Gewiß ist groß und stark, wer sich selbst genügt; stärker aber ist, wer mit seinesgleichen den Weg zur Höhe geht, wie es *Rückert* erkannte:

„Sich selbst genügen und von anderen nichts verlangen,
ist Weisheit, frostige, die zeitig mir zergangen.
Nie g'nügest Du Dir selbst, wenn Du nicht andere liebst,
von denen Du empfängst und ihnen wieder gibst.
Drum stelle so den Spruch, dann magst Du Dich ihm fügen:
Gib, was Du kannst, und laß, was Du empfängst, Dir g'nügen."

Was der ältere Mensch ebenso braucht wie der junge, ist *Liebe*. Der chinesische Weise *Me-Ti* hat recht: „Führen wir alles Elend, alle Not und Unzufriedenheit, allen Haß und Streit in der Welt auf ihren Ursprung zurück, so entspringen sie alle aus dem Mangel an gegenseitiger Liebe. Darum sei gütig und voll Liebe zu allem, was lebt!"

Ein Weiser unserer Zeit ergänzt: „Zögere nicht, liebevoll und aufmerksam auch denen gegenüber zu sein, die Dir an Jahren voraus sind. Warte nicht, bis sie, von Krankheit betroffen oder vom Tode bedroht, hilflos daliegen. Das Leben ist kurz, und jede Stunde mahnt uns, die Herzen der Menschen um uns zu erfreuen. *Beeilen wir uns, gut zu sein!* Wie die Religion die höchste Offenbarung der Liebe ist, so ist die Liebe die sichtbare Form der Religion. Leben heißt lieben:
Ach, sonder Rast fliehn Jugend, Glück und Schimmer,
Was Du geliebet hast, bleibt Dir ein Schatz für immer."
Soweit und solange wir lieben, geben wir unserem Leben Inhalt und Dauer.

HERZENSGÜTE

„Mein schönstes Erlebnis," berichtete eine jugendlich wirkende alte Dame mit strahlendem Blick, „liegt weit zurück: ich hatte eines Abends alle Lichter entzündet, stand vor dem Spiegel und betrachtete voller Angst mein Gesicht und meine Haare. Die ersten Falten . . ., die ersten grauen Haare . . . Ohne daß ich es ahnte, trat mein Mann hinzu, bemerkte meine sorgenvolle Miene und meinte: ‚Wie schön, daß wir alles gemeinsam haben; jetzt hab' ich dich noch mal so gern'. Die Herzensgüte, die aus diesen Worten sprach, ließ mich lächeln und die Sorge ums Altwerden für immer vergessen."

Bei ihrem Bericht fiel mir *Schopenhauers* Wort ein: „Wie Fackeln und Feuerwerk vor der Sonne blaß und unscheinbar werden, so wird Geist, ja Genie und ebenfalls die Schönheit überstrahlt und verdunkelt von der Güte des Herzens."

Herzensgüte versteht es, mit kleinen Freundlichkeiten und Aufmerksamkeiten Sonne in den Alltag zu tragen und Quellen der Freude und Dankbarkeit zum Fließen zu bringen. An die Stelle negativer Wertungen setzt sie positive Zielsetzungen, für die der Mensch in den höheren Lebensjahren doppelt empfänglich ist, weil er die *Liebe* spürt, die alles verklärt.

Herzensgüte versteht es, das Älterwerden statt als Last als *Aufgabe* zu erkennen, das Selbstgefühl und frohe Interesse am Leben zu steigern, die lebendige Teilhabe an allem zu erweitern, den höheren Jahren neuen Lebensinhalt zu geben und bisher schlummernde Kräfte und Talente zur Entfaltung zu bringen.

Sie weiß, daß der Mensch auch und gerade im Alter nicht nur beschäftigt, sondern *schöpferisch und nützlich* sein und in dem, was er vollbringt, sich selbst erfüllen und verwirklichen, darbringen und vollenden will — und es auch kann!

Herzensgüte wird ihm damit zugleich zu jener heiteren Gelassenheit verhelfen, die aus dem Vertrauen zur inneren Führung und zur Sinnerfülltheit des Lebens erblüht. Und nicht zuletzt wird sie die Bande zwischen Jugend und Alter inniger knüpfen, so daß in der Begegnung mit den Kindern die eigene Kindheit neu ersteht und zugleich das Alter beglückt als Zeit der Ernte, Reifung und Führung bejaht wird.

Möge diese Herzensgüte überall dort Platz greifen, wo das Alter den Menschen vor neue Aufgaben stellt, und ihm zu jener *Harmonie mit sich selbst, mit der Umwelt und mit dem Ewigen verhelfen, die, indem sie Ja sagt zu allem, was kommt, alles in Quellen des Segens verwandelt!*

Großeltern können sich oft nicht damit abfinden, daß sie das Regiment in der Familie eines Tages abgeben müssen, daß die junge Generation ihr Leben selbst bestimmen und den Haushalt nach eigenem Willen ordnen möchte. Es verbittert sie, daß ihre Ansprüche und Forderungen auf wachsenden Widerstand stoßen.

Wer diesen Zwist verhindern und im Alter von Jahr zu Jahr glücklicher leben möchte, braucht nur vom *Fordern* aufs *Fördern* umzuschalten, wie es jene Großmutter tat, die sich auf Christi Goldene Regel besann, das von anderen Gewünschte zuerst *selbst* zu tun: statt zu fordern, gewöhnte sie sich an freundliches Bejahen und Nachgeben, legte unmerklich die Zügel in des Sohnes Hände, ließ sich von ihm raten und leiten, suchte der Schwiegertochter gerecht zu werden und sich auch nach ihr zu richten — und siehe da: die Wolken der Unmut und Verbitterung wichen, Freude, Friede und Harmonie zogen ein, und die Jüngeren erwiderten jedes Entgegenkommen mit gesteigerten Aufmerksamkeiten.

Sie hatte erkannt, daß, was man mit Fordern nicht erreicht, von selbst erfolgt, wenn man sich aufs Fördern umstellt. Aus dem Für- und Mit-den-andern-denken wurde lebendiges Miteinanderleben und gegenseitiges Helfen, zugleich wuchsen ihr neue Aufgaben zu und die Liebe und Achtung der Umwelt.

Sie hatte entdeckt, daß *fordern* heißt: sich selbst voranstellen, *fördern:* den anderen voranbringen. Wer sich voranstellt, weckt Gegenkräfte, da jede Ichsucht die gleichen Tendenzen in der Umwelt wachruft, so daß schließlich keinem gedient ist.

Wer andere voranstellt, bewirkt, daß die Liebe,die er betätigt, mit Entgegenkommen beantwortet wird, so daß beiden Seiten gedient ist. Und je erfinderischer der gute Wille im Fördern wird, desto weniger braucht er zu fordern, *weil ihm nun alles Gute von selbst zufällt, weil es ihm zukommt.*

Natürlich muß der gute Wille mit *Weisheit* gepaart sein, damit Hilfsbereitschaft nicht als Schwäche mißdeutet und ausgenützt wird. Man gestalte das Fördern so, daß es als besondere Fürsorge und als Geschenk empfunden wird, das Dankbarkeit und Gutwilligkeit auslöst. Je *schweigender* das Fördern geschieht, je unmerklicher, desto stärker ist die Wirkung, nicht aber, wenn es herausgestellt und betont wird, weil dann hinter dem Fördern das Fordern spürbar und entsprechend negativ beantwortet wird!

Gerade der ältere Mensch wird durch williges Fördern zum Mittelpunkt eines Kreises, in dem der Geist der Harmonie und gegenseitigen Hilfe herrscht und in dem ihm Aufgaben zuwachsen, die seiner innersten Neigung und Berufung entsprechen, deren Erfüllung ihn beglückt und das Schwinden der Jahre nicht mehr spüren läßt.

GEDANKEN AM ABEND

Als ich kürzlich die Stadt meiner Jugend besuchte, saß ich eines Abends mit einem Schulfreund zusammen, der mich, während ich berichtete, immer wieder betrachtete und schließlich fragte: „Woher kommt es, daß

Du, obwohl Du auf ein umfangreiches Lebenswerk zurückblicken kannst, so frisch und lebendig wirkst?"

„Du sagst es," antwortete ich. „Ich bemühe mich, unverändert *lebendig* zu bleiben, auf ständig höhere Ziele hin tätig zu sein und stets *mehr* zu schaffen als vorher, was mir leicht fällt, weil ich damit nur tue, was mir Freude macht. Ständig wachsend, wird man wohl älter, aber nicht alt; und wenn ich, wie jetzt, auf goldumsäumte Abendwolken blicke, kann ich mit Goethe sagen: „Ein guter Abend kommt heran, weil ich den ganzen Tag getan."

Er: „Du hast eben Glück gehabt."

Ich: „Nein. Glück kommt von innen und man muß es sich verdienen, muß von früh auf das Leben als *Ganzes* nehmen. Jugend stürmt in die Fremde, das Alter ist auf dem Heimweg. Glücklich ist, wer beides zu vereinen weiß und die Werte der Seele über die des Alltags stellt: die Liebe zum Guten, Wahren und Schönen, das Streben nach Wahrheit, Gerechtigkeit und Güte, die Ehrfurcht vor dem Leben und vor dem Ewigen und Göttlichen in ihm. Dann bringt der Abend die Krönung der Selbstbesinnung: die Innewerdung des Ewigen hinter dem Vergänglichen. Und selbst, wo letzte Gewißheit versagt blieb, erblüht die Abenderkenntnis: ‚Woher ich komme, wohin ich gehe, weiß ich nicht; doch dies: Von Gott zu Gott! ist meine Zuversicht.' Wenn die Lichter des Tages verblassen, werden die ewigen Sterne sichtbar, die uns verheißen: Mag tagsüber, im Leben, vieles falsch gewesen oder gemacht worden sein; am Abend kannst Du für Ordnung sorgen, für Harmonie, indem Du lernst, *ja zu sagen zu Dir, zum Leben, zum Schicksal, zum Ewigen!*"

Er: „Du meinst, ich könnte das auch gewinnen?..."

Ich: „Ja, weil die Voraussetzungen bei jedem die gleichen sind. Es kommt nur darauf an, was Du aus ihnen machst. Fühle Dich weder alt noch jung, sondern *zeitlos*! Denn die Zeit gehört dem äußeren Leben, die Ewigkeit dem inneren an. Aus *ihr* lebe, dann wird, wenn die äußere Kraft sinkt, die innere wachsen. *Denn der Geist ist alles, und was Du denkst, das wirst Du.* Bejahe und genieße den Abend mit der gleichen Hingabe wie den Morgen, dann spürst Du, was der Dichter empfand: ‚Am Abend duftet alles, was man gepflanzt hat, am lieblichsten!' Wenn sich abends die Brunnen der Seele öffnen, hörst Du den ewigen Lebensstrom in der Tiefe rauschen, und wie die Vergangenheit Dir heller wird, so die Zukunft. Du fühlst dann und weißt, daß die Sonne, die im Westen hinabzusinken scheint, in Wahrheit weiter leuchtet und Dir die Freude am Leben nicht nimmt, sondern vertieft, indem sie Deinem Geiste einen neuen Tag verheißt."

ES LOHNT SICH, ZU LEBEN

„Ein Leben lang habe ich gearbeitet, Geld verdient, Kinder groß gezogen, die dann ihre eigenen Wege gingen; nun bin ich pensioniert, und alles ist aus. Ein Freund machte mir das bewußt, als er beim Wiedersehen bemerkte: ‚Bist Du aber *alt* geworden!' Kein Wunder, wenn ich nicht einmal mehr im Schlaf Vergessen und Erquickung finde. Neben dem Unbehagen, vor dem Ende zu stehen, erfüllt mich Enttäuschung über das Leben, das sich nicht lohnt."

Diese und ähnliche Klagen über die Not des Altseins beantworte ich mit dem Rat, tiefer zu sehen und zu erkennen, daß das empfundene Unbehagen Zeichen und Begleiterscheinung jener „zweiten Pubertät" ist, von der Goethe spricht. Sie gleicht der ersten mit ihrer Unruhe, Unsicherheit, Unzufriedenheit und mangelnden Einsicht darin, daß der vermeintliche Untergang nur ein — Übergang ist zu einer neuen Lebensordnung.

Statt *aufzugeben* gilt es, nach dem Sinn der neuen Lebensperiode zu fragen und die *neuen Aufgaben*, die sie mit sich bringt, zu bejahen und willig zu erfüllen, also die Entwicklungskrise nach der Pensionierung nicht negativ als Endzeichen, sondern positiv als Begleiterscheinung des Übergangs in einen neuen Lebensabschnitt zu werten.

Daß man während dieser Übergangszeit oft *älter aussieht*, ist Folge der inneren Verkrampftheit und Lebensangst. Hat man die Krise überwunden, sich auf die neue Lebenswelle eingestellt und zu seinen neuen Zielen und Aufgaben gefunden, dann wird man bald erstaunt gefragt: „Was ist mit Dir? Du hast Dich ja förmlich *verjüngt*!" In Wirklichkeit hat man sich von erfüllten Verpflichtungen und alten Denk- und Lebensgewohnheiten frei gemacht, sich den Aufgaben des neuen Lebensabschnitts zugewandt und sich vom Schwung der neuen Lebenswelle mitreißen lassen, so daß man das Leben wieder lohnend findet ...

Welcher Art die neuen Ziele, Aufgaben und Erfüllungen sind, die das Dasein wieder lebenswert machen, hängt von den innersten Neigungen und Eignungen ab.

Vielleicht beglückt einen die Hingabe an ein Werk, das seit der Jugend Ziel geheimer Sehnsucht war, oder fand man Möglichkeiten der Selbstverwirklichung in öffentlichen Ehrenämtern, in der Adoption eines Waisenkindes, mit dem man von neuem jung wird, in neuen beruflichen Tätigkeiten, in der Hinwendung auf künstlerische, wissenschaftliche, philosophische oder religiöse Interessen und Aufgaben, in schriftstellerischer Betätigung, in der Gemeinschaft mit Gleichgesinnten zu geselligem Vergnügen oder gemeinsamen Wanderungen oder in der Verbindung mit einem Weggenossen, der den neuen Abschnitt der Lebenswanderung doppelt lohnend und beglückend macht . . .

Sowie man zu sich und zum Leben ja sagt, stellt sich auch der erquickende Schlaf wieder ein, das körperliche Wohlbefinden wächst und das Frohgefühl, *daß das Alter nicht Verarmung und Verödung, sondern* — wie die früheren Werdestufen — *ein Prozeß ständigen Reifer- und Reicherwerdens ist.*

DIE ERNEUERNDE KRAFT DES IDEALS

Was das Alter trübe macht, ist jene Resignation, die schon in den mittleren Lebensjahren mit der Preisgabe der Ideale der Jugend beginnt, obwohl diese Ideale doch in der zweiten Lebenshälfte ihrer Verwirklichung entgegenreifen sollen.

Ein großer alter Mann, Albert *Schweitzer*, warnt vor dieser Gefahr, sich die Überzeugungen und Ideale der Jugend von der Umwelt und den Umständen schmälern und nehmen zu lassen: den Glauben an den Menschen und an den Sieg des Guten, die Fähigkeit, sich für alles Große und Edle zu begeistern, das Eintreten für eine gute und gerechte Sache, die Ehrfurcht vor dem Leben in jeder Form.

In seinem Lebensbericht „Aus meiner Kindheit und Jugend“ schildert er, wie er diese vorzeitig alt machende Neigung als Kind bei den „Erwachsenen“ erkannte und sich entschloß, der tieferen Lebenserfahrung und -weisheit zu folgen und den Idealen seiner Jugend lebenslänglich treu zu bleiben:

„Im Jugendidealismus erschaut der Mensch die Wahrheit. In ihm besitzt er einen Reichtum, den er gegen nichts eintauschen sollte. Gewiß müssen wir darauf vorbereitet sein, daß das Leben uns den Glauben an das Gute und Wahre und die Begeisterung dafür nehmen will. Aber wir brauchen sie ihm nicht preiszugeben!

Das große Geheimnis ist, als unverbrauchter Mensch durchs Leben zu gehen. Das vermag, wer sich von allen Erfahrungen auf sich selbst zurückwerfen läßt und den letzten Grund der Dinge in sich sucht. Das Wissen vom Leben lautet nicht: ‚Die Wirklichkeit wird schon mit Deinen Idealen aufräumen!‘, sondern: ‚*Wachse in Deine Ideale hinein, daß das Leben sie Dir nicht nehmen kann!*‘

Als einer, der versucht, in seinem Denken und Empfinden jugendlich zu bleiben, habe ich mit den Tatsachen und der Erfahrung um den Glauben an das Gute gerungen. In dieser Zeit, wo Gewalttätigkeit in Lüge gekleidet auf dem Thron der Welt sitzt, bleibe ich dennoch überzeugt, daß Wahrheit, Liebe, Friedfertigkeit, Sanftmut und Gütigkeit die Gewalt sind, die über aller Gewalt ist.“

Was Albert Schweitzer damit ausspricht, ist zugleich das *Geheimnis steter Erneuerung aus dem Geiste auch im hohen Alter*. Auch in den höheren Lebensjahren ist es jederzeit möglich, zu den Idealen der Jugend zurückzukehren und sie allem äußeren Gegenschein zum Trotz hochzuhalten und ihnen im täglichen Leben zu folgen.

Wer das tut, ruft den frischen Geist der Jugend aufs neue in sich wach, erlebt die verjüngende Kraft der Ideale und lernt, statt von der Zeit und vom Körper her *mehr und mehr aus dem Geiste und aus dem Ewigen zu leben* und damit Albert Schweitzer und den großen Alten und Weisen aller Völker zu folgen.

SCHACH DEM ALTERN!

Die meisten sehen dem Altern mit Schrecken oder Ergebung entgegen; einige versuchen, auf gute Art älter zu werden; und nur wenige üben die Kunst, gelassen älter, aber nicht alt zu werden.

Die Antworten, die letztere auf die Frage nach dem Geheimnis ihrer Spannkraft und Rüstigkeit geben, lassen sich in folgende Lebensregeln zusammenfassen:

1. Den einfachsten Weg zum Jungbleiben im Alter wies *Goethe*, der drei Dinge forderte: „das beständige *Streben nach oben*, das Ringen mit sich selbst, das unersättliche Verlangen nach wachsender Reinheit, Weisheit, Güte und Liebe."

2. Auf diesem Wege wird gewiß, daß *älter werden reifer werden heißt*. Aus dieser Einsicht wieder erwächst das Vermögen, die Gegenwart unbeschwert zu bejahen und jede Lebensperiode mit dem Geist der Jugend zu erfüllen. Man weiß und fühlt dann: Es gibt keinen Stillstand oder gar Rückschritt in der seelischen Entwicklung, sondern nur ein ewiges Vorwärts. Und das macht bereit zu jederzeitiger Umstellung, zum Abwerfen alter

Gedanken und Gewohnheiten und zur Hingabe an neue Interessen, Aufgaben und Tätigkeiten im Innewerden höherer Ziele und Bestimmungen.

3. Diese Blickwendung zum Wesentlichen wiederum macht fähiger, in Entspannung, Stille und schweigender Sammlung zur Selbstbesinnung zu finden und die *Sinnerfüllung des Lebens* in den Mittelpunkt des Denkens und Strebens zu rücken. Damit fallen anerzogene Vorurteile, die zu irrigen Wertungen führten wie „Dazu bin ich zu alt — Das kann ich nicht — Dafür ist es zu spät!" Die Erkenntnis der Wahrheit leuchtet auf, daß man immer das ist und wird, was man denkt und bejaht, daß man groß von sich denken und sich alles zutrauen darf, weil die Fähigkeit und Kraft dazu in einem angelegt ist und durch Bejahung und Tat zur Entfaltung gebracht wird, wie die großen und erfolgreichen Alten seit je bewiesen haben.

4. Dem Altern bietet Schach, wer in der Hinwendung zum größeren freien Leben von innen her lernt, alles Geringere zu lassen, sich aus Verpflichtungen, Ämtern und Tätigkeiten zu lösen, die ans Vergangene binden, und sich *der Zukunft, die in der Gegenwart anhebt, zuzuwenden*. Dabei gilt es zugleich, nicht neuer Ichhaftigkeit, Selbstbezogenheit und Selbstsucht anheimzufallen, sondern seine Lebens- und Umwelt-Offenheit zu erhöhen, das Kraftfeld seines Geistes zu erweitern und alles Geschehen im helleren Licht der Ewigkeit zu sehen, das den inneren Plan sichtbar macht.

5. Aus solcher lebensgerechten Haltung erwächst dann am Ende jenes *Bewußtsein der Harmonie mit dem Unendlichen und des Geborgenseins im Ewigen*, das auch das Körperkleid mit dem Glanz der Zeitlosigkeit durch-

haucht und verklärt und die Wahrheit sichtbar werden läßt, daß, wie es *Schleich* erkannte, „alles Leben ein *Erleben* ist: es ist so lang, als es Erlebnisse in sich schließt," und ist so lange jung, als es dem Erleben aufgeschlossen bleibt!

Vorzüge des Alters

Vier Übel liegen den Klagen und Anklagen alter Menschen zugrunde: Rückwärtsgewandtheit, Unzufriedenheit, Langeweile und Hoffnungslosigkeit. Zum Glück können wir diese vier Mißstände dadurch zum Verschwinden bringen, daß wir den Blick auf die *Vorzüge des Alters* richten und *das Altsein zu nützen* lernen.

Der große Arzt *Feuchtersleben* lehrt in seiner „Diätetik der Seele," wie man sich vor allem dadurch zufrieden, gelassen und gesund erhält, daß man „die Vorzüge *jedes* Lebensalters zu erkennen, zu schätzen und auszubilden versteht: die Frische und kraftvolle Unbewußtheit der Jugend, die besonnene Mäßigung der Männlichkeit, den bewußten und ruhigen Überblick des Alters. *Die gütige Natur hat jede Zeit des Lebens mit Blüten geschmückt und mit Früchten bedacht.*"

Das erkennt und nützt, wer sich „in der steten dankbaren Aufmerksamkeit auf die Millionen unbemerkter, immer wiederkehrender Freuden übt, die uns der Lauf der Stunden zufließen läßt. Wieviele freudige Empfindungen läßt man vor allem im Alter mit stumpfer Gleichgültigkeit vorübergehen, deren Anerkennung dauerndes Behagen geben würde!

Lernen wir darum, wie *Jean Paul* jedes Gelingen und jede erwünschte Begegnung auf die Waagschale zu legen, wie *Goethe* die Natur zu preisen, die mit jedem

Atemzug neues Leben einflößt, wie *Hölderlin* die Seligkeit zu segnen, daß wir die Sonne genießen dürfen, und wie *Hippel* jeden Tag als eine Gnade und als Geschenk Gottes dankbar entgegenzunehmen."

Wenn wir so handeln, werden wir von Tag zu Tag aufgeschlossener für die Wirklichkeit und für den Reichtum des Lebens, werden teilnahms- und liebevoller, größer und wesentlicher.

Wenn wir Erntezeit und Alter so freudig und weise nützen wie Jugend und Reifezeit, werden wir mit den Jahren immer besinnlicher, heiterer und bereiter für das, was Hilty die *Schlußprüfung des Lebens* nennt: die „Maturität, die Reife, welche zum Eintritt in eine höhere Schulklasse des Geisteslebens berechtigt".

Keiner sah die lichten Seiten des Alters wohl deutlicher als der große amerikanische Lebensphilosoph *Ralph Waldo Emerson* (1803—1882), der in einem seiner Essays am Beispiel großer Lebensmeister diese Vorzüge sichtbar machte. Er sprach von dem Venetianer Dandolo, der „mit 84, obwohl blind, zum Dogen gewählt wird, mit 94 Konstantinopel erstürmt und, nachdem er auch aus einer Revolution als Sieger hervorgegangen, im 96. Jahre für den Thron des östlichen Kaiserreichs ausersehen wird, auf welche Würde er indes verzichtet, und als Doge mit 97 Jahren stirbt — einer von denen, bei deren Erscheinen die Leute aus ihren Häusern eilen, um auf sie zu schauen und ihnen zu gehorchen".

Geschichte und Lebenserfahrung machen die Vorteile des Alters erkennbar: „Es hat die gefahrvollen Klippen und Untiefen des Ozeans umschifft, auf dem wir dahinfahren, und indem die Ursache der Furcht hinfällig geworden, ist das Hauptübel des

Lebens überwunden. Man fühlt sich ungefährdet und erleichtert.

In der Jugend leben wir inmitten von Leidenschaften, Raubgier, Geschlechtstrieb und Todesfurcht. Sind diese Antriebe zur Erhaltung des animalischen Lebens und zeitweisen Hemmschuhe gefallen, treten edlere Hilfstruppen an ihre Stelle. Es öffnen sich dann die inneren Quellen von Herz und Gemüt, und höhere Motive nehmen den Platz der alten ein.

Ein weiterer Vorzug des Alters ist, daß es Ausdruck gefunden hat. Der junge Mensch leidet unter unerfüllten Wünschen, unter der Unerprobtheit seiner Kräfte, unter unklaren Vorstellungen einer Laufbahn, die erst Gestalt gewinnen soll. Mit den Jahren lernt er seine Kräfte weiser betätigen und seine Wünsche in Tatsachen umsetzen. Er hat seinen Beruf, sein Heim, seine gesellschaftlichen Beziehungen und seinen persönlichen Einfluß, bis im reifen Alter ein gewisser Einklang zwischen Wünschen und Besitz erreicht ist. Das gibt dem Alter seinen Wert.

An Alten, die sich in dieser Weise erfüllt sehen, bemerken wir oft jenen reinen, offenen, weichen und gleichbleibenden Ausdruck, der erkennen läßt, daß alle Gärung früherer Tage in heitere Klarheit der Gedanken und des Wesens umgesetzt ist.

Das Alter bestellt sein Haus und vollendet sein Werk, was jedem Künstler ein erhabenes Vergnügen ist. Die zentrale Weisheit, die die Jugend alt und achzig Jahre jung werden läßt, schiebt alles während der Reifezeit Hemmende beiseite und läßt den Geist rein und weise zurück."

Emerson schließt mit dem Bekenntnis, daß, „wer da liebt, in keiner Weise alt wird, und daß, sobald vom

Menschen gesprochen wird, sich auch die Erkenntnis seiner Unsterblichkeit ankündet, denn sie haftet seinem Wesen an. Sie ergibt sich als Folgerung aus der Art seines *Geistes, der Wissen und Fähigkeiten so in sich gesammelt hat, daß sie am Ende des Lebens gerade reif zur Geburt erscheinen*".

ZWEIERLEI SICHT

Zwei alte Männer saßen auf einer Bank gegenüber dem Spielplatz einer Schule und schauten dem Treiben der Kinder zu. Der eine tat es mit halb neidischen, halb mürrischen Blicken, der andere mit frohem Lächeln, in dem sich Mitfreude und sonnige Erinnerungen an die eigene Kindheit spiegelten. Als er seinen Nachbarn entsagungsvoll seufzen hörte und dessen Gram spürte, blickte er ihn an und meinte:

„Da man Ihnen ansieht, wie es in Ihnen aussieht, lassen Sie mich Ihnen sagen, daß Sie die Dinge nicht richtig sehen."

„Wieso? Ich sehe dort die Kinder, die das ganze Leben vor sich haben, und hier uns, die wir nichts mehr haben."

„Eben das ist falsch gesehen. Ich fühle mich reich, weil mir die Erinnerungen eines ganzen Lebens die Reife des Alters verklären. Ein alter Dichter empfand das Gleiche:

Das hat der Alte voraus vor den Jungen,
daß er im Heut' zugleich das Gestern lebt
und daß ein Festkranz von Erinnerungen
sich ihm um jede Stunde webt."

„Damit kann ich die verlorene Zeit nicht zurückrufen! Die Jungen haben es eben besser."

„Dann sehen Sie's nicht nur falsch, sondern handeln auch falsch und schaden sich selbst. Denn ‚die Jugend, wenn du alterst, zu beneiden, verjüngt dich nicht und mehrt des Alters Leiden!' Besser ist *mitfreuen*, weil das verjüngend wirkt."

Nach einigem Nachdenken erwiderte der erste: „Ich gebe zu, daß es zwei Arten gibt, die Dinge zu sehen ..."

„Richtig, und wenn Sie auch das *Alter* recht sehen, werden Sie an ihm gleichfalls das *Gute* entdecken und daraus Kraft schöpfen."

„Wie das?"

„Das Alter ist, wie *Lhotzky* sagt, bestimmt und fähig, ein herrlicher Zustand innerer Klärung zu werden, dem man mit Freude entgegensehen kann und der auch körperlich Erleichterung schafft, wenn man sich mit Vernunft darauf einstellt."

Die Schulpause war zu Ende. Der Spielplatz leerte sich. Die beiden Alten standen auf. Beim Abschied sagte der erste:

„Sie mögen Recht haben. Ich werde gern darüber nachdenken. Auf jeden Fall danke ich Ihnen für den Hinweis."

ALLES IST ÜBERGANG

Manchmal kann es hilfreich sein, die letzte Konsequenz der Verbitterung, mit der ein Mensch in den höheren Lebensjahren den Zusammenbruch seiner Hoffnungen und Ideale beantwortet, deutlich aufzuzeigen, um ihm zum Durchbruch zu höheren Wertungen zu verhelfen.

Dostojewski tat dies mit seiner Geschichte vom Geiger Jefimoff: Sein Leben lang hatte er gehofft, ein großer

Musiker zu werden, tat aber nichts, um dies Ziel zu erreichen. Er ließ sein Talent verkümmern und warf seiner Frau, von deren Geld er lebte, vor, daß sie am Erlöschen seines Künstlertums schuld sei. Als er dann eines Tages Gelegenheit hatte, einen wirklichen Könner zu hören, und daheim versuchte, es ihm auf der Geige gleichzutun, da erkannte er sein Unvermögen, sah das Werk seiner Einbildung zertrümmert, brach zusammen und fiel in Umnachtung ...

So kann jähe Selbsterkenntnis einen Menschen in Nacht und Tod stürzen. Aber ebenso kann sie ihn wachrütteln und zur Besinnung auf seine wirklichen Aufgaben und Kräfte führen. Es kommt auf die *Blickrichtung* an:

Wer im Alter ständig rückwärts starrt, verfällt leicht dem Selbsttrug, daß er seinen Höhepunkt überschritten habe und ihm nichts bleibe, als das Erworbene zu halten. Blickt er hingegen vorwärts, dann wird, was ihm als *Ende und Untergang* erschien, zur *Wende* und zum *Übergang* zu neuem Leben, das beginnt, sowie er den Ruf des Lebens „Immer aufwärts!" vernimmt und ihm folgt.

Um alles als Übergang zu erkennen, muß er aber zuvor lernen, alles, auch sich selbst, zu *bejahen*. Dann wandeln sich die Schranken in Stufen, über die er höherschreitet. Dann erkennt er das *Gesetz des Lebens*, demzufolge die Dinge, die auf einer Stufe wichtig und notwendig sind, an der Schwelle der nächsten ihre Bedeutung verlieren und zu bloßen Hindeutungen werden auf höhere Aufgaben und Erfüllungen.

Dann zeigt sich, wie an die Stelle zerstörter Hoffnungen wesentlichere Zielsetzungen treten, wie allem

Verlorenen Besseres folgt, *weil Leben Bewegung und ewiger Fortschritt ist, Übergang und Fortgang zu Größerem.*

Statt zu resignieren, daß alles, auch er selbst, vergehe, erkennt der zu sich selbst Erwachende mit Horaz: „*Ich vergehe nicht gänzlich;* der wesentliche Teil meiner selbst entgeht der Gruft; was Untergang scheint, ist nur Übergang."

Von da an bejaht er mit Hebel sein Leben in *jeder* Epoche als Schatzkammer: „Wir werden reich in jedem Gewölbe beschenkt, *wie* reich, erkennen wir erst beim Eintritt in das nächste Gewölbe."

DEIN EIGENER ERBE

Der römische Satiriker *Gajus Lucilius*, der von 180 bis 102 vor Chr. lebte, dreißig Bücher schrieb und bei seinen Zeitgenossen wegen seines beißenden Witzes und seiner scharfen Polemik gefürchtet war, schrieb einem durch allzuvieles Sorgen vorzeitig gealterten Freunde:

„Man nennt Dich reich; ich finde Dich arm. Denn da Du Deinen Reichtum nicht zu nützen verstehst und statt seiner Dich selbst verbrauchst, gehören Deine Schätze nicht Dir, sondern Deinen Erben."

Was der Dichter dem Freunde mit diesen aufrüttelnden Worten bewußt machen wollte, war dies:

Durch vernünftige Denk- und Lebensweise könntest Du, bei geringerem Kräfteverbrauch, gesünder, glücklicher und *länger leben* und *Dein eigener Erbe sein.* Warum nicht so leben und schaffen, daß Du das höchstmögliche Alter erreichst und bis zuletzt jugendlich, leistungsfroh und *gelassen* bleibst, weil Du im höheren Alter zugleich rüstig schaffen *und* von dem zehren wirst, was Du bis dahin erwarbst!

Nichtstun im höheren Alter ist genau so schädlich wie Überanspannung; gesund und lebenverlängernd ist allein jener harmonische Wechsel von Spannung und Entspannung, der dem Bewußtsein der Dauer und des Herrseins über alle Zeit entspringt und Ausdruck *ewigen inneren Jungseins* ist. Je sorgenfreier und reger Dein Geist, desto weniger kann die Zeit Deinem Körper anhaben und desto reicher wird Dein Leben — innerlich und äußerlich.

Höre darum auf, Dein Grab zu graben und Dich vorzeitig umzubringen, und lerne, *wie ein Philosoph zu leben*: in Deinen Werken und zugleich *über* den Dingen, ruhig und gelassen, ohne Sorge, Neid und Hast. Dann wirst Du Deine Ziele mit Sicherheit erreichen, *bis ans Ende jung bleiben und erleben, daß jeder neue Tag Dir neue Freuden und Erfüllungen bringt.*

NÜTZE DIE VORTEILE!

Wie jedes Ding und Ereignis und jede Zeit, so haben auch das Alter und die Lebensumstände im Alter Nachteile und Vorteile. Und statt die Nachteile hervorzuheben und zu beklagen, gilt es die Vorteile zu erkennen und zu nützen.

Zu den vielen *Vorteilen des Alters* gehören: die größere Ruhe, Gelassenheit und Weisheit und die Geneigtheit, die Dinge von einer höheren Warte aus zu sehen und daher besser zu meistern.

Die Beurteilung der Menschen wie der Umstände wird sachlicher, milder, gerechter. Erfahrung und Routine sind im Alter am größten und geben eine gewisse

Überlegenheit. Dazu kommt der Hauptvorteil, daß die geistige Leistung und die Fähigkeit schöpferischen Wirkens mit den Jahren zunehmen.

Wenn man sich an geistige Arbeit und Beweglichkeit gewöhnt und sich lange Zeit mit bestimmten Interessen, Aufgaben und Problemen befaßt hat, besteht die Möglichkeit zu überragenden Altersleistungen. Die besonderen Kräfte und Fähigkeiten, Tendenzen und Talente, die einem Menschen zu eigen sind — und sie sind bei jedem Menschen in einer *anderen* einmaligen Kombination vorhanden — treten dann hervor. Die schöpferischen Einfälle und Eingebungen werden mit der Zunahme der Besinnlichkeit im Alter leichter ans Licht gefördert. Sie sind im Grunde keine Frage des Alters, sondern der rechten Nach-Innen-Wendung.

Im übrigen wirkt die bewußte Entfaltung der inneren Kräfte nicht nur leistungserhöhend, sondern auch *lebenverlängernd.* Die Natur ist gerecht: ein Leben ohne Inhalt und ständiges inneres und äußeres Wachstum wird von ihr als bedeutungslos gewertet und früher beendet. Ein reiches Leben ständigen Fortschritts hingegen wird von ihr bejaht und lange erhalten.

Je sinnerfüllter ein Leben, besonders im Alter, desto länger und fruchtbarer ist es in der Regel.

Die Erfahrung lehrt, daß die Abnutzung des Organismus nicht durch ängstliches Belauern des Körpers und durch *Schonung* verhindert wird, sondern durch *ständigen Gebrauch* und eine von der Sorgsucht freie optimistische Lebenshaltung.

„*Lang* ist das Leben, wenn es gut ausgefüllt ist", meint *Paolo Mantegazza*, auch wenn es noch so kurz ist. „Was nützt ein achzigjähriges Dasein, wenn mit Nichtstun und ohne Ergebnis dahingebracht? Der wirkliche Wert des Lebens läßt sich nicht nach der Zeit, sondern nur nach dem Gebrauch desselben bemessen."

Darum wandte *Hebbel* sich vor allem an die Jugend mit seinem mahnenden Hinweis, die Zeit zu nützen, da sich „im Leben nichts nachholen und nichts Versäumtes wiederholen läßt. Jeder Moment hat seine eigentümlichen, unabweisbaren Forderungen", die es zu erkennen und zu erfüllen gilt, wenn man nicht am Leben vorbeileben will.

In der Tat liegt die Nützlichkeit des Lebens, wie auch *Montaigne* einräumt, „nicht in seiner Länge, sondern in seiner Anwendung. Mancher zählt viele Jahre und hat doch nur kurz gelebt. Darum seid achtsam, so lange Ihr da seid! Es liegt an Eurem Willen, Eurer geistigen Haltung und Zielsetzung, nicht an der Zahl der Jahre, daß Ihr hinlänglich und sinnvoll gelebt habt!"

Doch wenn auch, was richtig ist, nicht die Länge des Lebens, sondern der *Gehalt* entscheidet, so gibt es doch keinen Grund, nicht beides zu vereinen und für ein ebenso langes und gesundes wie reiches und erfülltes Leben zu sorgen. Eben hier liegt unsere Aufgabe, deren Meisterung sich lohnt und zugleich beglückt und mit der zu beginnen es nie zu spät ist.

Weise handelt, wer hier *Bacons* Rat folgt, „von morgens bis abends stets freien und heiteren Gemüts zu sein, Neid, Gram und Furcht ebenso wie jedes Übermaß an

Freude, Leidenschaft und Ausgelassenheit zu meiden. Es gilt, uns der Hoffnung, der Heiterkeit und der Gelassenheit mehr zu überlassen als dem Sorgen oder Entzücken, der Abwechslung von Genüssen mehr als ihrem Überfluß, der zu Überdruß führt, dem Staunen und der Bewunderung, der Beschäftigung mit neuen Gedanken und Idealen, die das Herz begeistern und den Geist beleben und rege erhalten, sich mehr hinzugeben als dem Grübeln und Rückwärtsschauen."

Wer so lebt, der gibt seinem Leben mehr Jahre, seinen Jahren mehr Leben und seinem Dasein insgesamt mehr Inhalt und Gehalt.

JUGENDWÜNSCHE — ALTERSWIRKLICHKEIT

„Man muß sich einen Stecken in der Jugend schneiden, damit man im Alter daran gehen kann," rät der chinesische Weise *Kung-Tse*. Der griechische Dichter *Euripides* ergänzt: „Wer in seiner Jugend die Musen vernachlässigt, hat die Vergangenheit verloren und ist für die Zukunft tot."

Wilhelm von Humboldt gab diesen Erkenntnissen praktischen Wert mit seinem tiefen Wort: „Besser gedeiht der junge Geist, wenn das reife Alter sich seiner annimmt: so verschönt sich auch des Menschen eigene innere Jugend, wenn er schon errungen hat, was dem Geiste das Alter gewährt ... Doppelt sei die Vermählung: jetzt schon sei im starken Gemüte des Alters Kraft, daß sie Dir erhalte die Jugend, damit später die Jugend Dich schütze gegen des Alters Schwäche."

Darin steckt eine doppelte Lebensweisheit für das Alter:

Einmal weist sie dem Alter die Aufgabe zu, der Jugend bei ihrer Reifung lenkend beizustehen und dadurch zugleich sich selbst vor Vereinsamung und Erstarrung zu bewahren.

Zum andern gilt es, *im Alter der „eigenen inneren Jugend" bewußt zu bleiben*, sich immer wieder den Idealen der eigenen Jugend zuzuwenden und so das Gemüt lebendig und den Geist wach und rege zu erhalten.

Dann wirkt man in jedem Alter das Wunder der Wandlung vom eigenen zeitlosen innersten Wesenskern her: daß den Blütenträumen der Jugend nicht der Herbst der Enttäuschung und Entsagung folgt, sondern vielmehr das ganze Leben von Wandlung zu Wandlung ein beständiges Wachsen und Reiferwerden ohne Ende bedeutet und Jugendwünsche von selbst zu Alterswirklichkeit werden.

Zugleich steckt ein tiefer Trost in dieser Erkenntnis, nämlich der, daß das Alter auch das, was die Jugend versäumte, durchaus nachzuholen, *die Idealitäten der Jugend in Realitäten des Alters umzumünzen und sich einen friedlich-heiteren und erfüllten Lebensabend zu sichern vermag.*

Dem, der sich selber die Treue bewahrt und zu seinem eigentlichen Wesen zurückkehrt, wird auch das Leben halten, was es ihm einst zu werden und zu geben versprach.

DIE BESTE ALTERSSICHERUNG

Unter den menschlichen Grundstrebungen ist eine der stärksten die nach *Sicherheit*, wobei von den mittleren Lebensjahren an die Sicherung des *Alters* in den Vordergrund rückt.

Daß wir alle nach Sicherheit streben, ist berechtigt; daß wir sie vorwiegend im *Äußeren*, im Finanziellen, suchen, ist falsch, solange wir die *innere*, die seelisch-geistige Sicherung, versäumen. Denn der nur-wirtschaftlichen Sicherung folgt, wie Erfahrung und Statistik lehren, zumeist bald der sog. „Pensionierungstod", womit jene auffallende hohe Sterblichkeitsquote bald nach der Zurruhesetzung bezeichnet wird, die die meisten nicht in den Genuß des durch die Sicherung angestrebten sorgenfreien Lebensabends kommen läßt.

Erfahrung und Lebensweisheit belehren uns darüber, daß die *beste Alterssicherung* im Regebleiben des Geistes und im aktiven Hinstreben der Seele nach immer höheren Zielen und Idealen liegt.

Schon nebenberufliche Steckenpferde und Neigungen, die nach der Berufsaufgabe Geist, Seele und Körper voll beschäftigen, lassen über den toten Punkt oder „Todespunkt" nach der Pensionierung hinwegkommen und wirken allgemein lebenverlängernd; noch mehr das früh begonnene stetige Streben nach einem sinnerfüllten Leben und schöpferischen Wirken im Dienste einer Idee, eines geistigen, sozialen oder religiösen Ideals, das die Menschenseele mit dem Bewußtsein ihrer Notwendigkeit und ihres Werts für die Allgemeinheit oder zumindest für ein oder einige Mitgeschöpfe erfüllt.

Wo immer ein Mensch sich als lebendige, produktive Zelle im Lebensganzen fühlt, weiß er sich im Ganzen geborgen und vom Ganzen her gesichert.

Das höchste Alter erreichen jene, die schon früh neben dem äußeren *Beruf* um ihre innere *Berufung* wissen, die im günstigsten Fall *eins* sind und alsdann bis zuletzt dem Geiste Inspiration und Beharrlichkeit, dem Körper

Kraft und Dauer und dem Leben Sinn und Inhalt geben, oder aber *nebeneinander* bestehen, wobei die innere Berufung mit der Zeit immer deutlicher die Führung im Denken, Wollen und Tun des Menschen übernimmt und bewirkt, daß er ständig weiter wächst und reift, entsprechend länger lebt und bis ans Ende rüstig und aktiv bleibt.

DAS FERNE ZIEL

Zu den wertvollsten Lebenslehren, die wir den großen Alten verdanken, gehört die, daß *rechte Zielsetzung* das Fundament eines langen und reichen Lebens bildet. Denn „mit jedem Hauch entflieht ein Teil des Lebens; nichts beut Ersatz für das, was Du verloren; drum suche früh ein würdig Ziel des Strebens", rät *Bodenstedt*. Gleich ihm lehrt *Seneca* zielbewußte Lebensführung: „Man muß, solange man lebt, lernen, wie man leben soll. Wer immer zum Höheren strebt und dem Geringeren stirbt, der gewinnt eine erhabene Ruhe allem Irdischen gegenüber."

Es ist eine Frage der Lebenskunst, die hier berührt und dahin beantwortet wird, daß „nur der Geist, der unverrückbar an ein fernes Ziel glaubt, sich die innere Kraft bewahrt, die ihn über Alltag und Alter hinwegführt."

Die meisten Menschen machen zu wenig aus ihrem Leben. Das gilt für die Jugend- und Reifezeit wie für das Alter, in dem die größten Reichtümer des Lebens auf Entfaltung und Auswertung warten.

Jeder Lebensabschnitt hat seine besonderen Ziele, deren Erreichung zumeist dem nächsten Abschnitt zugehört. Auch die Ziele der höheren Lebensjahre liegen zum Teil in einer Zukunft, auf die hin der ganze Mensch mit all seinen Fähigkeiten und Kräften sich angelegt zeigt.

Diese Erkenntnis weist nicht nur auf die Bedeutung des höheren Alters, sondern führt auch zur Gewißheit des Weiterlebens, des schrittweisen Reifwerdens für ein größeres Leben, zu dem das gegenwärtige Vorstufe ist und Übergang.

Entscheidend ist, wohin der ältere Mensch den Blick richtet: entsagungsvoll rückwärts in die Vergangenheit — oder zuversichtlich vorwärts in die Zukunft. Davon hängt es ab, wie weit ihm die höheren Lebensjahre als ein *Höherschreiten zu neuen Lebensinhalten* bewußt werden.

Da ihre Erreichung mit der gläubigen Bejahung näher rückt, handelt der recht, der im Alter den Kreis seiner Einsichten und Interessen, Zielsetzungen und Tätigkeiten ständig erweitert — sei es im familiären oder sozialen, im wissenschaftlichen oder künstlerischen, geistigen oder religiösen Bereich. Er rückt damit nicht nur dem fernen Ziel näher, sondern erreicht schon jetzt das Doppelziel, seinem Leben mehr Jahre und den späten Jahren mehr Leben zu geben.

DAS LEBEN HILFT DEN HOFFENDEN

Ist einer älter geworden, sagt *Kierkegaard*, „dann wird sein Leben häufig, was es nun einmal geworden ist: eine schläfrige Wiederholung des Gleichen; keine Möglichkeit schreckt weckend auf, keine Möglichkeit belebt verjüngend. Die *Hoffnung* wird etwas, was nirgends mehr zu Hause ist. Er lebt ohne das Ewige, mit Hilfe von Gewohnheit, Klugheit, Brauch und Nachäffung von Erfahrung. Es ist jener zähe Brei, den man „Lebensklugheit" nennt. Wer nicht begreift, daß sein ganzes Leben eine Zeit der Hoffnung sein soll, der erliegt der Verzweiflung."

Wer hingegen, statt der Lebensklugheit, der höheren *Lebensweisheit* folgt und sich gewöhnt, immer das Bessere zu erhoffen und nichts zu fürchten, stets das Gute zu erwarten und zu bejahen, aus allem das Beste zu machen und immer sein Bestes zu geben, der entdeckt bald, wie begründet und beglückend sein Hoffen und gläubiges Weiterschreiten ist.

Er bleibt *lebendig* und damit aufgeschlossen für neue Möglichkeiten, nimmt am Weltgeschehen teil, erweitert den Kreis seiner Interessen und Zuneigungen und damit seiner Glücksmöglichkeiten. Er bewahrt seine geistige Spannkraft und bleibt fähig, sich neuen Wendungen des Lebensschicksals anzupassen, an allem zu wachsen und — darüber hinauszuwachsen.

Zu der gemeinsamen Erfahrung aller großen Alten gehört die, daß *nur der Hoffende lebt*, wächst und ständig aufwärts steigt. Sie alle haben es erfahren: das Leben hilft den Hoffenden, nicht den Zweifelnden und Verzweifelnden. Denn Hoffen weckt Leben, und Leben wiederum heißt hoffen und um das Erhoffte zunehmen. Der Hoffende nimmt das Ersehnte im Geiste vorweg, bereitet ihm den Boden, zieht es herbei und hilft mit, daß es Wirklichkeit wird.

Das erkennt der ältere Mensch, der größere Zeitspannen überblickt, deutlicher als der junge. Er erfährt, daß der Hoffende stets der Weisere ist: der Weisheit der grauen Haare verbündet sich bei ihm das junge Herz mit der Wirkung, daß er wohl älter, aber nicht alt wird, weil Herz und Gemüt, Seele und Geist jung bleiben.

Hier offenbart sich die *verjüngende Wirkung* der Hoffnung, die der Dichter rühmt: „Die Hoffnung ist der Duft, der das Herz jung erhält," und die Jean Paul mahnen läßt: „Setzt alle, die ihr ernten wollt, eine Hoffnung nicht bloß voraus, sondern handelt nach ihr, so erfüllt sie sich."

Schon mancher Alte, der sich zur Lebensweisheit und damit zum Hoffen und Bejahen neuer Ernten durchrang, hat beglückt bestätigt: „*Ich hätte nicht gedacht, wie schön das Leben in Alter noch werden kann!*"

VERÄUSSERLICHUNG ODER VERINNERLICHUNG

Je älter ein Mensch wird, desto deutlicher sieht er sich vor die Wahl gestellt, mehr nach außen oder mehr nach innen zu leben. Für den besinnlichen Menschen, der seinen Abend als Krönung und Vollendung des Tages erleben möchte, ist die Wahl nicht schwer:

Mit der zunehmenden *Veräußerlichung*, zu der viele im Alter neigen, geht nicht nur das stärkere Bewußtwerden der Vergänglichkeit alles Gewordenen einher, sondern auch das leidvolle Gebundensein an das, was vergeht. Mit der fortschreitenden *Verinnerlichung* hingegen verklärt sich mit dem Bewußtwerden der unvergänglichen inneren Welt auch das Vergängliche.

Veräußerlichung erhöht das Gefesseltsein an Raum und Zeit und an die Flüchtigkeit aller Dinge, während

Verinnerlichung den eigenen Lebensraum und Zeitablauf schaffen hilft, der über dem äußeren liegt.

Sieht der nach außen Lebende in jedem Zeitpunkt das Ende eines Abschnitts, so erkennt der nach innen Gewandte in ihm den Anfang neuen Seins und Wirkens; ihm wird jeder Augenblick zum Repräsentanten der Ewigkeit.

Während der nach außen Gerichtete klagt: „Das Leben eilt dahin und nichts läßt sich halten, so daß auch der Reichste am Ende als Bettler davongeht; ach, alles ist eitel und Tand nur!“, weiß der nach innen Blickende: „Die Gewißheit des inneren Halts gibt auch dem flüchtigen Glück Bedeutung und Dauer; alles ist gut und wert, bejaht zu werden!“

Nur der nach außen Lebende jammert mit Heine: „Verwelkt, entblättert, zertreten sogar von rohen Schicksalsfüßen, mein Freund, das ist auf Erden das Los von allem Schönen und Süßen.“ Der nach Verinnerlichung Strebende hingegen bejaht mit Boëtius: „Elend ist nur, was Du dafür hältst, und jedes Schicksal ist ein glückliches für den, der es mit Seelenruhe trägt und bejaht.“

Während so dem an der Oberfläche Lebenden alles Vergehen zum Schrecken wird und zum Mahner an den eigenen Tod, wird dem sich Verinnerlichenden alles Vergängliche mehr und mehr zum Gleichnis höherer Wirklichkeiten.

Wenn aber Veräußerlichung am Ende in wachsende Verlorenheit, Einsamkeit und Heimatlosigkeit hinabzieht, Verinnerlichung Hineinwachsen in die innere Heimat und Innewerden der inneren Einheit mit allem, was lebt, bedeutet, sollte die Entscheidung nicht schwer fallen.

Wer sich für die Letztere entscheidet, wird von Jahr zu Jahr ruhiger, gelassener, überlegener, *sein Vertrauen zum Leben und zum Ewigen wird gerechtfertigt und erhält ihn bis ans Ende zeitlos jung.*

GLAUBE AN DAS ALTER!

Die oft ängstliche Frage, wie ich über das Alter denke, beantworte ich gern mit der frohen Bejahung: „Ich glaube an das Alter!"

Der Gedankenlose gibt sich damit zufrieden, ohne sich davon wecken zu lassen. Der Besinnliche hingegen wird aufmerksam, und auf seine Bitte und seinen hoffenden Blick hin verdeutliche ich ihm, *warum* der Glaube an das Alter ein ständiges Größer- und Fruchtbarerwerden in den höheren Lebensjahren zur Folge hat:

An das Alter glauben heißt erkennen, daß Älterwerden Reiferwerden ist und daß dem Schwinden der Jahre ein Gewinn an Wert und Weisheit entspricht.

An das Alter glauben heißt wissen, daß man in der Jugend in die *Länge*, in den mittleren Jahren manchmal in die *Breite* wächst, in den späteren Jahren hingegen in die *Tiefe*, und daß erst dieses Tiefenwachstum zur Vollendung und zur Sinnerfüllung des Lebens führt.

An das Alter glauben heißt gewiß sein, daß das Leben ein beständiger Aufbau und Ausbau ist, der in der Jugend beginnt, in den mittleren Jahren die Konturen des Werdenden ahnen und im höheren Lebensalter die Vollendung sichtbar werden läßt.

An das Alter glauben heißt, sich bewußt sein, daß *jede* Lebensstufe für unser Wachsen und Reifen bedeutsam ist und neue Aufgaben und Beglückungen mit sich bringt, weshalb es gilt, bewußt und freudig von einer Stufe zur nächsthöheren aufzusteigen und auf jeder das Höchstmögliche zu erreichen.

An das Alter glauben heißt von jedem kommenden Tage und Jahre Größeres erwarten, Tieferes aus ihm schöpfen und bewußter in ihm wirken. Es heißt mit den Jahren immer gütiger werden, freudiger schenken und jede Gabe des Lebens dankbarer entgegennehmen. Es heißt, *immer selbstloser lieben und gut sein — und damit der Selbstvollendung immer näher kommen.*

Wer an das Alter glaubt, der erschrickt nicht wie jene, die vor ihm ängstlich die Augen schließen. Er kennt weder Müdigkeit noch Verzicht, sondern schreitet von Erfüllung zu Erfüllung vorwärts. Seine Bahn ist ohne Ende. Was ihn stark und überlegen macht, ist eben dieser Glaube, dem *Rainer Maria Rilke* Ausdruck gab:

„*Ich glaube an das Alter!* Arbeiten und alt werden — das ist es, was das Leben von uns erwartet. Und dann eines Tages alt sein und noch lange nicht alles verstehen, nein, aber anfangen, aber lieben, aber ahnen, aber zusammenhängen mit Fernem und Unsagbarem — bis in die Sterne hinein!"

BLÜTEZEIT DES GEISTES

In der Vorrede zu seinen „Naturwissenschaftlichen Betrachtungen" spricht der große Stoiker *Seneca* (4 vor Chr. — 65 n. Chr.) davon, welch großes Werk er noch als Greis in Angriff nehme, und legt dann dar, wie durch rechte Beschränkung aufs Wesentliche und weise Nutzung jeder Stunde Höchstleistungen erlangt werden und wie „das Selbstvertrauen wächst, wenn man sich stets die Größe des Unternehmens und die Notwendigkeit vor Augen führt, alle Zeit für die Lösung der Aufgabe und keine für die eigene Person zu verwenden".

Daß Seneca, der in den frühen und mittleren Jahren Senator und Erzieher des Kaisers *Nero* war, als 70 Jähriger von Nero zum Freitod gezwungen, mit der gleichen Gelassenheit aus dem Leben schied, mit der er als Philosoph lebte und lehrte, führte dazu, daß seine Lehren von der sittlichen Strenge gegen das eigene Ich und der verstehenden Milde gegenüber den Mitmenschen, von der Ruhe der Seele und dem Vertrauen zur Vorsehung nicht nur das öffentliche Leben Roms, sondern auch die christliche Lebenslehre entscheidend beeinflußten.

Vom Alter schrieb Seneca in seinen letzten Lebensjahren, daß man es liebevoll behandeln und ihm seine Zuneigung schenken möge, da es eine *Fülle von Freuden* biete, wenn man es recht zu nutzen wisse.

Zugleich gelte es, jeden Tag so zu verbringen, als könnte er auch der letzte sein, und beim Einschlafen zu bejahen: „Ich habe gelebt und den mir vom Schicksal bestimmten Weg zurückgelegt. Wenn Gott mir ein Morgen schenkt, will ich es freudig entgegennehmen." *Wer so denkt, erhebt sich jeden Morgen mit dem dankbaren Gefühl eines unerwarteten Gewinns.*

Über sich selbst schrieb er im Alter: „Meine geistige Kraft ist ungebrochen und ich freue mich, nicht mehr viel mit dem Körper zu schaffen zu haben. Mein geistiges Wesen hat einen großen Teil seiner Last abgelegt. Es ist froh und macht mir den Wert des Alters bewußt, das die *Blütezeit des Geistes* sein soll . . . Darum lerne ich heute genau so willig wie in der Jugend; denn in der Schule des Lebens kommt es nicht auf die Jahre an, sondern auf den immer wachen Willen zum Lernen, solange noch Mangel an Kenntnissen und Erkenntnissen herrscht (also solange man lebt) und zum ständigen Wachsen und Reifen.

Der Fortschritt entspricht immer den Anstrengungen; und wer nie erlahmt, wird bis zuletzt in der Kunst weiser Lebensführung fortschreiten. So suche ich zu erreichen, *daß mir jeder Tag so viel gilt wie ein ganzes Leben*, um, wenn meine Stunde da ist, als ein innerlich reicherer und besserer Mensch aus dem Dasein ins Sein hinüberzuschreiten."

ICH LEBE — ICH BIN!

Einer der revolutionärsten Gedanken *Emersons* ist der, daß in der Natur ein immerwährendes *Jetzt* herrscht und daß, wer dessen bewußt, die Stunde, den Augenblick füllt, dem Kraftquell zeitlosen Glücklichseins immer nahe ist. Er klagt nicht: „Schon wieder eine Stunde, ein Tag des Lebens dahin!", sondern fühlt und bejaht im Innewerden, daß der Augenblick *Ewigkeit* ist: „Ich lebe — ich bin!"

Weil Emerson so dachte und lebte, konnte er bekennen:

„Alter? Ich sehe keinen Mangel in ihm. Solange wir mit dem, was über uns ist, Zwiesprache halten, werden wir nicht älter, sondern immer jugendlicher.

Mancher Mann und manche Frau von 70 meinen jedoch träge, sie wüßten genug, werfen ihre Hoffnungen beiseite, verzichten auf alles Weiterstreben und denken verächtlich vom Jungsein. Dem Einsichtigen und Willigen hingegen setzt die Natur ein altes Haupt auf junge

Schultern, sie läßt ein junges Herz unter achtzig Wintern schlagen.

Mit Recht wünscht jeder ein langes Leben, das die Bestimmung der Natur ist. Denn Geschicktheit des Tuns erwirbt man nur durch Tun, Kenntnisse und Erfahrung erlangt man nur durch allezeit offene Augen und unermüdlich schaffende Hände. Und es gibt keine Erkenntnis, die nicht auch *Macht* einschließt."

Dieses Wachsen und Größerwerden ist ohne Ende. Was Emerson im Alter bekannte, gilt allgemein: „*daß der Mensch ohne Aufhören fortschreitet*. Ich bin nicht mehr der Neuling, der ich vor 14 oder 7 Jahren war. Meine Empfänglichkeit und Einsicht wird immer umfassender . . .

Der Mensch verbraucht viel Zeit mit Essen, Schlafen und dem Erwerb seines Unterhalts und sehr wenig Zeit für sein inneres Wachstum und seine Selbsterkenntnis, die, erwacht, das Licht seines Lebens wird. In ihr besitzt er einen Schatz an Weisheit und Erhebungen, der ihn auf seinem Wege in die geistige Welt begleitet. Was bedeutet es demgegenüber, daß wir uns hier und da im Leben lächerlich machten oder unterlagen: *Aufwärts schau, altes Herz!* Am Ende siegt alle Gerechtigkeit. Unsere Bestimmung, die sich in der Welt erfüllen soll, ist die Umsetzung von Geist, von Genie in fortwirkende Kraft!"

Wer zu dieser Einsicht erwachte, der kann, wie Emerson, „am Abend gelassen dem Morgen entgegensehen — mit der heiteren Unbekümmertheit dessen, der Gott in sich weiß und so die ganze Zukunft im Grunde des Herzens ruhen fühlt."

Beständiger Aufstieg

In den Ferien lernte ich einen alten Bergführer kennen, der mir auffiel, weil sich bei ihm die grauen Haare mit blitzenden Augen und jugendlicher Rüstigkeit paarten. Wir kamen ins Gespräch und unterhielten uns auch über das Alter; und es ist mir unvergeßlich, was er dazu bemerkte:

„Was heißt altern? Die Menschen denken viel zu viel ans Altwerden und ziehen erst dadurch die Übel des Verfalls und Schwachwerdens an. Würden sie es den Tieren gleich tun und *in der Gegenwart leben*, dann würden sie sich geistig wie körperlich mehr auf der Höhe fühlen. Ich glaube nicht an Stillstand, sondern an das ewige Weiterfließen und Fortschreiten des Lebens. Darum fühle ich mich von Jahr zu Jahr reifer und reicher, nicht aber älter. Ich weiß, daß man stets auf der Höhe bleibt, wenn man sich im Tal wie auf dem Gipfel und zu jeder Stunde dem Ewigen immer gleich nahe fühlt und spürt, daß man, weil das Ewige nicht nur *über* uns, sondern auch *in uns* ist, selbst dem inneren Wesen nach ewig und unvergänglich ist."

„Da haben Sie recht," stimmte ich zu. „Gewiß liegt in dieser Erkenntnis und Haltung ein Schlüssel zur Kunst, wohl *älter*, aber erst *spät* oder gar nicht *alt* zu werden. Denn wer seiner inneren Unvergänglichkeit und Jugendlichkeit ständig bewußt bleibt, der *verlängert sein Leben.* Mit dem, der sich ständig auf dem Wege nach oben sieht, kann es weder geistig noch körperlich bergab gehen. Der Körper richtet und bildet sich nach den Idealen, die wir im Geiste tragen. Wo der Geist jung bleibt, da erneuert sich auch der Zellenstaat des Körpers und wird zum Spiegelbild des Geistes."

Der Alte lächelte und schloß: „Es wäre schön, wenn das mehr Menschen einsehen und lernen würden, mit beiden Füßen fest auf der Erde zu stehen, zugleich aber gern zu den Höhen aufzublicken und aufzusteigen, um der Sonne und dem Himmel näher zu sein."

Das letztere ist das Wesentliche: wer ein sonniges Alter wünscht, der gewöhne sich beizeiten, seine Blicke und Schritte oft *nach oben* zu richten — zu den Gipfeln der Berge, zur Sonne, zum Himmel. Je häufiger er den Blick aufwärts richtet, desto aufrechter und kraftbewußter geht er durchs Leben, desto aufrichtiger ist seine Gesinnung und desto gefestigter seine Gesundheit.

Und je williger er sich nicht nur *äußerlich*, sondern auch *innerlich* — seelisch-geistig — dem Himmel zuwendet, desto mehr Licht und Lebenskraft strömt von oben her fühlbar in ihn ein, desto überlegener steht er dem Alltag und seinen Wandlungen gegenüber, desto geborgener fühlt er sich im Lebensganzen und desto gelassener geht er seinen Weg.

Ihm wird bewußt, was der Höhenwanderer lebendiger spürt als der Talbewohner: *daß unser Lebensweg ein beständiger Aufstieg ist zu immer höheren Gipfeln der Reife, Wachheit und Weisheit und ein stufenweises Hineinwachsen in das Bewußtsein unserer Ewigkeit.*

Auf der Höhe spürt man, daß, wie die Berge vom Wetter, das eigene Innere vom Wechsel der Umstände und Geschicke nur äußerlich berührt wird. Hier wird man wach für den *Sinn* der Lebensreise, die den Talmenschen zuweilen wie eine Nachtfahrt ins Ungewisse anmutet, und erlebt, wie jene Gewißheit, der *Rückert* Ausdruck gab, das Alter zunehmend mit dem Licht der Ewigkeit durchsonnt und verklärt:

„Wie dir auf nächt'ger Fahrt die nächste Reih' der Bäume
am Weg vorübereilt, als wären's deine Träume,
dahinter langsamer dahin die Bergflur schreitet
und hinter ihr der Mond nur deinen Lauf begleitet;
so fliehn am schnellsten auch auf deines Lebens Fahrt
dir die Erscheinungen vorbei der Gegenwart,
langsam die größeren Gestalten ferner Zeiten,
und nur die Ewigkeit bleibt ewig dir zur Seiten."

WIDER DEN GEIST DER SCHWERE

Immer, wenn ich einen von den *Beschwerden des Alters* und der *Last der Jahre* gebeugten Alten sehe und daneben den aufrechten und beschwingten Gang eines Menschen halte, den Begeisterung und Schaffensfreude die Jahre nicht achten lassen, möchte ich allen müde Gewordenen zurufen: *Macht euch frei vom Geist der Schwere!*

Kann man das aber? Herrscht nicht auf der Erde das Gesetz der Schwerkraft, das alle Dinge nach unten zieht — um so fühlbarer, wenn sie welken und alt werden, und völlig, wenn sie sterben?

Gewiß wirkt überall die *Erdkraft*, die abwärtsziehende Gravitation. Ebenso aber ist auch überall ihre Gegenkraft tätig: die *Himmelskraft*, die aufwärtstragende Lebensenergie. Weil der Geist des Lebens in ihm wirkt, strebt alles Lebendige sichtbar nach oben: Pflanze, Tier und Mensch.

Wir Menschen betätigen diese Himmels- oder Lebenskraft durch das Steuerrad der *Stimmung*. Mißgestimmt, werden wir von der Schwerkraft niedergedrückt, spüren die Last der Jahre und die Beschwerden des Alters doppelt. Frohgestimmt, fühlen wir uns leicht, werden durch die Antischwerkraft, den Geist des Lebens in uns, über alles Lastende erhoben und erhaben ...

Man kann es auch anders ausdrücken: *Alles ist Kraft*. Unser *Körper* ist *gebundene Kraft*. Unser *Geist* ist *freie Energie*. *Je bewußter wir aus dem Geiste leben, desto leichter überwinden wir die Schwere, die Zeit und das Alter*.

Geist ist Licht und Leichtigkeit, ist Wärme, Liebe, Leben. *Wärme* dehnt die Körper aus, verwandelt Wasser in Dampf, so daß es, dem Geist der Schwere entzogen, zum Himmel aufsteigt.

Genau so bewirkt die *Liebe*, die Freude, daß die freie Energie in uns zunimmt, der Geist der Schwere und die Beschwerden des Alters uns weniger anhaben können, daß wir uns zum Himmel erheben und leichter mit dem Leben fertig werden.

Möchte doch jeder, der über die Schwere des Alters klagt, aus dieser Erkenntnis die praktischen Folgerungen ziehen und sich vom Geist des Lebens lichtwärts tragen, erneuern und verjüngen lassen!

DAS INNERE BILD

Ein bekannter Arzt führt das vorzeitige Müde- und Altwerden auf einen jedem Menschen innewohnenden unbewußten Selbstvernichtungstrieb, den negativen Pol des Selbsterhaltungstriebes, zurück, der bewirkt, daß die meisten sich gewissermaßen selbst umbringen.

Er meint damit nicht den Freitod, der heute unter den Todesursachen bereits an zehnter Stelle steht (auf der Erde nehmen sich täglich tausend Menschen das Leben!), er meint vielmehr vor allem die Art und Weise, wie die meisten Menschen ihr Leben verkürzen:

Sie seufzen, wie die Zeit vergeht, statt die Stunden und Tage froh und tätig auszuschöpfen.

Sie sorgen und ärgern sich, neiden und hassen und machen sich damit klein und häßlich, statt zu vertrauen und zu lieben, sich gegenseitig zu helfen und sich und ihr Leben schön und groß zu machen. Sie suchen die Feinde ihres Glücks außer sich, statt sie in sich zu erkennen und zu vernichten.

Sie grübeln über Schmerzen und Krankheiten nach und scheuen sich, zum Arzt zu gehen — aus Angst, es könnte etwas Schlimmes sein —, und starren und steuern eben damit auf das Schlimmerwerden hin, statt ihr Gesundsein zu bejahen und alles zu tun, um es zu fördern.

Sie folgen dem *Zug nach unten*, zur Erde, zum Grabe, statt sich von der *Kraft von oben* lichtwärts ziehen und leiten zu lassen . . .

Mit Recht schließt der Psychologe aus dem Aussehen und den Verhältnissen eines Menschen auf sein *inneres Lebensbild* und seine seelische Haltung. Denn „wie innen, so außen“: nach dem inneren Bilde bilden sich Körper, Zustand und Umwelt des Menschen.

Wer seinen Zustand und die Umstände seines Lebens ändern will, muß folglich beim Urstand beginnen: beim inneren Bilde, das er sich von sich, seinem Leben und der Welt macht. Je mehr positive Züge er diesem Bilde gibt, mit je mehr hellen Farben der Zuversicht und Leistungskraft, jugendlicher Frische und Lebensbejahung er es ausmalt, desto lichter und leichter wird sein Dasein. *Je lebendiger und freudebetonter das innere Bild dessen ist, was er vom Körper und seinem jetzigen Lebensabschnitt erwartet, desto sichtbarer werden sich Leib und Leben diesem inneren Bilde angleichen.*

Die Erfahrung aller, die gelernt haben, richtig zu leben, lehrt und beweist diese Wahrheit: Je länger wir leben, ohne Bilder des Altwerdens in unser Bewußtsein aufzunehmen, je freudiger wir uns dem zeitlosen Glück liebevoll schöpferischen Wirkens hingeben, desto älter werden wir, ohne alt zu werden!

NICHT MÜDE WERDEN!

Ein Gerontologe (Altersforscher) faßt seine Erkenntnis in dem Satz zusammen: „Wie man den Schlaf den Bruder des Todes heißt, so kann man die *Müdigkeit die Schwester des Alters* nennen."

Ein Hauptmerkmal des Altwerdens ist in der Tat das Müdesein. Wer sich oft „sterbensmüde" fühlt, wie ein „müder Greis", der zeigt damit, daß in seinem Gemüt Bilder des Mühens und Ermattens, der Mühsal und Kraftlosigkeit, des Alterns und Zuendegehens vorherrschen. Die Folge ist, daß sein Körper auf das Welkwerden und Absterben abgestimmt ist.

Muß das so sein? Keineswegs. Der Psychologe wertet diese müde Haltung mit Recht als Fehlhaltung, die überwindbar ist. „*Altsein*" heißt nämlich ursprünglich:

Großgeworden-, Aufgewachsen-, *Erwachsensein*, wie noch das verwandte Wort „*Eltern*" erkennen läßt. Altsein bedeutet also: *den Jüngeren überlegen sein!*

Damit dies so sei, gilt es, *nicht müde zu werden.* „Wohl dem, der nicht müde wird!" sagt Goethe in seinen „Maximen und Reflexionen"; denn wo der Geist rege bleibt, bleibt auch der Körper elastisch und rüstig, und dann nehmen die Leistungen im Alter höchstens der Menge nach ab, aber an Wert zu. Ebenso wächst dann mit den Jahren die Fähigkeit, das Leben zu genießen, ohne zu gieren.

Man nimmt am Lebensspiel dann nicht nur als Mitspieler, sondern zugleich als Zuschauer teil, erhebt sich innerlich über die Dinge und Wandlungen; und je *abgeklärter* man wird, desto *verklärter* wird das Leben, weil es mehr und mehr vom Geist gütigen Gebens und gelassenen Lassens durchsonnt wird.

Das kann jeder erreichen, der nicht vom Körper, sondern *vom Geiste her* dem Müde-, Träge- und Altwerden entgegenwirkt, indem er sich durch neue Gedanken und Ideale, Interessen und Liebhabereien jung erhält, sich neue Ziele und Aufgaben setzt, an allem liebevoll teilnimmt und sich das Leben statt zur Last zur Lust macht.

Er wächst damit zugleich immer bewußter aus dem zeitlichen Leben ins ewige hinein, bis beide unmerklich eins geworden sind.

MEHR LUST AM LEBEN!

Vor einem Jahr hatte ich den Besuch einer müde und mißmutig aussehenden Dame in den fünfziger Jahren, die mir ihre Furcht gestand, wegen ihres vorgerückten Alters ihre Stellung zu verlieren.

Meine Frage, ob ich offen sein dürfte, erschreckte sie; aber sie sagte tapfer: „Ja, bitte!"

„Nun" — meinte ich und lächelte dabei —, „dann lassen Sie sich sagen, daß das *Altern ein Gemütszustand ist*, und zwar ein negativer, der weitgehend überwunden werden kann. *Lichtenberg* sagt mit Recht: „Nichts macht schneller alt als der immer vorschwebende Gedanke, daß man älter wird." Solange Sie sich für alt und verbraucht halten, ein ältliches Wesen annehmen, die Mundwinkel herabhängen lassen, müde und verzagt dreinblicken, hält die Umwelt Sie zwangsläufig für alt und entlassungsreif.

Aber Lichtenbergs Satz gilt auch in seiner Umkehrung: *Nichts macht schneller jung als der immer vorschwebende Gedanke, daß man frisch und jung, lebensfroh und leistungsfroh ist!* Ein Philosoph verriet einmal, woran er erkenne, ob einer alt sei: „Daran, daß er aufhört, zu hoffen, und anfängt, sich zu erinnern."

Das bedeutet für Sie: Nicht mehr rückwärts blicken, sondern *vorwärts*, noch viel Schönes vom Leben erwarten, *mehr Lust am Leben gewinnen*, sich selbst und ihre Zukunft bejahen und auch durch die Pflege Ihres Äußeren dartun, daß Sie sich auf der Höhe der Kraft und des Lebens fühlen und noch vieles zu erreichen gedenken! Solange Sie so denken und vorwärtsstreben, ist die Kraft des Lebens in und mit Ihnen.

Und vergessen Sie des weiteren nicht, daß die Hirnleistungen mit den Jahren *zu*nehmen und bis zum 80. Lebensjahr gesteigert werden können. Stellen Sie sich von heute an auf den Wahlspruch *Mardens* ein: „Siebzig Jahre jung zu sein, ist erfreulicher und weiser, als fünfzig

Jahre alt." Marden bewies es; Sie brauchen es nur nachzumachen!"

Die Frau lachte — vielleicht seit langem zum ersten Male —, und ich sagte ihr, daß sie bereits zehn Jahre jünger aussehe.

Als ich sie ein Jahr später wiedersah, bestätigte sie mit strahlendem Gesicht, daß sie ihre Stellung nicht verloren, sondern — verbessert und wieder Freude am Leben habe. Ihre Mundwinkel zeigten nun nach oben, was heißt: *Mit mir geht's aufwärts!*

STUFENGANG DES LEBENS

Beim Besuch eines Altersheims lernte ich einen Mann kennen, der auf seine Alterskameradinnen und -kameraden sichtbar wie ein Lebenselixier wirkte: so viel Zuversicht und Lebensmut strahlte er mit seinen 75 Jahren aus, daß die Mundwinkel bei den andern unwillkürlich nach oben gingen und ihr Blick freier wurde.

Seine Zaubermittel waren kleine Sprüche, mit denen er auch die Griesgrämigsten aufzurichten wußte, so, als er einer übellaunigen, mißmutigen alten Frau ins Ohr flüsterte: „Vor *Leiden* nur kann Gott Dich bewahren; *Unmut* mußt Du Dir selber ersparen!"

Bei einem anderen wurde er deutlicher: „Fort mit Deinem alten Laster! Allen Mißmut ausgefegt! Für die Wunden, die es schlägt, reicht das Leben auch das Pflaster."

War es der Ton, war es der Geist seiner Worte: der Griesgram schwand zusehends aus den Gesichtern der anderen und ihre Augen leuchteten, als sähen sie die Sonne durch die Wolken brechen . . .

In der Unterhaltung mit ihm schälte sich der Kern seiner Lebensweisheit heraus: die Einsicht, daß alles im Dasein *Übergang* und *Stufengang* ist, weshalb es gilt, das Glück des Augenblicks zu genießen, weil es in der nächsten Stunde zu spät sein kann. „Wir sollen den unumgänglichen Wandel und Wechsel des Lebens nicht mit Bedauern und Trauern begleiten, sondern dankbar das Ende eines Abschnitts mit dem Anfang des nächsten verknüpfen." Und dann zitierte er seinen Lieblingsdichter, *Hermann Hesse*, der weit älter ist als er:

„Wir sollen heiter Raum um Raum durchschreiten,
An keinem wie an einer Heimat hängen.
Der Weltgeist will nicht fesseln uns und engen,
Er will uns Stuf' um Stufe heben, weiten.
Kaum sind wir heimisch einem Lebenskreise
Und traulich eingewohnt, so droht Erschlaffen;
Nur wer bereit zu Aufbruch ist und Reise,
Mag lähmender Gewöhnung sich entraffen.
Es wird vielleicht auch noch die Todesstunde
Uns neuen Räumen jung entgegensenden.
Des Lebens Ruf an uns wird niemals enden ...
Wohlan denn, Herz, nimm Abschied und gesunde!"

„Wie schön wäre die Welt, wenn alle so dächten und gerade die älteren Menschen sich den Trost, der in dieser Wahrheit liegt, bewußt machen würden," stimmte ich ihm zu. „So ist es," lächelte er und beendete unser Gespräch mit einem anderen Vers aus seinem unerschöpflichen Vorrat, mit dem er seinem unerschütterlichen Lebensvertrauen Ausdruck gab:

„Laßt euch nicht irren! Ewig wirkt und bleibt,
was vorwärts, himmelwärts den Menschen treibt.

Ob es zu Zeiten scheinbar auch erliege,
es endet immer mit dem vollsten Siege!"

DER INNERE HALT

Der Blick manches Altgewordenen verrät Mißmut ob des widrigen Schicksals, das ihn im Auf und Ab des Lebens nie zur Ruhe, zu sich selbst und zum Genuß des Daseins finden ließ. Grundton seines Fühlens ist Unzufriedenheit mit dem Leben: er hält sich für ein bedauernswertes Opfer schicksalhafter Verhängnisse und Verhältnisse ...

Er sieht nicht, daß die *Verhängnisse* Echo seines *Hanges* sind, seiner unbewußten Strebungen, daß die *Verhältnisse* durch sein *Verhalten*, seine Denkrichtung und Haltung gefärbt und geformt wurden, und daß *beide* von innen, vom *inneren Halt* her, zu befriedigender Ordnung finden, sowie und soweit er sich seines inneren Halts bewußt wird.

Die Unweisen zwar finden ihn selten oder nie. Die Klugen entdecken ihn im höheren Lebensalter und beginnen noch rechtzeitig mit der Sinnerfüllung des Lebens. Weise finden ihn schon früher und gelangen zur Selbstverwirklichung und Schicksalsharmonie.

Was die letzteren uns lehren können, ist dies: Das Schicksal ist keine fremde feindliche Macht, die störend in unser Leben eingreift. Nur Unweise schieben ihre eigene Schuld dem Schicksal zu, während vom Weisen gilt, daß ihm „das Schicksal selten in den Weg tritt". Warum? Weil Schicksal Schickung der Seele ist, aus dem innersten Denken und Verhalten entspringt. Darum der Rat aller Weisen:

Schluß mit der Resignation! Keine Angst vor dem Schicksal! Habe Mut zu Dir selbst! Bejahe Dich selbst! Werde des inneren Halts bewußt! Erkenne, daß Du Dir selbst Dein Schicksal formst und zugleich von einer höheren Führung umhegt und geleitet wirst, die trotz aller von Dir begangenen Fehler alles zu Deinem Besten wendet und bewirkt, daß Hemmnisse wie Förderungen, Konflikte wie Beglückungen gleichermaßen zu Anstößen und Antrieben werden für Deinen weiteren Aufstieg und Dein ständiges Größer- und Besser-, Reifer- und Weiser-Werden!

Weise handelt darum, wer sich durch seine *Erinnerungen* nicht zu Mißmut-Äußerungen, sondern zur „*Innerung*", d. h. zum Innewerden des inneren Halts leiten läßt, wer sich von innen her geführt, getragen und geborgen weiß und das Leben als Schauspiel wertet, in welchem sein Spiel nach dem Plan des Dichters vom inneren Regisseur einem sinnvollen und vollendeten Abschluß zugeführt wird.

Wer den Spielleiter in sich weiß, der hat den inneren Halt, der ihn alle Verhältnisse gelassen meistern und von der Selbstbesinnung weiterschreiten läßt zur *Schicksalsbejahung und -harmonie, die im letzten Einklang ist und Einheit mit dem unendlichen Geist des Lebens und der Liebe.*

DAS GEHEIMNIS DER RÜSTIGKEIT

Es gibt Menschen, die *mit 50 alt*, und andere, die *mit 70 jung* sind. Der Unterschied liegt in ihrer — *Rüstigkeit.*

Rüstig sein heißt nämlich — dem ursprünglichen Wortsinne nach — : *mit Kraft ausgerüstet*, der inneren Kraft bewußt und *tätig* sein. *Sich rüsten* heißt sich rühren und sich für den Daseinskampf tüchtig machen und erhalten; und es heißt zugleich: *nie entrüstet* sein, nie müde und matt, negativ, unfroh und unlustig gestimmt, sondern Leben und Fortschritt freudig bejahen und lebendig daran teilnehmen!

Wer so denkt und handelt, sichert seine *Rüstigkeit* und erfährt die Wahrheit des Humboldt-Wortes: „Es liegt im Alter selbst, daß man die Flüchtigkeit der Zeit beschleunigt findet. Je weniger man zustande bringt, desto kürzer erscheint sie" und *wird* sie, während man um so *mehr Zeit* und Möglichkeiten des Fortschreitens *vor sich hat*, je mehr man *vorhat*, je rühriger, je tätiger man ist.

Wer sich mit 50 für alt hält und zu *rasten* anfängt, beginnt zu *rosten*, zu altern und abzusterben. Die Natur liebt keinen Stillstand; wer mitten im Lebensstrom innehält, wird weggespült; wer weiterschwimmt, kommt voran. Wer sich mit 70 für jung hält, sich Ziele setzt und unermüdlich schafft, erhält und erhöht seine Rüstigkeit und *verlängert sein Leben.*

Wir selbst setzen unserem Dasein die Grenze — durch unsere falsche oder richtige Denk- und Lebensweise. Die meisten Menschen setzen sie aus Unvernunft viel zu früh. Denn die mögliche biologische Lebensdauer des Menschen beträgt nach neueren Feststellungen etwa 120 Jahre. Um sie wenigstens annähernd zu erreichen, muß man, wie *Goethe*, „wenn man alt wird, zeigen, daß man noch Lust zu leben hat".

Wer am Leben Anteil nimmt, Ideale im Herzen hegt und sich freudig für sie einsetzt, der bewahrt und steigert seine Rüstigkeit und altert nicht. Und da er „gerüstet" ist und die richtige Lebenseinstellung hat, bekennt er mit *Schleiermacher*: „Ich will nicht sehen die gefürchteten Schwächen des Alters! Kräftige Verachtung gelob' ich mir gegen jedes Ungemach, welches das Ziel meines Daseins nicht trifft, und *ewige Jugend schwör' ich mir selbst!*"

Wenn wir solchermaßen unbeirrt das Bild der Jugend im Herzen tragen und jedes weitere Lebensjahr als ein Jahr neuen *Fortschritts und Gewinns* an Erkenntnis und Reichtum bejahen, stehen wir innerlich und äußerlich fest wie ein Eichbaum, der unbewegt bleibt von den Stürmen der Jahreszeiten und der Zahl der Jahre.

DOKTOR LEBELANGS REZEPT

Ein bekannter Arzt — ich nenne ihn Dr. Lebelang — befaßte sich jahrzehntelang mit der Lebensweise der Hundertjährigen und mit der Erscheinung der Alters-Hochleistungen. An Beispielen großer Männer und Frauen aus allen Zeiten und Zonen, Staatsmänner und Politiker, Männer der Kirche und des öffentlichen Lebens, der Wirtschaft und der Technik, an Dichtern und Künstlern, Musikern und Schauspielern, Erfindern und Gelehrten zeigt er, daß viele der bedeutendsten Leistungen, die das Gesicht der Welt verändert haben, im hohen Alter erzielt wurden.

Seine Feststellungen beweisen, daß der Geist des Menschen, auch wenn der Körper altert, zu positiven Höchstleistungen fähig bleibt, solange der Mensch seinem Schaffensdrang nicht ängstlich selbst Schranken setzt, sondern die Einstellung Friedrichs des Großen annimmt, der bekanntlich Voltaires Rat, sich in seinem Alter mehr zu schonen, wie folgt beantwortete:

„Je mehr man um sich besorgt ist, um so zarter und anfälliger wird der Körper. Mein Handwerk verlangt Arbeit und *Tätigsein.* Mein Geist und mein Körper müssen sich nach meinen Pflichten richten. Daß ich lebe, ist nicht notwendig, wohl aber, daß ich tätig bin."

Dieses *Tätigbleiben* ist das erste Geheimnis derer, die ein hohes Alter erreichen, bis an ihr Ende schöpferisch bleiben und Werte schaffen. Sie vermögen es, weil sie sich nicht als Fertige, sondern als *Werdende* fühlen — im Sinne des Dichterworts:

„Jung ist nur der Werdende — auch in weißen Haaren.
Wer in seiner Zeit erstarrt, mag zur Grube fahren."

Doch lassen wir zunächst die Beispiele und geben wir das Rezept Dr. Lebelangs wieder, durch dessen Befolgung man bis ins hohe Alter rüstig, schöpferisch und leistungsfähig bleibt:

1. Bleib tätig bis an Dein Ende!
2. Geh mit der Zeit und blicke stets vorwärts!
3. Nimm alle Dinge und Geschicke mit Ruhe und Gelassenheit!
4. Ernähre Dich einfach und leicht.
5. Geh früh zu Bett und steh früh und froh auf!
6. Bejahe das Leben und erhalte Dein Gemüt in Harmonie!
7. Hab immer ein Ziel und eine Aufgabe, die Dich begeistert!
8. Erfülle Dein Herz mit Vertrauen; halte Dich frei von Sorge und Angst!
9. Bleib innerlich wach und aufgeschlossen für neue Gedanken, die Dich mit neuem Leben erfüllen!
10. Erkenne Dein Geborgensein und Einssein mit dem Ewigen!

Jeder im höheren Lebensalter Stehende weiß, wie wichtig für die Pflege der Gesundheit und für die Erhaltung einer gleichmäßigen Gestimmtheit die *Bewegung* ist: die Bewegung des *Körpers* in Werken und Wanderungen und noch mehr die Bewegung des *Geistes*, dessen Beweglichkeit erst die Herrschaft sichert über das Gewoge der wetterwendischen leib-seelischen Stimmungen und den Wechsel der Hochs und Tiefs des Gemüts.

Im *Alter* ist es leichter als in der Jugend, durch rechtes Zusammenspiel von Bewegung und Gelassenheit zunehmende Unabhängigkeit vom Auf und Ab des Lebens zu erlangen und sowohl Unlust und Schwermut in Zeiten seelischen Tiefs unter sich zu bringen als auch die Stunden der Hochgestimmtheit glück- und gewinnbringend auszuschöpfen.

Auch die großen Alten waren nicht frei von solchen Tiefs und Hochs; aber sie wußten, wie man sie durch *In-Bewegung-Bleiben* überwindet und das Bestmögliche aus ihnen macht.

Nehmen wir als Beispiel *Goethe*, von dem Eckermann berichtet: „Es gab Zeiten, in denen man Goethe stumm und einsilbig fand, als lagerte ein Nebel auf seiner Seele. Es konnten Tage kommen, wo es war, als wäre er voll eisiger Kälte . . ." Goethe selbst gab dem als 74jähriger Ausdruck: „Der Winter geht nun so hin. Ich kann nichts zusammenbringen, der Geist hat keine Kraft; aber ich bin nicht ungeduldig, habe ich doch schon viel solche Zustände durchlebt und gelernt, sie zu erdulden."

Andererseits wußte er die ebenso oft eintretenden seelischen Hochstimmungen zu nützen, wie Eckermann berichtet: „Bald okkupierte ihn irgend eine große Idee, und seine Worte quellen reich und unerschöpflich. Er gleicht dann einem Garten im Frühling, wo alles in Blüte steht . . . oder einem lächelnden Sommertag, wo alle Sänger des Waldes uns entgegenjubeln . . . Dann war es eine Lust, ihn zu hören.“

Um über seelische Tiefs gelassen hinwegzukommen — im Blick auf das nächste Hoch! — und die Kraftquellen, die in Zeiten der Hochstimmung lebhafter sprudeln, voll auszuschöpfen und ihr Strömen zu verlängern, gilt es, nicht grübelnd auf der Stelle zu treten, sondern Geist und Körper auf ein hohes Ziel hin in Bewegung zu erhalten. Das dämpft die Unlust, erhöht die Leidüberlegenheit und verstärkt und steigert die Lebensfreude und Schaffenskraft.

Wer diesem Rat folgt, erkennt bald beglückt, daß auch im Alter die Wahrheit gilt: „Bewegung ist des Lebens Genius!“

GEISTIGE JUGEND- UND SCHÖNHEITSPFLEGE

Eine Kosmetikerin — deren Beruf es ist, möglichst viele Menschen jung und schön zu erhalten — kam eines Tages mit der Bitte zu mir, ihr zu helfen, der von ihr verfaßten Anleitung zu äußerer Schönheitspflege die ihrem Empfinden nach fehlende Ergänzung zu geben: Wegweisungen zu den *geistigen Quellen echter Jugendlichkeit*. Sie spürte, daß Jugendfrische und Schönheit letztlich und eigentlich von *innen* her kommen, und wollte nun gern wissen, ob ich ihre Rezepte durch Anleitungen geistiger Kosmetik vervollständigen könne.

In der Unterhaltung bestätigte sie, daß, nach ihrer Erfahrung, äußere Schönheits- und Verjüngungsmittel wenig nützen, wenn nicht mit deren Anwendung eine innere Umstellung auf positives, Jugend und Schönheit bejahendes Denken und Fühlen einhergeht. „Ich möchte nicht gegen bloße äußere Symptome kämpfen, sondern die *Ursachen* des Alt- und Häßlichwerdens beseitigen helfen", schloß sie.

Um es kurz zu machen: wir stellten gemeinsam zusammen, was alle Körperpflege erst sinnvoll macht und die Voraussetzung wirklichen Jungbleibens und Jungwirkens bis ins hohe Alter bildet. Hier sind die Regeln der geistigen Jugend- und Schönheitspflege in fünf Leitsätzen:

1. Gewöhne Dich an ruhiges, rhythmisches, *bewußtes Atmen* — unter ständiger Sammlung Deiner Gedanken auf Dein Jung-, Gesund- und Frischsein.

2. Gewöhne Dich an tägliche *Entspannung des Körpers und Gemüts* — unter bewußtem Abklingenlassen aller Verkrampfungen und Verstimmungen und aller Mißgefühle wie Ärger und Neid, Groll und Haß.

3. Sorge für *regelmäßige Zeiten der Ruhe*, nicht nur nachts, sondern auch tagsüber, und für willige Hingabe an den inneren Frieden und die Harmonie der Seele, die mit der zunehmenden Tiefe der Ruhe auch in den Körper fließt, ihn harmonisiert und verjüngt.

4. Bejahe Dein ewiges *Jungsein von innen her* — aus dem Kraft- und Lebensbrunnen Deiner Seele; bejahe Dich selbst und Dein Glück und sieh in Deinem Körper das willige Instrument und Abbild Deines Geistes, der kein Altern und Vergehen kennt.

5. *Denke Schönes*, Beglückendes, Erheiterndes, Sonniges, Gutes; sieh auch Dich selbst im Geiste schön und jung, gesund und stark; baue Deinen Körper von innen her um, indem Du ihn ständig so bejahst, wie Du ihn wünschest; dann wird Dein Gesicht und Aussehen mehr und mehr Deiner inneren Sicht und Haltung entsprechen und Dein Körper von innen her sichtbar durchseelt und verjüngt.

In dem Maße, wie Du *mentale Kosmetik* nach diesen Regeln betreibst, machst Du auch die äußere Jugend- und Schönheitspflege sinnvoll und erfolgreich.

WIE WIRD MAN 100 JAHRE ALT?

Unter dem Titel „Wir alle können hundert Jahre alt werden" veröffentlichte Prof. Dr. med. *Kafemann*- Königsberg vor dreißig Jahren einen Bericht über das Leben und Sterben des 118jährigen *Iwan Fomitsch*, der erst Landwirt, dann Eisenbahner war, dann wegen Teilnahme am polnischen Aufstand für 12 Jahre nach Sibirien verbannt wurde, anschließend 19 Jahre lang Kutscher und weitere 15 Jahre hindurch Wächter war, also einen Großteil seines Daseins im Freien verbrachte. Seine Ernährung bestand im wesentlichen aus Brot, Tee und Wodka, und zwar bis zu seinem 100. Lebensjahr. Von da an war er arbeitslos und mußte sich durchhungern. Interessant ist, daß er kaum je Fleisch aß, zweimal verheiratet war und täglich 8—9 Stunden schlief.

Wenn er nicht an Ruhr gestorben wäre, hätte er, wie die Sektion ergab, die sofort nach seinem Tode vorgenommen wurde, noch weitere Jahrzehnte leben können, da die lebenverkürzenden Fett- und Kalkablagerungen bei ihm völlig fehlten.

Das wichtigste Ergebnis der Sektion aber war, daß neben den Schrumpfungen der edlen Gewebszellen *überall Erneuerungsherde* festgestellt wurden, mit anderen Worten: *daß die Natur auch im hohen Alter aus eigener Kraft den Wiederersatz der abgenutzten Organe selbsttätig bewirkt*, also hinter dem Abbauprozeß *neue Kräfte bereit hält*, um das Leben zu erhalten.

Voraussetzung ist, daß der Mensch — und damit kommen wir zum Wesentlichen — sich nicht durch falsche und üppige Lebensweise und negative Gemütshaltung vorzeitig umbringt, sondern — *natürlich lebt.*

Natürlich leben heißt (wenn wir Iwan Fomitsch als Beispiel nehmen): viel Bewegung in frischer Luft, viel wandern, für ausreichenden Schlaf sorgen, der regenerierend wirkt; wenig Fleisch und weniger Fett essen, dagegen mehr Obst und Gemüse, möglichst viel roh; insgesamt weniger essen. Je kärger man lebt, desto länger lebt man. Im übrigen Aufregungen, Kummer, Sorgen, Ärger und Verstimmungen von sich fernhalten, an allem das Gute sehen, freudig an allem teilnehmen, mit allem zufrieden sein, sich jung fühlen und gern mit den Jungen lachen und lächeln, das Leben und die Menschen bejahen und gern haben und stets freundlich, gütig und hilfsbereit sein.

Wer so lebt, hat (auch bei schwacher Konstitution) Aussicht, 100 Jahre alt zu werden, weil die Beachtung dieser Regeln das Erneuerungsbestreben der Natur wirksam unterstützt und die Beschwerden des Krankseins und Alterns fernhält. Es steckt viel Wahrheit in dem alten Rat:

„Wer morgens nüchtern dreimal schmunzelt,
wenn's regnet, nicht die Stirne runzelt,
und abends lacht, daß alles schallt,
wird spielend hundert Jahre alt."

KERN ODER SCHALE?

Vor einiger Zeit besuchte mich ein Herr, um die 70 herum, dessen heiter-gelassene Einstellung mich das Gespräch auf Fragen der Lebenskunst im Alter bringen ließ, um die Ursache seiner ruhigen Ausgeglichenheit herauszufinden. Was er mir sagte, verdichtete sich am Ende zu einer wertvollen Lebensregel: „Man kommt immer mit dem Leben zurecht, wenn man weiß, daß *Leid und Freude sich zueinander verhalten wie Schale und Kern.*"

Wenn Widrigkeiten, Beschwerden und Unglück nahen, überlassen die meisten sich dem Gefühl des Daseins des Unerfreulichen und der Schalheit des Lebens wie etwas, was sich nicht ändern läßt, oder versuchen sie, das Lästige von sich fernzuhalten oder aber die Augen zuzumachen in der Hoffnung, daß der Sturm des Leides sich verzogen hat, wenn sie die Augen wieder aufmachen.

Das allein Richtige aber tun nur die Wenigen, die Lebenskünstler: sie blicken nicht ängstlich weg oder ergeben sich, sondern fassen das Übel fest ins Auge, werten es als Kraft- und Bewährungsprobe, versuchen, das Bestmögliche daraus zu machen und entkleiden es damit seiner Schalheit und Leidigkeit.

Hier kann die obige Lebensweisheit wertvolle Hilfe leisten: Wenn wir ein Übel oder eine Beschwernis von vornherein als die *Schale* werten, die es zu zerbrechen gilt, um an den schmackhaften *Kern*, das darin oder dahinter verborgene *Gute*, heranzukommen, dann gehen wir erstens mit positiver Haltung an die Meisterung des Übels heran und werden leichter damit fertig, zweitens richten wir den Blick in wachsendem Maße statt auf das Negative auf das dahinter auf uns wartende Positive, Erfreuliche und Gute.

Wenn wir dabei gar denken: „*Je härter die Schale, desto süßer die Frucht!*“ dann freuen wir uns schon während der Auseinandersetzung mit dem Widrigen auf das dahinter verborgene Glück. Indem wir uns so einstellen, machen wir uns die Überwindung des Unerfreulichen und die Erreichung des Guten leichter. Und dann erweist sich das Übel, die Not wirklich als bloße Schale, deren Meisterung den nahrhaften Kern, das kommende Gute, das heimliche Glück sichtbar macht, das das Leben uns schenken wollte.

Gerade im Alter lohnt es sich, angesichts von Beschwerden und Schwierigkeiten positiv zu reagieren und des russischen Sprichworts zu gedenken: „Gott gibt die Nüsse, aber aufknacken müssen wir sie selber“. Dem, der so denkt, erweist sich jede Schwierigkeit als eine Nuß, deren süßer Kern für alle Unbill und Mühe überreichlich entschädigt.

Vom Geiste geh'n die Dinge aus

Ein 100jähriger venezianischer Patrizier, *Lodovico Cornaro*, geboren 1467, gestorben 1566 in Padua, der anfangs ein ausschweifendes Leben führte, sich dann aber durch enthaltsame Lebensweise ein langes und gesundes Leben sicherte, gab 1558 in Padua seine „Discorsi della vita sobria" heraus, die auch deutsch unter dem Titel „Sonniges Alter" erschienen.

Er schildert darin seine 100 jähriges Leben sichernde Ernährungsweise (Suppen- und fleischlose vegetarische bzw. Rohkost, wenig Salz, keine Gewürze, keine Getränke außer Sauermilch) und naturgemäße Lebensweise und gibt genaue Regeln.

Sein Bericht zeigt aber, daß er selbst weniger diesen Regeln, sondern mehr seinem Instinkt gefolgt ist, so daß sich als Wesentliches die dreifache Richtschnur ergibt: *Lebe mäßig und geregelt, folge Deinem Instinkt und lebe im übrigen ohne Sorgen!*

Alle Beobachtung der 100jährigen mit ihren so verschiedenen Verhaltungsrezepten macht ein *Gemeinsames* sichtbar:

Wer einseitig bestimmten Ernährungsvorschriften folgt, seinen Körper ängstlich belauert, sich um mögliches Krankwerden sorgt, wird leichter krank und früher alt, während alle, die ein hohes Alter erreichten — auch wenn sie glauben, dies einer besonderen Lebensweise zu verdanken —, bewußt oder unbewußt ihrem Instinkt folgten, sich von Krankheitssorgen und daraus geborenen Fanatismen in der Ernährungs- und Lebensweise frei hielten und die Sorge um ihren Körper dem „*inneren Arzt*“ überließen, der ja den Zellenstaat des Leibes ständig erneuert und, wenn man ihm nur uneingeschränkt und sorglos vertraut, sein Wohlergehen und seine Langlebigkeit bewirkt.

Die Beobachtung solcher, die sich allzusehr mit ihrem Körper und mit Krankheitssymptomen beschäftigen, ängstlich allen möglichen Ernährungs- und Gesundheitssystemen folgen und aus der Sorgerei nicht herauskommen, nicht zum *unbekümmerten Gesundsein* finden und oft vorzeitig dahinsiechen, macht deutlich, wie wichtig es ist, Christi Rat zu folgen: „*Sorget nicht für euer Leben, auch nicht für euren Leib*“, sondern erkennt, daß der *Geist*, die sorgenfreie positive geistige Haltung das Primäre ist, Ernährung, Heilmittel und Heilverfahren das Sekundäre.

Wer seelisch stark und in Harmonie mit sich selber ist, bleibt auch körperlich leichter gesund, während Sorgen vor der Zeit alt machen, wie Freidank sagt: „Sorge machet graues Haar, so altert Jugend ohne Jahr.“

Die Sorge, die am schnellsten alt macht, ist die Sorge um den Körper. Wer hingegen unbekümmert und instinktgemäß lebt, sich ganz seinen Aufgaben und Steckenpferden und seinem inneren Wachstum widmet, der ist gegen die Übel der Zeit gefeit und hat Aussicht, ein hohes, gesundes und glückliches Alter zu erreichen.

DIE MITTLERE LEBENSERWARTUNG

Jeder Mensch möchte gern wissen, wie lange er leben wird. Es gibt jedoch keine sichere Methode, diese begreifliche Neugier des Einzelnen zu befriedigen. Wissenschaft und Statistik können nur *kollektive Voraussagen* über das Lebensalter machen, weil beim Einzelnen nicht nur die Körperbeschaffenheit, sondern noch mehr die seelische Konstitution und die Art, wie er auf die sozialen und beruflichen Verhältnisse reagiert, entscheiden.

Ärzte, Krankenkassen, Versicherungsgesellschaften und Statistiker arbeiten mit dem Begriff der „*mittleren Lebenserwartung*“, worunter sie das durchschnittliche Normalalter verstehen, das heute vom Menschen erreicht wird. Vor hundert Jahren betrug es 36 Jahre, heute liegt es bei 67, hat sich also fast verdoppelt.

Auf Grund des Verhältnisses der Jugend- und Reifezeit zu den übrigen Lebensaltern und auf Grund anderer biologischer Faktoren nimmt man an, daß, wenn die Kenntnis der Lebensgesetze zunimmt, der Mensch bald imstande sein wird, die für ihn normale mittlere Lebenserwartung von 90—100 Jahren zu erreichen. Der geniale Arzt *Hufeland* behauptete sogar, die Grenze der Lebensmöglichkeit des menschlichen Organismus sei doppelt so hoch und liege bei 180 Jahren.

Wie dem auch sei, Tatsache ist, daß die mittlere Lebenserwartung nicht bei 67 stehen bleibt, sondern *ständig im Steigen ist*. Das hat nicht zuletzt psychologische Gründe, darunter die beiden folgenden: Man ist heute *aktiver im Alter*, genießt die Früchte der späten Jahre bewußter und macht aus dem Altsein mehr und mehr den eigentlichen Höhepunkt des Daseins, die Zeit der Vollendung. All das wirkt kräfteerhaltend und lebenverlängernd.

Dazu kommt ein Zweites: man *erwartet* heute gläubiger und bewußter als in früheren Zeiten ein höheres Alter in Gesundheit und Rüstigkeit, und da der Geist den Körper baut und erhält, bewirkt die positive Erwartung eines längeren Lebens eine entsprechende Erneuerung der Zellen und Organe, eine erhöhte geistige und körperliche Beweglichkeit, Zielstrebigkeit und Rüstigkeit und ermöglicht eine neue Welle von Hochleistungen ab 55 bis zu 90 Jahren.

Etwas *erwarten* heißt nämlich: es innerlich vorwegnehmen und bejahen, fördern und herbeiziehen. Es heißt sich die *Anwartschaft* darauf sichern und es mit zunehmender Wahrscheinlichkeit erreichen.

Wer also gern alt und bis ans Ende geistig beweglich und körperlich gesund bleiben möchte, der kann nichts besseres tun, als *die Erreichung dieses Zieles gläubig zu erwarten und zuversichtlich zu bejahen*. Da die Gedanken den Geist bestimmen und dieser den Körper, wird die Kräftezunahme bald spürbar. Zudem gilt: Ein Vergnügen erwarten ist *auch* ein Vergnügen.

LEBENSVERLÄNGERUNG VOM GEISTE HER

In seiner Makrobiotik oder „Kunst, das menschliche Leben zu verlängern“ rät *Hufeland* denen, die ein hohes Alter in Gesundheit und Harmonie erreichen möchten, Mißlaune und Aufregung zu vermeiden: „Nichts vermag so sehr die Blüte des Lebens zu verwelken und den schönsten Lebensstrom in einen stehenden Sumpf zu verwandeln, als üble Laune. Meide und fliehe sie als tödliches Gift. Das ist das eine. Und das andere: Liebe das Leben und fürchte den Tod nicht! das ist die einzig wahre Seelenstimmung, um glücklich und alt zu werden."

Einer, der so lebte, war *Wilhelm von Humboldt*, der zeitlebens im reifen Alter den wertvollsten Teil des Lebens sah und, alt geworden, bestätigte, *seine Erwartung vom Alter als der reizvollsten Epoche des Lebens sei fast übertroffen*. Das erfährt jeder, der das Leben als eine ununterbrochene Folge immer höherer Aufgaben und Aufträge wertet und jede dankbar und froh bejaht.

Wie Verstimmungen die Gesamtheit der Lebensfunktionen vom Seelisch-Geistigen her ungünstig beeinflussen, so wirkt jedes Ja, jede frohgemute Stimmung, jede Freude lebensteigernd und lebenverlängernd. Wer sein Inneres von negativen Eindrücken und Mißstimmungen freihält und sich an *freundlichen Gleichmut* gewöhnt, der darf ein hohes und rüstiges Alter erwarten.

Demokrit, der diese Haltung heiterer Ruhe (Euthymia) lehrte und vorlebte, wurde fast 100 Jahre alt.

Einem ähnlichen Rezept verdankte *Rockefeller* sein hohes Alter: „Bleibe schlank! Treibe Gymnastik! Schlafe in frischer Luft! Trinke viel Wasser! Vermeide Ärger und Aufregung!" Zu diesen 5 Regeln kamen bei ihm und anderen, die fast oder über 100 Jahre alt wurden, noch diese 5: Atme bewußt! Schaffe mit Freude! Laß Dich nie gehen! Habe immer ein Ziel! Liebe die Natur und bejahe das Leben!

Jene, die diese 10 Regeln rechter Lebensverlängerung bewußt oder unbewußt befolgen, waren noch mit 80 oder 90 auf der Höhe ihrer Schaffenskraft, so Michelangelo, der mit 89 noch als Architekt, Maler und Bildhauer lehrend tätig war, Tizian, der Physiker Bunsen, der Historiker Mommsen und tausend andere, auf die das Wort des Aischylos zutrifft: „*Ihr Alten freut euch allem Leid zum Trotz, saugt jede Lust aus jedem jungen Tag.*"

KÜNSTLER DES ALTWERDENS

Der russische Arzt und Biologe *Ilja Metschnikow*, der lange als Professor am Pasteur-Institut in Paris wirkte und als Begründer der zellulären Immunitätstheorie den Nobelpreis für Medizin erhielt, lehrte, daß es möglich sei, das Durchschnittsalter des Menschen auf 120 Jahre zu erhöhen — einmal dadurch, daß man den Gesundheitswillen und die natürliche Abwehrkraft durch rechte Lebensweise aktiv erhält, zum andern dadurch, daß man den Menschen durch Erneuerung seines Denkens zu einem *Künstler des Alterns* heranbildet.

Viele Feststellungen der heutigen Medizin bestätigen dies und bejahen die Zuversicht, daß der Mensch mit der Zeit ein immer höheres Lebensalter erreichen wird. Er erreicht es weniger durch die von Zeit zu Zeit aufkommenden Verjüngungsmittel, die schon der chinesische Weise *Liä-Dsi* vor 2500 Jahren bespöttelte, als er berichtete:

„Es gab in alter Zeit einen Mann, der behauptete, er kenne den Weg zu ewiger Jugend und Unsterblichkeit. Der Fürst von Yän erfuhr davon und sandte einen Eilboten zu dem Mann. Da sich der Bote aber nicht genug beeilt hatte, war der Mann inzwischen schon gestorben."

Heute bricht sich die Erkenntnis Bahn, daß die ständige Erhöhung des Lebensalters vor allem durch eine naturnahe Lebensweise und eine lebensbejahende Denkweise bewirkt wird, daß also *Lichtenberg* mit Recht erkannte, daß „nichts schneller alt macht als der immer vorschwebende Gedanke, daß man älter wird“.

Lebensangst und Sorgen wirken heilmutmindernd und daseinsverkürzend. Wer ständig grübelt: „Werde ich mich noch lange gegen Jüngere halten können? Was wird aus mir im Alter?“ der zieht Greisentum und Tod förmlich herbei.

Im Gegensatz dazu besteht die *Kunst, in Schönheit zu altern,* darin, daß man aus der Not des Alters eine Tugend macht, das Alter als zweite Jugend bejaht, das Leben liebt, sich neue Aufgaben stellt und immer höhere Ziele setzt, als lebte man ewig und als wäre der Tod nur ein Schlaf und eine kurze Unterbrechung.

Wer so denkt, sich für seine Ideale begeistert, seine Aufgaben liebt, der wird wohl älter, aber niemals alt.

Wir bleiben jung, solange wir den Kreis unserer Neigungen, Interessen und Aufgaben ständig erweitern, fortwährend zulernen und uns vom Geiste her immerfort erneuern. Wir leben dann, als lebten wir ewig; und selbst der Tod kann uns dann nicht schrecken, weil wir fühlen, daß er kein Untergang ist, sondern ein Übergang.

NUTZEN GEISTIGER NAHRUNG

Als ich, in früheren Jahren, eine Zeitschrift für gesundes Leben leitete, hatte ich häufiger Gelegenheit, die Meinung im hohen Alter stehender erfolgreicher Männer und Frauen über die Faktoren kennenzulernen, die ihrer Meinung nach ein hohes, gesundes und rüstiges Alter verbürgen. Zu dem Wertvollsten, was ich damals lernte, gehört das folgende Bekenntnis eines jungen Alten, der sich als Arzt wie als Kunstsammler einen Namen gemacht hat:

„Ein glückliches Alter ist eine Folge rechter Ernährung — aber weniger des Körpers als des Geistes. Denn schließlich ist es der Geist, der sich den Körper baut; und die meisten Menschen, die ein hohes Alter in Frische und beschwerdenfreier Rüstigkeit erreichten, sind solche, die nicht nur den Körper beweglich, sondern vor allem *den Geist lebendig erhielten* oder wenigstens in der zweiten Lebenshälfte ein mehr geistiges Leben führten."

Der Talmud hat recht, wenn er lehrt: „Je älter die Leute werden, die ein geistiges Leben führen, desto weiter wird ihr Horizont, desto reifer ihre Weisheit und desto reicher ihr Leben; die aber ein weltliches Leben führen und nur an den Körper und seine Genüsse denken, werden mit den Jahren noch stumpfer" und sterben desto rascher dahin.

Darum kann allen, die alt werden und bis ans Ende gesund und leistungsfähig bleiben wollen, nur geraten werden, sich in jedem Jahrzehnt neuen Interessen, Aufgaben, Zielen und Idealen zuzuwenden, ihren Geist recht zu ernähren und zu trainieren. Dann werden sie eines Tages *Goethe* zustimmen, daß es „*unglaublich ist, wieviel der Geist zur Erhaltung des Körpers vermag, der Geist muß nur dem Körper nicht nachgeben.*"

Diese Macht des Geistes über den Körper wächst, je reichhaltiger die Nahrung, die wir unserem Geiste zuführen, an den Seelenvitaminen der Freude und des Frohsinns, der Bejahung und der Begeisterung ist. Davon profitiert auch der Körper, denn, wie Goethe sagt, „Geist und Körper sind innig verwandt: ist jener froh, gleich fühlt sich dieser frei und wohl. Und manches Übel flüchtet vor der Heiterkeit." Zu diesen Übeln gehören auch die Beschwerden des Alters. Darum:

Sorge für die Zunahme Deiner Interessen,
dann wird Dein Körper das Altern vergessen!

GEWONNENE JAHRE

Ein *Geronto-Psychologe*, d. h. ein Kenner der seelischen Wandlungen im höheren Lebensalter, wird die Frage, wie weit es möglich sei, dem Prozeß des Alterns entgegenzuwirken und ihn aufzuhalten, auf Grund der bisherigen Erfahrungen und Beobachtungen dahin beantworten, daß dies vom Grade der durch Selbsterziehung und Gewöhnung erlangten *Macht des Geistes über den Körper* abhänge.

Wohl — wird er hinzufügen — beruhen die physiologischen Veränderungen in den höheren Jahrzehnten auf den Wandlungen der Organe, der chemischen Zusammensetzung der Gewebe und der Sinnesorgane; *wie rasch* Herz und Kreislauf altern, die Gefäße sich verhärten und die Regenerationsfähigkeit des Organismus abnimmt, wird jedoch wesentlich von der seelisch-geistigen Grundhaltung des Menschen bestimmt.

Es muß also durchaus nicht so sein, daß Rüstigkeit, Hör- und Sehvermögen, Gedächtnis und Denkschärfe, Gefühlsintensität und Begeisterungsfähigkeit, Zielstrebigkeit und Leistungskapazität des Geistes mit den Jahren ständig absinken, vielmehr sind diese Vorgänge für lange Zeit aufhaltbar und steuerbar.

Auf die Frage nach dem *Wie* verweist er auf die moderne Psychohygiene und neugeistige Psychodynamik, mit deren Hilfe die leib-seelischen Funktionen jahrzehntelang auf der Höhe normaler Spann- und Leistungskraft gehalten und sogar erheblich gesteigert werden können, wie die endlose Reihe überragender Altersschöpfungen großer Männer und Frauen aller Zeiten beweisen.

Gerade die Alters-Seelenhygiene und -dynamik zielen auf eine möglichst früh beginnende Stärkung und Steigerung der Persönlichkeitskräfte ab, auf Vermittlung der hohen *Kunst weiser Lebensführung*, die die Überwindung und Vermeidung der Schäden und Fehlentwicklungen der Zivilisation durch naturnahe Denk-, Arbeits- und Lebensweise ermöglicht, die berufliche und soziale Leistungserhaltung durch bewußte Hinwendung auf wesensgemäße höchste Leitbilder und Lebenszielsetzungen sichert und insgesamt in der Sinnerfüllung des Lebens gipfelt.

Je früher ein Mensch sich dieser Hilfe zu bedienen lernt — wozu hier und in der „*Neuen Lebensschule*" wie auch in meinen anderen Lebensbüchern genügend Anleitungen gegeben werden —, desto größer wird sein Schatz an *gewonnenen Jahren* wie an Lebensweisheit und damit seine Aussicht auf ein langes, gesundes und bis zuletzt beglückendes Leben und Wirken im Schoße der Gemeinschaft, in dem er die Kardinalforderung allen Menschentums zu seinem Teile erfüllt: „*Werde, der Du bist!*"

WAS DER YOGA LEHRT

Aus der Yogapraxis, mit der ich mich in meiner Jugend beschäftigte, ist mir als wichtigste, für die höheren Lebensjahre hilfreichste Lebensregel die geblieben, daß jede entscheidende Wandlung vom *Geiste* ausgeht, die Konzentration des Geistes darum wesentlicher ist als alle Bemühungen und Übungen des Körpers.

Es ist ein Unterschied, ob ich *gymnastische Übungen bewußt* vornehme, also mit begleitenden Kraftbejahungen, oder gedankenlos. Im ersteren Falle wird die Lebenskraft der Leibseele-Einheit vom Geiste her erhöht, im zweiten Falle werden höchstens Muskeln ausgebildet. Ein fauler Geist gar führt trotz Körperpflege und -übung zu vorzeitigem Faulen des Leibes.

Auch beim *Spazierengehen* ist die geistige Bewegung das Primäre. Solange nur die Füße in Bewegung sind, der Geist aber stillsteht oder rückwärts blickt, ist der Gewinn gering. Wenn aber der Geist bewußt fortschreitet, reißt er den Körper mit, da jeder positive geistige Impuls belebend, kräftigend und heilsam wirkt.

Am deutlichsten ist der Unterschied bei *Atemübungen*. Atem ist Leben, langer Atem begründet langes Leben. Das gilt aber nicht vom üblichen Flachatmen, sondern nur vom *bewußten*, geistbetonten *Kraftatmen*. Gedankenlose Atemübungen erhöhen die Oxygen-(Sauerstoff-) Zufuhr, Kraftatmen darüber hinaus die „Biogen"-(Lebensstoff-) Zufuhr. Der Yogi nennt es „Prana" (Lebenskraft), das ebenso beim *bewußten* Essen, Kauen und Trinken der Nahrung entzogen wird, so daß man aus immer weniger Nahrung immer mehr Kraft gewinnt.

Eine Änderung der *Ernährungsweise* hat demzufolge nur so weit Wert, als sie *bewußt* geschieht, mit Bejahung des Lebenskraftgewinns. So erklärt sich ,warum die Umstellung auf bestimmte Kostformen oder die Durchführung einer Heilkur nicht in jedem Falle den erwarteten Gewinn bringt. Entscheidend bleibt bei allem, was wir für unsere Gesundheit und Jungerhaltung tun, das Moment der *Bewußtheit*: die Gedankenbetontheit, die aktiv-positive Mitwirkung des Geistes.

Weise handelt darum, wer dem Rat des Mollah Ali ben Amrallah folgt: „Wende dem Geist dich zu und sorge für seine Veredlung! Denn durch den Geist bist du, nicht durch den Körper, ein Mensch"; und *vom Geiste her, der auch den Zustand des Körpers bestimmt, lebst du und sicherst du dir ein kraftvolles, reiches, gesundes und langes Leben.*

ODEM DES LEBENS

Die Anhänger Zarathustras, denen durchweg ein hohes Alter in erstaunlicher Rüstigkeit nachgesagt wird, erklären das *Altern* als schrittweise *Selbstvernichtung durch Selbstvergiftung;* der Zellenstaat des Körpers, der sich von selbst alle paar Jahre völlig neu aufbaut, könnte diesen Erneuerungsprozeß beliebig lange fortsetzen, wenn wir alle Schlack- und Abfallstoffe der Zellerneuerung stets restlos ausscheiden und den Organismus *rein* erhalten würden. Weil wir das nicht tun, werden Zellatmung und -stoffwechsel gehemmt, die Zellwände verstopft; die Adernwände verhärten, die Organe verkümmern, der Körper welkt und altert.

Um das zu ändern, ist viererlei nötig: Entspannung, Körperübungen, die zum Schwitzen bringen, häufige warme bis heiße Bäder und als wichtigstes das schon erwähnte *Tiefatmen*. Unter den Ausscheidungsorganen ist die Lunge am wichtigsten. *Atem* bedeutet nicht nur Sauerstoff, sondern Odem, Leben, Jugend. Weil die Menschen durchweg zu flach atmen, ersticken sie mit der Zeit an sich selbst, vergiften sich selbst.

Nun liegt das Geheimnis des Tiefatmens beim — *Ausatmen.* Vor allem für ältere Menschen bedeutet es eine wahre Verjüngungskur, wenn sie sich daran gewöhnen, beim Ausatmen bewußt auch den letzten Rest der mit Giftstoffen beladenen Luft hinauszujagen.

Bekanntlich lehrt auch der Yoga, daß gründliches *Aus*atmen Verschlackungen und Alterserscheinungen hinwegnimmt und die Lebenskraft erhöht. Dies um so rascher, wenn man bei jedem Ausatmen *den Bauch bewußt einzieht*, wie man es beim Lachen unbewußt tut (daher die heilkräftige und verjüngende Wirkung des Lachens), und auch den letzten Stickluftrest bewußt hinausstößt. Am besten *übt* man dieses tiefe Ausatmen so lange, bis es zur Gewohnheit geworden ist.

Es ist wie beim Wechsel von Spannung und Entspannung: je tiefer die Entspannung, desto heilsamer die Neuspannung. Je restloser die Ausatmung, desto mehr Sauerstoff und Lebenskraft wird eingeatmet — *und desto rascher kommt die Erneuerung und Verjüngung des Körpers in Gang.*

GRÖSSERE LEBENSSPANNE DURCH ENTSPANNUNG

Von den olympischen Siegern Altgriechenlands, von denen viele ihre jugendliche Leistungskraft bis ins hohe Alter bewahrten, wissen wir, daß sie die lebenslängliche Spannkraft ihrer Methode der *Entspannung* verdankten, die darin bestand, daß sie sich nach einer körperlichen Anstrengung unter einem Baume niederlegten, Kopf und Rücken auf dem Erdboden, die Beine am Baum nach oben gerichtet.

Noch früher demonstrierten indische Yogis die lebensverlängernde Wirkung des Kopfstands. In unseren Tagen haben klinische Versuche gezeigt, daß, wenn der Kopf häufiger niedriger gehalten wird als der Körper, das Hirn stärker durchblutet, die Drüsentätigkeit aktiviert und die Lebensenergie mobilisiert wird, die dem vorzeitigen Altern vorbeugt und die Lebensspanne verlängert.

Am besten wird diese Schräglage mit dem Kopf nach unten mit einer *Voll-Entspannung* verbunden: sowie man sich verbraucht und müde fühlt, legt man sich so hin, daß die Beine hoch, der Kopf am tiefsten liegt (wobei man selbst herausfinden muß, welcher Grad der Schräglage am bekömmlichsten ist). Nun entspannt man den Körper — rechter Arm, linker Arm, linkes Bein, rechtes Bein und dann den Rumpf durch Sammlung des Gefühls auf das *Warm*werden und danach (in der gleichen Reihenfolge) das *Schwer*werden der Glieder und des Körpers, läßt dann die Gedankenruhe folgen und rückt etwa diese Bejahung in das Blickfeld des Bewußtseins:

„*Wie mein Geist immer jung ist, so auch mein Körper, sein Werkzeug, das vom Geiste her erneuert wird. In mir strahlt der Geist der Liebe. Ich bin ein lebendiges Glied in der Kette des Lebens, das immer höher führt und immerwährendes Jungsein ist!*“

Einerlei, wie alt einer ist oder sich fühlt: durch solche Entspannung in der „Verjüngungslage“ vermag jeder seine Lebensspanne schrittweise zu vergrößern.

MEISTERUNG DES KÖRPERS

Morgenstern nannte den Körper „den Übersetzer der Seele ins Sichtbare“ und Wilhelm v. Humboldt schrieb in seinen „Briefen an eine Freundin“, es sei „unglaublich, wieviel Kraft die Seele dem Körper zu leihen vermag.“ Wer das auch nur einmal in Stunden der Krankheit oder der Selbstbesinnung erfahren hat, der weiß, wie weitgehend man in jedem Alter Zustand und Leistung des Körpers von der Seele her zu bestimmen vermag.

Im Blick hierauf ist die Antwort aufschlußreich, die ein Yogalehrer auf die Frage gab, ob es zutreffe, daß Yogis so lange leben, wie sie wollen, und über hundert Jahre alt werden.

Seine Antwort war: „Warum nicht? Wenn Schildkröte und Elefant ein paar hundert Jahre leben können, wird ein Mensch, der die Kraft des Willens entfaltet, fähig sein, ein gleiches Alter zu erreichen. Mit dem Willen kann alles bewirkt werden. Ich kenne einen Yogi im Süden Indiens, dem ein Alter von 300 Jahren zugeschrieben wird. Viele Generationen des Dorfes am Rande des Dschungels, wo dieser Yogi lebt, haben von ihm gesprochen.“

Er erklärt das ehrwürdige Alter des Yogi damit, daß sein Körper einen hohen Grad der Reinheit und Vergeistigung erlangt habe und so ernährt werde, daß eine Verschlackung unterbleibe.

Es trifft zweifellos zu, daß der Yoga auf seinen unteren Stufen zu einer erstaunlichen Meisterung des Körpers führt und das Fundament zu einem hohen Alter legt. Die höheren Yogastufen haben viel weiter reichende Ziele, die in der Richtung der ethischen Höherentwicklung und seelisch-geistigen Vervollkommnung des Menschen liegen: sie lehren uns in Übereinstimmung mit New Thought und Neugeist, in alles, was wir tun, *mehr Bewußtheit* hineinzutragen, alles mit positiven Gedanken und Gefühlen zu begleiten und so das sinnenhafte Da-Sein in *vollbewußtes Leben aus dem Geiste* umzuwandeln.

Dadurch wird jede einzelne Stunde so fruchtbar wie vorher ein ganzer Tag, was wichtig ist, da es nicht auf die Länge, sondern auf den Inhalt des Lebens ankommt und darauf, zu welchen Höhen der Selbstverwirklichung wir emporsteigen.

In der Tat lehrt die Erfahrung, daß die Herrschaft über den Körper eine natürliche Begleiterscheinung solchen Lebens und Strebens bildet. *Je bewußter der Geist diese Herrschaft übernimmt, desto williger folgt der Körper den Impulsen der Seele*, so daß, wer das eine lernt, zugleich das andere gewinnt: größere Beweglichkeit und Rüstigkeit des Leibes und ein langes und gesegnetes Leben.

AUF DIE HALTUNG KOMMT ES AN

„Schwache können nicht aufrichtig sein," sagt La Rochefoucauld, und der Menschenkenner ergänzt, daß sie sich auch selten aufrecht halten, sondern sich durch vornübergebeugte „schicksalergebene" Haltung verraten. *Aufrechte Haltung* ist — unabhängig vom Alter — das Kennzeichen eines Menschen, der stark, seiner selbst bewußt und aufrichtig ist gegen sich und die Umwelt.

Und es ist wohl nicht von ungefähr, daß die *großen Alten* durchweg durch ihre Kraft und Ruhe atmende aufrechte Haltung dokumentieren, daß sie das Leben bejahen und seine Aufgaben zu meistern gewöhnt sind. Sie wissen, daß *Stimmung und Haltung sich gegenseitig bedingen.*

Läßt man nämlich, wie *Müller-Freienfels* sagt, „den Kopf hängen, geht man schleichenden Schrittes und mit müden Bewegungen, so gerät man von selbst in eine matte, mutlose Stimmung. Umgekehrt wird man, wenn man sich zusammenrafft, den Kopf hoch trägt und mit festem Schritt daherkommt, von selbst in eine ruhige, kraftvolle Stimmung kommen" und auch die Umstände leichter meistern.

Das kommt nicht nur beim Stehen und Gehen, sondern auch beim *Sitzen* zum Ausdruck. Die meisten Menschen pflegen sich unbewußt vornüber zu neigen, drükken dadurch ihre Eingeweide zusammen und merken nicht, wie sehr dies auch ihre Stimmung herabdrückt. Lehnt man sich hingegen bewußt hinten an, sitzt man kerzengerade, wird man tiefer atmen und ruhiger sein und wirken. Der Mensch mit der aufrechteren Haltung ist beim Gespräch stets der Überlegene. Und wer sich — und das ist gerade im Alter, in dem mancher sich leichter gehen läßt, nötig — durch tägliche Übung daran gewöhnt, sich immer aufrecht zu halten, der spürt schon nach einigen Wochen die günstigen Wirkungen: mit dem tieferen Atem wächst nicht nur seine Nerven- und Willenskraft und sein Lebensmut, sondern auch sein Ansehen in den Augen der Umwelt.

Wird so unsere Haltung und im weiteren unser Verhalten immer bewußter und ausgeprägter das eines Erfolgsmenschen, dem Gelassenheit, Selbstbeherrschung und das Jasagen zu allem, was das Leben mit sich bringt, selbstverständlich sind, dann werden sich als Folge der Haltungsänderung auch unsere Umweltkontakte verlebendigen und unsere gesamten Lebensverhältnisse sichtlich klären und verbessern und unsere Durchsetzungskraft sich erhöhen. Eines wird durch das andere bedingt.

Wer hier zweifelt, der bleibt, wo und was er ist. Wer es aber ausprobiert und sich die neue aufrechte Haltung und Verhaltensweise durch Übung zur Gewohnheit macht, der wird bald beglückt die Wandlung in seinem Leben und seinen Verhältnissen erleben.

WIEDERGEBURT AUS DEM GEISTE

Ein *Lebensphilosoph* ist ein Mensch, der die Liebe zur Weisheit mit dem tätigen Leben verbindet und sie damit zur *Lebenskunst* erhöht. So philosophierten die Stoiker, Schopenhauer, Nietzsche und Mulford. Was letzterer über die Beschwerden des Alters sagt, ist ebenso aufschlußreich wie unmittelbar hilfreich:

Wenn ich alte Menschen gebrechlich, krank und verschrumpft sehe — sagt er —, spüre ich, wieviele falsche Vorstellungen vom Leben sich in ihnen „verkörpert" und ihren Leib vorzeitig zum Verfall gebracht haben. Denn der Körper ist Spiegelbild des Geistes und zeigt an, was einer aus den Kräften seines Geistes gemacht hat.

Die meisten Menschen hemmen die von der Zelle her geschehende ständige Wiedergeburt dadurch, daß sie sich mit den Jahren zunehmend „mit alten, abgestandenen, immer gleichen Gedanken ernähren und durch furchtsames Hinblicken auf mögliche Beschwerden des Alters den Körper zum Absterben bringen."

Wer hingegen durch beharrliches Hegen neuer, junger, aufbauender Gedanken den natürlichen Prozeß der *Regeneration vom Geiste her* fördert, bewirkt, daß er bis ans Ende am lebendigen Rhythmus des Wachsens und Reiferwerdens teilhat, für den es kein Nachlassen gibt, weil alles Lebendige auf immer höhere Vollendung angelegt ist.

Wenn wir vorzeitig vergreisen, so deshalb, weil wir durch das Hegen falscher Vorstellungen vom Altwerden das herbeiführen, was wir im Geiste bejahen. Bejahen wir in unerschütterlichem Vertrauen zur Kraft des Geistes, *daß wir jederzeit „von neuem geboren werden" können*, weil unser Leben eine endlose Reihe von Wiedergeburten, ein Aufstieg zu immer höheren Stufen des Bewußtseins und Seins ist, dann wird unser Körper vom Geiste durchpulst und sichtbar verjüngt.

Diese erneuernde Kraft des Geistes ist im Alter so groß wie in der Jugend, weil sie zeitlos ist, wie auch wir unserm Wesen nach zeitlos und unvergänglich sind. Durch die Besinnung hierauf geben wir unserem Körper neue Kraft und größere Dauer.

Und wie? Unter anderem dadurch, daß wir uns und unseren Körper allabendlich beim Einschlafen bewußt der erneuernden Kraft des Geistes anheimgeben, uns über Nacht von ihr erfüllen und regenerieren lassen.

Die Folge ist eine spürbare Steigerung aller Kräfte: wir leben bewußter, holen aus den Stunden des Tages mehr heraus und merken nicht mehr, daß die Zeit rascher *und* spurloser an uns vorübergeht.

Die Wiedergeburt aus dem Geiste ist nicht nur eine religiöse, sondern auch eine biologische Wahrheit, die wir uns dienen lassen sollten.

Schopenhauer nennt den Schlaf „den Zins des Todes, der selbst die Kapitalabzahlung ist. Diese wird um so später eingefordert, je reichlicher und regelmäßiger der Zins gezahlt wird," d. h., je mehr man den Schlaf pflegt.

Das ist richtig beobachtet; aber das Geheimnis des *längeren und rüstigeren Lebens* liegt nicht in der Schlafmenge und -dauer, sondern weit mehr in seiner Tiefe und darin, *mit welchen Gedanken wir allabendlich einschlafen* und welche Vorstellungen demgemäß vom Unbewußten weiterverfolgt, ausgestaltet und verwirklicht werden.

Psychosomatik und dynamische Psychologie haben dargetan, daß *unsere geistige Haltung* nicht nur tagsüber, sondern noch mehr im Schlafe bestimmt, ob wir vorzeitig dahinwelken und altern oder ob wir Jahrzehnte hindurch jugendlich rüstig und schöpferisch bleiben.

Wir können uns den gliederlösenden, körpererneuernden Schlaf regelrecht als *Jungerhalter* dienstbar machen, wenn wir darauf achten, daß wir nie mit negativen Gedanken des Ärgers oder der Sorge, des Pessimismus oder Mißmuts, sondern stets nur mit positiven, lustbetonten Zielvorstellungen und Bejahungen des Guten in den Schlaf eintreten, mit Gedanken etwa wie diese: „Der Schlaf erquickt und erneuert mich; er gibt meiner Seele Kraft und neues Leben, dem Gemüt Frieden und dem Körper Frische und Jugendlichkeit!"

Wenn wir mit Vorstellungen des Jung- und Rüstigseins einschlafen, mit dem Blick auf unsere Ideale und Ziele, deren Erreichung wir gläubig bejahen, und mit einem Dank für alles Gute, das wir heute empfingen und von der Zukunft erwarten, uns alsdann morgens beim Aufwachen noch ein paar Minuten dem wohligen Gefühl des Jung- und Schöpferischseins hingeben und dann frohgemut und glückbejahend in den Tag hineinschreiten, werden wir von Woche zu Woche deutlicher spüren, *daß das Unbewußte über Nacht die Zellerneuerung beschleunigt und den Körper fühl- und sichtbar vom Geiste her verjüngt und verschönt.*

Denn alles geschieht vom Geiste her, und wer den Schlaf dabei als Helfer einsetzt, hat alle Aussicht, sein Leben zu verlängern und zu bereichern.

NEUES DENKEN — NEUES LEBEN

Ein New Yorker Geschäftsmann, dessen Eltern um die 50 herum gestorben waren, war überzeugt, daß auch er bis zu seinem 50. Geburtstag sterben würde. Am Morgen seines 50. Geburtstages erschreckte er seine Angehörigen mit der Erklärung, im Bett bleiben zu wollen, da er sich nicht wohl fühle. Der Hausarzt kam, konnte aber nichts finden. Trotzdem wurde der Mann von Stunde zu Stunde schwächer, wollte nichts mehr essen und starb um Mitternacht.

Die Überzeugung, daß sein Leben zu Ende sei, hatte sich in seinem Geiste so festgesetzt, daß sie den Lebenswillen zum Erlöschen brachte.

Dieser von *Marden* berichtete Fall zeigt, wie weitgehend der Mensch Sklave und Opfer negativen Denkens werden kann — und wie wichtig es darum ist, daß wir von Zeit zu Zeit unser Denken erneuern, da die vorherrschenden Gedanken, wenn sie sich zu Denkgewohnheiten auswachsen, zunehmend Einfluß auf den Körper, das Befinden und die Leistungen eines Menschen gewinnen.

Der amerikanische Lebensphilosoph und Neugeistlehrer O. S. Marden traf in diesem Zusammenhang die Feststellung, daß der Mensch gar nicht vom Körper, sondern *vom Geiste her alt wird oder jung bleibt*, daß er auf ständige Selbsterneuerung angelegt ist, von dieser Anlage aber allzuwenig Gebrauch macht. Was Marden lehrt, ist dies:

Die kleinste lebendige, selbständig erhaltungs- und vermehrungsfähige Organisationseinheit ist die *Zelle*. Wie alle Organismen ist auch der menschliche Körper aus Zellen aufgebaut (insgesamt über 30 Billionen). Der Körper erneuert sich ständig von der Zelle her, indem er neue Zellen schafft.

Ein Großteil aller Körperzellen erneuert sich binnen eines Jahres, und *praktisch haben wir alle paar Jahre einen von Grund auf neuen Körper*.

Nach Marden kommt alles darauf an, *daß wir uns dieser Selbsterneuerung lebendig bewußt werden*. Denn diese Selbsterneuerung wird vom Unbewußten bewirkt, aber *vom Bewußtsein gesteuert*.

Die Billionen Zellen tun immer das, was unser Geist, unser Bewußtsein ihnen zu schaffen befiehlt. Unser Bewußtsein drückt ihnen die Vorstellung eines bestimmten Körperzustandes und Alters auf. So kommt es, daß Zellen, die in Wirklichkeit nur wenige Monate alt sind, entsprechend den Bewußtseinsimpulsen, die ihr Verhalten und Tun bestimmen, einen Zustand annehmen, der dem Bilde eines 30-, 50- oder 70jährigen Körpers entspricht.

Hinzu kommt, daß negative Gefühle und Gedanken nicht nur die jungen Zellen rascher altern lassen, sondern auch die natürlichen Selbsterneuerungsprozesse stören und verändern, den Ersatz alter Zellen durch junge hindern, so daß der Mensch rascher dahinwelkt und früher stirbt.

Wird das Bewußtsein hingegen von Vorstellungen des Jungseins beherrscht, dann empfangen die Zellen entsprechend positive Impulse und führen den diesen Überzeugungen gemäßen Körperzustand herbei.

Das ist der Schluß, zu dem Marden gelangt und den jeder auf seine Richtigkeit erproben kann:

Wenn wir geistige und körperliche Frische, Jugendlichkeit und Leistungskraft als unser dauerndes Eigentum bejahen, dann stellt sich der Zellenstaat immer fühlbarer auf diese positiven Impulse ein, die Selbsterneuerung vollzieht sich rascher und vollkommener *und der Körper wird so ein immer geeigneteres Werkzeug des Geistes, der kein Altern kennt.*

ZEIT OHNE ENDE

Die Londoner Ärztezeitschrift „Lancet" besprach vor Jahren den Fall jener Engländerin, die als junges Mädchen von ihrem Freund verlassen wurde, darob seelisch erkrankte und in ihrer Umnachtung jedes Zeitgefühl verlor. Sie glaubte an die baldige Wiederkehr des Geliebten und stand Tag um Tag, Jahr für Jahr am Fenster, um nach ihm Ausschau zu halten. Als sie *70* war, schätzten amerikanische Ärzte, die sie besuchten, ihr Alter auf 20. Sie hatte kein graues Haar, ihre Haut zeigte keine Altersspuren, sondern war glatt und zart wie die eines Mädchens.

Sie alterte nicht, weil der Gedanke des Jungseins sich in ihrem Bewußtsein fixiert hatte. In ihrer Vorstellung lebte sie unverändert in der Zeit, in der ihr Freund sie verließ. Diese geistige Haltung bestimmte den Zustand ihres Körpers. Sie blieb jung, bis die Lebensflamme erlosch.

Auch dieser Fall demonstriert, wie weitgehend der Geist den Körperzustand bestimmt. Er zeigt, daß *Jugend* nicht ein Teilabschnitt des Lebens ist, sondern eine seelische Haltung, die an keine Zeit gebunden ist, daß wir also im Grunde in dieser Zeit ohne Ende leben.

Wenn wir das Dasein nicht als Halbkreis sehen, dessen Höhepunkt bei 40 oder 50 liegt und bei dem alles, was danach folgt, als „Abstieg" gilt, sondern unser Leben als ein *beständiges Aufwärts* bejahen, dann besiegen wir die Zeit und ihre Folgen, wachsen wie ein Baum um seine Jahresringe und werden ohne Aufhören reifer und reicher.

Offensichtlich ist alle Zeit unser — und es hängt von uns ab, was wir aus ihr machen. Dabei brauchen wir nichts (aus Angst vorm Altwerden) zu überstürzen, gerade Unrast ist ja ein Förderer raschen Alterns; sondern wir können das, was wir erreichen wollen, in aller Ruhe und mit heiterer Seele durchführen.

Denn wie alt wir auch sind: *wir haben mehr Zeit vor uns, als wir meinen*, wenn wir unsere Tage und Stunden bewußt und gelassen nützen. Je lebendiger unser Lebensglaube und je größer unsere Geduld, desto weiter dehnt sich unsere Zukunft. Solange unser Geist und Wille auf ein Ideal gerichtet ist, steht die Zeit für uns und unseren Körper still.

Aus dieser Erkenntnis die praktischen Folgerungen zu ziehen, ist auf jeder Alterstufe lohnend.

Warum haben die amerikanischen Frauen heute die relativ höchste Lebenserwartung? Was läßt so viele von ihnen bis ins Alter den Charme der Jugendlichkeit bewahren?

Im Grunde ist es weder die Kosmetik noch die Lebens- und Ernährungsweise, die dieses Wunder bewirkt, sondern die Denkweise, die geistige Haltung, der *Lebensglaube*, der in so auffallendem Maße erhaltend, erneuernd und lebenverlängernd wirkt.

Der amerikanische Psychodynamiker *Prentice Mulford* wies als erster darauf hin, daß das, was den Menschen vorzeitig altersgebeugt macht, sein Glaube an die Vergänglichkeit ist. „Zwar ist die Seele weder erdgebunden noch vergänglich; aber man kann sie so mit erdhaften Gedanken beladen, daß ihre Niedergedrücktheit sich im Gang und Aussehen des Körpers sichtbar ausdrückt. So kommt es, daß der Mensch alt und gebrechlich wird zu einer Zeit, da er seelisch und körperlich in eine *zweite Jugend* hinüberwechseln sollte."

Wer das klar erkannt hat und sich an uneingeschränkt positive Haltung und unentwegten Lebensglauben gewöhnt, der spürt mit jedem Jahre mehr die erneuernde Wirkung auf Seele und Leib.

Und wer diesen Glauben nicht aufbringt, der sollte, wie *Mulford* sagt, wenigstens „um diesen Glauben bitten und um die Erkenntnis der größeren Möglichkeiten, die ihm jetzt noch unerreichbar scheinen; dann zieht er die Kraft herbei, diese Möglichkeiten in Wirklichkeiten zu verwandeln: jene *erneuernde Kraft des Glaubens*, die bisher in ihm schlummerte, weil kein Impuls inbrünstiger Bejahung sie aus dem Schlafe riß und ihr befahl, sich zu offenbaren.“

Ist es nicht ein beglückender Gedanke für jeden Müden und Verzweifelnden, daß es nie im Leben zu spät ist, mit dieser Besinnung auf die Macht des Geistes über Leib und Leben zu beginnen? Wird diese Erkenntnis Gemeingut, dann wird der Mensch Wandlungen vollbringen, die heute noch als „Wunder“ gelten.

Wer die Kraft des Glaubens einmal erfahren hat, weiß, daß alles, was ein Mensch *gläubig bejaht*, aus dem Unsichtbaren in die sichtbare Wirklichkeit hinausreift, und daß er sich *in jedem Alter* nicht nur seelisch, sondern auch leiblich von innen her zu erneuern vermag.

JE BEJAHRTER, DESTO BEJAHENDER

Der englische Philosoph *Bacon* nennt es in seinen Essays über Jugend und Alter einen Fehler der Bejahrten, daß sie zu viel grübeln und zweifeln, zu wenig wagen, zu lange auf Schwierigkeiten starren, vor der Zeit aufgeben und darum Unternommenes schwer und seltener zum Erfolg bringen. Das wird anders, wenn sie sich an *Bejahung* gewöhnen, an Vertrauen zur inneren Kraft, an beharrliches Vorwärtsschreiten und frohes Wagen.

Das gilt heute noch mehr als zu Bacons Zeit. *Die weit stärkere Inanspruchnahme des heutigen Menschen hat nämlich keine lebensverkürzenden, sondern im Gegenteil leistungentfachende und lebenverlängernde Wirkungen, wie die stete Zunahme der mittleren Lebenserwartung des Menschen in den letzten 300 Jahren zeigt.*

Wenn einzelne trotzdem vorzeitig müde, schwach und alt werden, so nicht wegen der Zunahme der äußeren Reize, sondern als Folge einer Fehlhaltung, die sie negativ, verneinend, abwehrend reagieren läßt statt positiv und bejahend.

Leib und Leben des Menschen sind Ausdruck seiner vorherrschenden *Gedanken.* Jeder Gedankenimpuls löst über Ganglien und Nerven entsprechende Reaktionen im Herz und Gefäßsystem aus, im innersekretorischen Apparat, im Kreislauf und in den Organen, die je nach der positiven oder negativen Ladung der Gedanken lebenfördernd oder -hemmend, kraftsteigernd oder -lähmend wirken.

Bei einem Menschen, den man auf eine genau ausbalancierte Wippe legt, genügt die Vorstellung des Laufens, um eine Erweiterung der Blutgefäße der Beinmuskulatur und erhöhten Blutzustrom in die Beine zu bewirken, so daß die Wippe am Fußende nach unten sinkt. Genau so bewirkt eine Denkaufgabe oder die Vorstellung des Blutzustroms zum Kopf, daß das Hirn stärker durchblutet wird und die Kopfseite der Wippe sich senkt. So rasch verwirklichen sich Gedanken im Körper.

Jeder weiß, daß Sorgen und Ängste, Gram und Groll, Kummer und Kränkungen, Haß und Hader vorzeitig müde und kraftlos, krank und alt machen. Genau so wirken positive Gedanken kraftweckend und lebensteigernd. Die Notwendigkeit bejahenden Denkens für den, der gesund bleiben und lange leben will, liegt auf der Hand.

Wir sind, wie Tagore sagt, „in diese Welt gekommen, nicht nur, daß wir sie kennen, sondern daß wir sie bejahen" — und ebenso uns selbst, unsere Aufgabe im Leben, unser Gesund- und Starksein, unser Können und

Lebensglück. Und da Jung- und Starksein bejahen heißt, sie zu verwirklichen, sollten wir, *je bejahrter wir werden, um so bejahender leben.*

DER GEIST BEHERRSCHT DEN KÖRPER

Ein Nachbar klagte mir seinen Kummer, als ich ihn wegen seines bedrückten Aussehens befragte: „Ich bin 55 — und da ist es schwer, weiter aufzurücken oder eine neue, bessere Stellung zu bekommen. Sie wissen doch: die meisten Firmen ziehen jüngere Angestellte vor, weil sie billiger sind. Was soll man da machen?“

Ich versuchte, ihm klar zu machen, daß man da sehr viel tun könne und daß das Wichtigste die *Änderung seiner eigenen Einstellung* sei, weil er mit seiner jetzigen pessimistischen Haltung und Miene ja jede günstige Gelegenheit von sich wegstoße.

Sodann machte ich ihm seinen Irrtum bewußt: immer mehr Unternehmen geben bei Einstellung leitender Kräfte solchen den Vorzug, die größere Erfahrung und Kenntnis mit spürbarer Zielstrebigkeit und Fortschrittfreudigkeit verbinden, also *älteren Kräften mit jugendlicher Haltung und Einstellung.* Denn es hat sich herumgesprochen, daß man mit solchen Kräften die besten Erfahrungen macht.

Wie alt einer körperlich ist, ist nicht wichtig. Entscheidend ist, wie jung er seelisch ist.

Es gibt viele Männer und Frauen mit 50, die nichts mehr vom Leben erwarten, darum auch nichts mehr leisten und überall zu kurz und zurückkommen. Und *andere*, die sich zwischen 50 und 60 wach, zukunftsgläubig und begeisterungsfähig erhalten, dadurch die

„zweite Leistungswelle“ auslösen, ungeahnte Kräfte und neue Talente entfalten, die Umwelt durch ihre Leistungen und ihren Aufstieg überraschen und dem, der sehen kann, zeigen, *wie sehr* die *geistige Haltung* den Körper, das Leben und den Erfolg bestimmt.

Wenn Sie von heut an morgens und abends, beim Aufwachen wie beim Einschlafen, sich wohlig dehnen und recken und dabei begeistert fühlen und bejahen: „*Es ist der Geist in mir, der lebendig und erfolgreich macht und mich befähigt, alles zu leisten, was ich mir vornehme!*“, dann werden Sie in einigen Wochen bereits die wohltuende Wandlung in Ihrem Befinden und Verhalten und schließlich in Ihren Leistungen und Erfolgen feststellen. Die bessere Stellung, die Sie ersehnen und bejahen, wird Ihnen dann von selbst angetragen, weil auch die Umwelt in Ihnen den kommenden Mann spürt, — um so mehr, wenn Sie bei jedem Schritt vorwärts denken: „Das ist gut; aber es soll und wird *noch besser* werden!“

Er versprach mir, in dem gezeigten Sinne an sich zu arbeiten. Lange hörte ich nichts von ihm. Als ich ihn dann wiedersah, hätte ich ihn fast nicht erkannt, so viel jünger, elastischer und unternehmungsfreudiger wirkte er.

Hier seine Antwort auf meine Frage nach seinem Ergehen: „Danke, gut! Ich bin den Weg gegangen, den Sie mir zeigten, und der Erfolg ist eingetreten. Ich habe meine Stellung verbessert und einen größeren Aufgabenkreis übernommen, den zu meistern ich mir früher nie zugetraut hätte. Heute halte ich das Erreichte für einen Übergang und denke wie Sie: Das ist gut, aber es soll und wird *noch besser* werden! Ich habe begriffen, wie sehr der Geist den Körper beherrscht und ebenso das Leben und Schicksal. Das Leben ist schön!“

„Die Denkrichtung bestimmt die Lebensrichtung," erklärte kürzlich ein alter Schulmann, als er nach dem Grunde seines jugendlichen Aussehens befragt wurde, und erläuterte das wie folgt:

„40 Jahre lang war ich Lehrer und schließlich Leiter an der ... Schule, und jedes Jahr nahm ich teil an dem Leben und Denken einer neuen Generation junger Menschen und half ihnen, sich ihres Wollens und Könnens, ihrer Neigungen und Eignungen bewußt zu werden. Dieses ständige liebevolle Mitgehen mit den Jungen, dieses unablässige Abgestimmtsein meines Geistes auf die Hoffnungen und Freuden der Jugend, auf den Fortschritt und die Fülle des Lebens hat gewiß bewirkt, daß mir Vorstellungen und Gefühle des Altseins fernblieben und daß ich heute kaum halb so alt aussehe, wie ich bin. Wie der Psalmist kann ich dem Herrn dafür danken, daß er ‚meinen Mund freundlich macht und daß ich jung bin wie ein Adler'."

Zweifellos hängt die Tatsache, daß so viele Erzieher ein hohes und rüstiges Alter erreichen, nicht zuletzt damit zusammen, daß ihr Bewußtsein infolge des ständigen Zusammenseins mit jungen Menschen vorwiegend mit Bildern jugendlichen Vorwärtsschreitens erfüllt und darum wenig empfänglich für Vorstellungen des Stillstehens und Altseins ist.

Da in der Tat Art und Richtung des Denkens weitgehend Form, Inhalt und Länge des Lebens bestimmen, ist die Verwunderung des Schulmanns über das vorzeitige Welken und Dahinstreben seiner Altersgenossen ebenso verständlich wie seine abschließende Bemerkung:

„Solange man schöpferisch ist, ist man jung. Darum verstehe ich nicht, daß andere meinen, mit 75 oder 80 sei man alt."

Nun, ich verstehe und erkläre es eben mit der Tatsache, *daß jeder mit der Zeit das wird, was er vorwiegend denkt.*

DIE LEBENSLINIE

In meinen jungen Jahren erklärte eine Wahrsagerin mir aus der sog. „*Lebenslinie*", die von der Mitte der Handkante zwischen Daumen- und Zeigefingerwurzel in einem Bogen bis zur Handwurzel läuft und die bei mir auffallend kurz war, daß ich nur zwanzig Jahre alt werden würde.

Ein anderer wäre vielleicht erschrocken, hätte ständig Bilder des baldigen Todes vor Augen gehabt und wäre wohl zum vorausgesagten Zeitpunkt dahingesiecht. Aber ich nahm es mit Humor und Gottvertrauen und dachte: „Ich habe so viel vor, da wird es wohl auch noch ein bißchen länger reichen. Vielleicht *wächst* die Lebenslinie auch noch ein bißchen." *Und sie tat es:* von Jahr zu Jahr wurde die Lebenslinie länger, und sie ist auch heute noch so lieb, beständig weiter zu wachsen.

Diese Erfahrung hat mich in der Überzeugung bestärkt, daß der Glaube, der Berge versetzt, auch die Lebenslinie, und nicht nur diese, ändern kann, daß man also nicht nur seinen Jahren mehr Inhalt und Leben, sondern auch *seinem Leben mehr Jahre geben* kann — durch lebendiges Tätigsein und freudiges Bejahen der Zukunft.

Von klein auf hat man uns beigebracht, daß wir von einer bestimmten Zeit an altern und absterben. Und weil dies der Glaube der meisten ist, folgen sie unbewußt diesem geistigen Bild. Wir wissen nun aber von anderen, die das Bild ständigen Jungseins im Herzen trugen und nicht an Altern und Aufhören dachten, daß die Zeichen des Alterns bei ihnen ausblieben und daß sie mit 80, ja mit 90 noch wie Vierzigjährige tätig und schöpferisch waren und im schließlichen Tode nur einen Übergang zu einer neuen Form des Lebens und Tätigseins sahen.

Was wir daraus lernen können, ist dies: *daß unsere vorherrschenden Vorstellungen Zustand und Rüstigkeitsgrad von Geist und Körper bestimmen*, daß wir es also „in der Hand" haben, uns von den Beschwerden des Alterns weitgehend frei zu halten und unser Leben zu *verlängern*.

Ich habe es bisher in meinem Leben unzähligemale erfahren, wie sehr der Mensch das ist und wird, was er denkt. Kein Arzt kann einen Kranken am Leben erhalten, der glaubt, er müsse sterben. An jedem von uns bewahrheitet sich das Christus-Wort: „*Dir geschieht, wie Du geglaubt hast!*"

Wer glaubt, daß er bis zu seinem 80. oder 90. Lebensjahr rüstig und leistungsfähig bleibt, der verbündet sich mit der Lebenskraft, die in seinem Körper tätig ist und bewirkt, daß sich alle Zellen und alle Kräfte seines Organismus auf dieses Ziel einstellen und das ihre zur Verwirklichung seines Zielgedankens beitragen.

Es lohnt sich also, ein langes, beschwerdenfreies und fruchtbares Leben zu bejahen; und jeder kann, mag er sich heute noch so schwach und müde fühlen, sogleich damit anfangen und gewissermaßen an die erste Periode seines Daseins eine zweite, schönere anhängen. Er muß sich nur hohe Ziele setzen und dann Geist und Körper auf diese Ziele hin *tätig* halten.

Der amerikanische Neugeistlehrer *Prentice Mulford* setzt in seinen Schriften dem Unfug des Sterbens die These von der Unsterblichkeit im Fleische entgegen, die anzustreben sei, „weil der Körper, statt mit den Jahren zu verfallen, sich zu immer neuer Jugend regenerieren könne ... Was die Schultern beugt und das Haupt bleicht, ist der Glaube an das Vergehen, die Erwartung des Verfalls. Mit der Änderung der geistigen Haltung vollzieht sich die Verjüngung des Leibes vom Geiste her, der alles lenkt."

Mulfords Ruf wirkte aufrüttelnd; und wenn es uns auch nicht gelingt, den natürlichen Kreislauf des Werdens und Vergehens aufzuheben, so ist es doch möglich, *den Körper in bewußter Durchgeistung „zu einem flexibleren und verfeinerten Instrument der Seele zu machen, in dem gedankliche Einflüsse sich immer leichter manifestieren."*

Auf diese Weise kann dem Körper, wenn auch nicht Unvergänglichkeit, so doch eine stabilere Gesundheit und längere Lebensdauer gesichert und vorzeitigem Schwachwerden und Vergreisen so weit entgegengewirkt werden, daß die höheren Lebensjahre vom Lichte der Unsterblichkeit unseres inneren Wesens und damit die Abendstunden unseres zeitlichen Daseins von der Morgendämmerung unseres ewigen Seins durchstrahlt und verwesentlicht werden.

Je stärker unser Lebensabend von dieser frohen Gewißheit erhellt wird, desto sichtbarer wird unser Körper zum Träger neuer Lebenskraft. Die gläubige Hinwendung zum unvergänglichen Sein hinter dem kurzen

Dasein und die willige Einschwingung in den Strom ewigen Lebens regeneriert auch den Körper.

Die durch Neugeist, Yoga und ähnliche Methoden erreichte Körperbeherrschung macht deutlich, in welch hohem Maße der Geist den Leib lenkt und bestimmt — eben weil er ein Strahl des Allgeistes ist und im Maße seines Einsseins mit diesem ständig an Kraft und Verwirklichungsmacht zunimmt.

Was durch Entfaltung dieser Macht des Geistes über den Körper, von der schon *Kant* sprach, bewirkt wird, ist, wenn auch nicht „Unsterblichkeit im Fleische", so doch eine mit dem Reiferwerden der Menschheit stetig zunehmende *Verlängerung der Lebensdauer*, die, biologisch gesehen, das Vielfache der heutigen erreichen kann.

Und da es für diese Umstellung *nie zu spät* ist, lohnt es sich jederzeit, uns die neue Haltung zu eigen zu machen, da unser Körper nicht nur von der physischen Nahrung, sondern weit mehr von der geistigen lebt: *von den Gedanken, die den Leib bis zur letzten Zelle mit neuen Lebensimpulsen erfüllen.*

WEISHEIT DES LEBENS

Es gibt kaum einen reizvolleren Anblick als den eines alten Menschen, dessen jugendlicher Blick, Lebensschwung und frohe Schaffenskraft die Wahrheit des *Arndt*schen Wortes bestätigen: „*Nur dem Fröhlichen blüht der Baum des Lebens; dem Unschuldigen rinnt der Born der Jugend auch noch im Alter.*"

Einer, der dies in vollem Umfang erfuhr, war der Philosoph und Theologe *Friedrich Daniel Schleiermacher* (1768—1834), der über das Geheimnis des Jungseins im Alter und über das Reifen des neuen Lebens unter der Schale des alten diese unvergänglichen Worte prägte, die Erkenntnis, Bekenntnis und Gelöbnis zugleich sind:

„Frühe sucht manchen das Alter heim und ein feindlicher (negativer) Geist bricht ihm ab die Blüte der Jugend. Lange bleibt anderen der Mut, und das weiße Haupt heben noch und schmücken des Auges Feuer und des Mundes freundliches Lächeln.

Ein selbstgeschaffenes Übel ist das Verschwinden des Muts und der Kraft; ein leeres Vorurteil ist das Alter, die schnöde Frucht des trüben Wahns, daß der Geist abhänge vom Körper! Aber ich kenne den Wahn, und es soll mir nicht seine schlechte Frucht das gesunde Leben vergiften!

Ungeschwächt will ich den Geist in die späteren Jahre bringen, nimmer soll der frische Lebensmut mir vergehen; was mich jetzt erfreut, soll mich immer erfreuen; stark soll mir bleiben der Wille und lebendig die Phantasie, und *nimmer soll mir verlöschen das Feuer der Liebe.* Das sei der Ruhm, den ich suche: zu wissen, daß unendlich mein Ziel ist, und doch nie stille zu stehen im Lauf.

Auch kann es nicht sein, daß des Alters Schöne und der Jugend einander widerstrebe; es verschönt sich des Menschen innere Jugend, wenn er errungen hat, was das Alter gewährt. So soll mir bleiben der Jugend Kraft und Genuß bis ans Ende. Bis ans Ende will ich stärker werden und lebendiger durch jedes Handeln, und liebender durch jedes Bilden an mir selbst.

Dem Bewußtsein der inneren Freiheit und ihres Handelns entspricht ewige Jugend und Freude. Das hab' ich ergriffen und lasse es nimmer, und so seh' ich lächelnd schwinden der Augen Licht und keimen das weiße Haar zwischen den blonden Locken. Nichts, was geschehen kann, mag mir das Herz beklemmen; *frisch bleibt der Puls des inneren Lebens bis an den Tod.*"

Lebensverlängerung durch Selbstdynamisierung

Einer der ersten Altersforscher, der berühmte Arzt *Christoph Wilhelm Hufeland*, faßte 1798 in seiner „*Makrobiotik* oder die Kunst, das menschliche Leben zu verlängern" deren Quintessenz in den Leitgedanken zusammen: „*Liebe das Leben und fürchte den Tod nicht; das ist die einzig wahre Seelenstimmung, um alt zu werden.*"

Hufeland wußte nicht nur, daß die Körperverfassung mehr als von der Nahrung von der Seelenstimmung abhängt, sondern auch, welche geistige Haltung für ein gesundes und langes Leben die günstige ist.

Er erkannte, *daß die Gedankenverkalkung der Arterienverkalkung vorausgeht*, während der Mensch, so lange seine Gedanken beweglich und Geist und Gemüt für neue Vorstellungen und Ideale aufgeschlossen bleiben, so lange er nicht rückwärts, sondern vorwärts blickt und das Leben liebt, seine Rüstigkeit und Leistungskraft behält und erhält.

Alle Großen, die lange lebten und Überragendes leisteten, weisen die gleichen seelischen Merkmale auf: geistige Aufgeschlossenheit und Lernwilligkeit, seelische Wachheit und Freudigkeit, Begeisterungsfähigkeit und Lebensbejahung.

Sie alle machen uns bewußt, daß nicht nur die Frühlingsblumen, sondern auch die Herbstblumen den Garten des Lebens schmücken, daß die Menschenseele, die ihre Schönheit im Herbst und Winter offenbart, eine Kostbarkeit und ein Entzücken ist für alle, die nicht nur die Oberfläche der Dinge sehen.

Sie offenbart die Zeitlosigkeit und Todüberlegenheit des Lebens, das nur dort absinkt, wo einer selbstzufrieden oder enttäuscht stillzustehen und auszuruhen beginnt, während, so lange er wächst und blüht, das Alter ihm fernbleibt. Den Willigen führen tausend Wege dorthin.

Einen davon ging der Mann, der sich entschloß: „Ich bin jetzt 50, und das ist die beste Zeit, ein neues Leben zu beginnen. Da ich von nun an jünger werde statt älter, bin ich nächstes Jahr 49." Diese Einstellung ist ein erster Anfang dessen, was ich *dynamisch leben* nenne.

Dynamisch leben heißt; bewußt aus der Kraft des Geistes leben, die innere Kraft freudig schaffend durch sich wirken lassen. Es heißt: frohgemut leben, Neid, Mißmut und Mißtrauen durch Vertrauen und freudiges Geben ersetzen. Es heißt: hohen Idealen nachstreben, sich neue Steckenpferde zulegen, Wissen und Können ständig erweitern und für jeden neuen Tag eine Aufgabe vor sich haben.

Dadurch erhält man das „*dynamische Gleichgewicht*", d. h. das harmonische Zusammenarbeiten der Zellen und Organe des Körpers, und vermeidet zugleich jene „dynamische Störungen", die von der müden Seele her auf den Körper übergreifen und seinen Abbau fördern. Sie treten auf, wenn der Automatismus der Lebensführung etwa nach der Pensionierung unterbrochen, der Interessenkreis eingeengt, die Teilnahme am Leben verringert wird.

Mit der Stillegung des Geistes werden latente Schwächen des Körpers aktiv und lästig. Sobald der Körper dem Nichstun anheimfällt, verfällt er den Keimen des Untergangs — obwohl dafür dem Alter nach keine Notwendigkeit besteht. Denn die Wissenschaft vom Altern lehrt, daß die Grenze zwischen den Lebensaltern nicht fest ist, sondern so weit hinausgeschoben werden kann, daß sie praktisch ihre Bedeutung verliert. Hier sind die inneren Faktoren entscheidender als die äußeren.

ERKENNE DICH SELBST!

Ein Siebzigjähriger klagte, nichts bedrücke ihn so sehr wie das Schwinden der Gefühle im Alter. Ich antwortete ihm mit einem Wort *Jean Pauls*, daß „nur ein enges Herz nicht wächst, während ein weites immer größer wird; jenes verengen die Jahre, dieses dehnen sie aus." Der Unterschied liege im Grade der Reife und Selbst-Erkenntnis.

Hier die Erläuterung, die ich auf Bitte des Alten gab:

Die Mahnung des griechischen Philosophen *Thales:* „*Erkenne Dich selbst!*" weist uns auf eine Aufgabe, deren Erfüllung wachsende Freude, Gelassenheit und Überlegenheit mit sich bringt. Selbst-Erkenntnis ist mehr als Einsicht in die Fähigkeiten und Strebungen, Kräfte und Grenzen unseres *Ich;* sie ist Besinnung auf unseren innersten Wesenskern, unser *Selbst*.

Gerade im Alter wirkt die Erkenntnis der Zweiheit unseres Wesens befreiend: die Entdeckung, daß hinter dem vergänglichen Ich, der *Persönlichkeit*, die im Alter dahinschwindet und im Tode untergeht, die geistige Monade oder *Individualität* lebt, ein unvergängliches Selbst, für das der Tod kein Untergang ist, sondern ein Übergang.

Unmittelbar erfahrbar wird diese Zweiheit am *Gedächtnis:* Der Selbsterkennende entdeckt hinter dem physischen, hirngebundenen Gedächtnis, das gleich den Sinnen im Alter eine Rückbildung erfährt, ein *spirituelles Gedächtnis.* Die meisten kennen nur das erstere und klagen über den altersbedingten Gedächtnisschwund. Der Selbsterkennende hingegen aktiviert das spirituelle Gedächnis, und das bedeutet praktisch, daß seine Erinnerung und Merkfähigkeit für alles, was ihn interessiert, bis ans Ende frisch und stark bleibt.

Die Folge dieser Entdeckung ist die Erkenntnis der *Relativität des Altwerdens:* Körper und Ichbewußtsein altern und vergehen, nicht aber der Geist, das Selbst. Die äußeren Sinne mögen mit den Jahren schwächer werden; aber im gleichen Maße erwachen innere Sinne und machen die größere Welt bewußt, in der wir leben und der wir jetzt und immer als Bürger angehören.

So führt der Weg der Selbst-Erkenntnis zur Ahnung eines neuen Frühlings hinter dem Winter des Lebens. Er ist darum im höheren Alter als dessen Sinnerfüllung von entscheidender Wichtigkeit. Dabei ist der Grad der Erkenntnis unmittelbar am Verhalten ablesbar: der geistig Unerwachte wird als Greis, wie schon Cicero erkannte, „mürrisch, ängstlich, zornig, geizig und empfindlich. Er ärgert sich über alles.“ Zur Selbsterkenntnis erwacht, wird er mit den Jahren immer freundlicher, zuversichtlicher, duldsamer, gütiger, gebewilliger und gelassener. Er bejaht alles, freut sich über alles und schreitet schließlich über die Selbsterkenntnis hinaus zur noch höheren Stufe des *Selbstseins* empor.

Jeder ältere Mensch weiß, daß *Zeit* ein relativer Begriff ist und daß es, wie *Carrel* sagt, zwei Zeitströme gibt: einen äußeren, objektiven, physikalischen und einen inneren, subjektiven, physiologischen Zeitablauf. Beide verhalten sich zueinander wie ein Strom und ein Mensch, der neben ihm hergeht: in der Jugend geht der Mensch schneller als der Zeitstrom, so daß dieser ihm langsam erscheint; im Alter geht er langsamer, so daß der Strom der Zeit rascher als früher dahinzufließen scheint . . .

Während die äußere Zeit gleichmäßig abläuft, wechselt die innere in Rhythmus und Geschwindigkeit je nach der *Einstellung* des Menschen.

Die dynamische Psychologie Neugeists spricht hier von der *inneren Lebensuhr*, deren Schlagfolge anders ist als die der Taschenuhr. Deren Zeitmaß ist *siderisch* bedingt, d. h. von der Umdrehung der Erde und ihrem Lauf um die Sonne bestimmt, während die innere Zeitmessung *psychosomatisch* bedingt ist, vor allem von der geistigen Haltung und Bewegung abhängt, die wichtiger ist als das Alter.

Darum ist es ein Unterschied, ob ich beim Älterwerden die Kürze des Daseins und den rascheren Ablauf der Zeit beklage, damit meine Zeitabhängigkeit erhöhe und vorzeitig altere, oder ob ich im Bewußtsein der Zeitlosigkeit meines innersten Wesens die Zeit nicht achte und demgemäß länger jung bleibe.

Die Erfahrung lehrt hier, daß der physiologische Zeitablauf raff- und dehnbar ist. Das läßt sich am Heilprozeß beobachten: eine Wunde heilt im allgemeinen in der Jugend rascher, im Alter langsamer. Wo aber der Geist den Körper beherrscht, etwa eine *Heilung aus dem Geiste* sich vollzieht, kann in einem Augenblick geschehen, was sonst Tage und Wochen braucht.

Wie hier, dehnt sich die Zeit für den geistig wachen und aktiven Menschen — und zwar in jedem Alter! —, so daß er mehr aus seinen Stunden, Tagen und Jahren herausholt.

Die intensivere Nutzung der Zeit führt dabei nicht, wie manche meinen, zur Verkürzung, sondern zur *Verlängerung der Lebensdauer*. Erhöhte geistige Tätigkeit, stärkere Aktivierung des Gehirns macht mehr Lebenskraft frei und erhöht die Lebenserwartung. In einem Satz: *die subjektive Intensivierung des Lebens bewirkt eine objektive Verlängerung des Daseins.*

DIE INNERE ZEIT

Gewiß sind Sie auch schon einem jener seltenen Menschen begegnet, die von Jahrzehnt zu Jahrzehnt äußerlich fast unverändert bleiben, an denen die Zeit spurlos vorüberzugehen scheint, indes sie innerlich ständig größer, reger und tüchtiger werden.

Wenn Sie ihn nach der Ursache seiner Unabhängigkeit von Zeit und Vergehen fragen, wird er Ihnen, wenn ihm das Geheimnis seiner Jugendfrische und wachsenden Leistungskraft bewußt ist, vielleicht folgendes antworten:

Wenn der eine mit Ovid klagt: „Eilig schwindet die Zeit, unmerklich beschleicht uns das Alter“, und der andere mit Antiphon: „Die Zeit ist nur eine Idee oder ein Maß, aber nichts Reales“, so blicken beide auf die *eine* Seite der Zeit: die *äußere Zeit*, die Zahl der Kalenderjahre, die einer dagewesen ist. Neben dieser Zeit gibt es aber eine zweite, für Dauer und Umfang unseres Wirkens viel entscheidendere: die *innere Zeit*, die auch bei Angehörigen der gleichen Gattung überaus verschieden ist, weil sie von der inneren Einstellung bestimmt wird.

Eine Bakterie, die sich nach einer halben Stunde spaltet, erscheint uns ebenso kurzlebig wie die Eintagsfliege, die nur wenige Stunden lebt. Und eine Schnecke erscheint uns langsam; dennoch erreicht sie ihre Ziele nach ihrem Zeitmaß genau so rasch und sicher, wie der Mensch die seinen. Beim Menschen kommt aber hinzu, daß sein *innerer Zeitrhythmus*, der einstellungsbedingt ist, weit mehr als der äußere Zeitablauf darüber entscheidet, wie lang er die Periode bewußten Lebens und schöpferischen Wirkens ausdehnt.

Viele der größten und erfolgreichsten Menschen gehören zu den „Zeitlosen", die erkannt haben, daß die sog. „Altersgrenze" in Wirklichkeit weder eine Schaffens- noch eine Leistungsgrenze ist: Jahrzehnte darüber hinaus halten sie sich auf der Höhe ihrer Leistung, ja wachsen unablässig weiter, weil sie die äußere Zeit nicht beachten und nicht an ihre Jahre denken, sondern an ihre Aufgabe, weil sie sich ständig neue Ziele setzen, geistig rege und gewillt bleiben, ihre Leistungen unablässig zu erhöhen, weil sie — der Jugend gleich — nicht rückwärts-, sondern vorwärts-blicken und an der Gestaltung der Zukunft mitschaffen.

Fügen sie dazu den Vorzug des reifen Alters, alle Dinge mit dem *inneren Zeitsinn* zu werten, sie im Lichte der Ewigkeit zu sehen und alles, was kommt, mit der Gelassenheit des Weisen zu nehmen, dann machen sie jedes neue Jahrzehnt fruchtbarer als das vergangene und demonstrieren die Wahrheit des Wortes: *Wer für die Zukunft schafft, hat Zukunft!*

SCHÖPFERISCHER VITALISMUS

Die Vitalisten unter den Biologen bejahen das Vorhandensein einer besonderen *Lebenskraft* — vis vitalis —, von deren Wirken Lebensintensität und -dauer abhängen. Diese Erkenntnis wurde von *Louis Dumas* (1765 bis 1813) begründet und von *Hans Driesch* (1867—1941) in seinem antimechanistischen Neuvitalismus und seiner antimaterialistischen Wirklichkeitslehre vertieft.

Driesch nannte die Lebenkraft mit Goethe „Entelechie“ und wies ihre Planbewußtheit, Zielstrebigkeit und Eigengesetzlichkeit nach. Goethe nannte sie *„ein Stück Ewigkeit“*, das den Körper belebend durchdringt und dessen Bewußtwerdung die Möglichkeit gibt, dem Leitsatz des *schöpferischen Vitalismus* von heute zu folgen: *„Gib Deinen Jahren mehr Leben, dann gibst Du Deinem Leben mehr Jahre!“*

Mit anderen Worten: Erhalte Dir eine Einstellung, die nicht an der Oberfläche der Dinge und der Zeit haftet, sondern tiefer dringt, die in der Natur das Wunder Gottes sieht, an jeder Begegnung das Erfreuliche, Positive wahrnimmt und ergreift, das Leben als Ganzes bejaht, sich so innerlich jung und aufgeschlossen erhält und bereit bleibt, ständig zuzulernen, Wissen und Können zu mehren, das Leben immer schöner und reicher zu gestalten und so Jahr um Jahr bewußter in jenes größere Leben hineinzuwachsen, das endlos höher führt.

Wer an den Fortschritten der Menschheit in Wissenschaft, Technik und Erkenntnis, am ständigen Wachstum des geistigen Horizonts teilhat, sich für alles interessiert und in der Gegenwart schon die erkennbare Zukunft vorwegnimmt, der aktiviert damit jenes „Stück Ewigkeit", das in ihm lebt als Verheißung einer endlosen Zukunft seines Wesens, und mobilisiert zugleich jene *schöpferische Lebenskraft*, die nicht nur seinen Jahren mehr Leben und Inhalt, sondern auch seinem Leben mehr Jahre gibt.

Er findet damit zugleich zur eigentlichen *Sinnerfüllung des Alters*, dieser Epoche höchster Entfaltung des Ewig-Lebendigen in uns, der Entelechie, des geistigen Wesenskerns.

Wo das geschieht, da macht das Alter sichtbar, daß alle seine Kräfte und schöpferischen Vermögen über das gegenwärtige Dasein und sein Ende hinausweisen und daß das Alter die Krönung des Lebens sein soll: die Zeit nicht des Untergangs, sondern des Übergangs zu höheren Formen lebendig-schöpferischen Seins und Wirkens.

Wer so lebt, macht das Alter zu einer Gipfelwanderung mit dem Ziel fortschreitender Aktivierung des „Stückchens Ewigkeit", das in uns ist. Je mehr das erkannt und verwirklicht wird, desto reifer und verklärter erscheint der alte Mensch, desto deutlicher offenbart er jene *Würde und Weisheit des Alters, die in der Umwelt Verehrung erweckt und das begründete Gefühl, dem Ewigen näher zu sein.*

LEBENSVERLÄNGERUNG DURCH LEBENSVERTIEFUNG

Bedeutende Altersforscher bejahen das einfache Verjüngungsrezept des großen Chemikers *Paul Walden* (geboren 1863), der trotz hohen Alters als Gastprofessor in Tübingen wirkte, 1947 seine „Geschichte der Chemie" herausgab und zur Verhütung vorzeitiger Ermüdung und Zurruhesetzung die rechtzeitige Umschaltung von der Berufsarbeit auf eine andere sinnvolle schöpferische Tätigkeit anriet. Sein Vorbild ist *Max Planck*, der sich nach dem fünften Jahrzehnt auf reine Lehre und schriftstellerische Darlegung seiner Erkenntnisse umstellte und so vier weitere Jahrzehnte (bis zum 89. Lebensjahr) schöpferisch tätig blieb.

Schöpferisch tätig bleiben heißt, sich beizeiten neuen Interessen und Aufgaben zuwenden und beachten, wie auch die geringste Beschäftigung durch den *Geist*, der sie belebt, in den Bereich des Schöpferischen erhoben wird. Mit der Aktivierung der produktiven Kräfte geht eine nicht zu übersehende *körperliche Regeneration* einher. Offenbar wird durch die ständige Wach- und Aktiverhaltung des Geistes Vitalenergie, Lebenskraft befreit und der Lebenserhaltung und -verlängerung dienstbar gemacht.

Der Volksmund drückt diese Tatsache in den beiden Sätzen aus: Wer Langeweile hat, weilt nicht lange. *Die Aufgabe erhält lebendig.* Sie erhält den älteren Menschen jung, wenn und weil sie ihn beglückt spüren läßt, daß sie nicht nur sein eigenes Dasein sinn- und gehaltvoll gestaltet, sondern ihn zugleich für die Umwelt, für die menschliche Gemeinschaft wertvoll macht. Dieser Einsicht stimmen Altersforscher wie *D. A. Kotsowsky* zu. Der Letzgenannte faßt seine Erfahrungen dahin zusammen, daß *„unsere Psyche in Form bestimmter Vorstellungen und Ideen imstande ist, die schlummernde Energie des Körpers zu entfesseln, und daß die intellektuelle Schaffenskraft sich bis zum Tode weiter entwickeln kann."*

Diese und andere Feststellungen wertet er dahin, daß „die Lösung des Altersproblems nicht durch eine lokale Reaktivierung (etwa durch bestimmte Verjüngungsmittel und -methoden), sondern auf der Ebene allgemeiner Psychosomatik zu erwarten ist.“

Auf dieser letzteren Linie liegen die hier vermittelten erfahrungsgeborenen neuen Einsichten, praktischen Hinweise und positiven Impulse neuen Denkens und Verhaltens. Sie machen insgesamt die Wahrheit sichtbar, die den Kern aller lebenerhaltenden und lebenverlängernden Bemühungen bildet: „Tätigkeit ist der wahre Genuß des Lebens, ja *das Leben selbst.*“ (Schlegel). Bewußte Umstellung auf geistbetonte Tätigkeit führt zur Lebensvertiefung, und Lebensvertiefung bedeutet Lebensverlängerung.

DER INNERE AUSGLEICHER

Viele große Menschen beobachteten an sich das Wirken des Kompensationsstrebens der Natur, die überall auf Harmonie und Gleichgewicht der Kräfte abzielt. Wir sind in der Tat so eingerichtet, daß Mängel auf der einen Seite durch Fähigkeit oder Sonderleistungen auf anderen „kompensiert“, d. h. wettgemacht und ausgeglichen werden.

Jeder von uns besitzt einen *inneren Kompensator* oder Ausgleicher, der z. B. bewirkt, daß bei Hirnverletzten andere Hirnzonen den entstandenen Ausfall wettmachen (Wundt) oder die Störung einer Herzklappe durch Verstärkung und Leistungserhöhung des Herzmuskels ausgeglichen wird.

Die Psychosomatik spricht vom Ausgleich körperlicher Mängel durch gesteigerte geistige Fähigkeiten, seelischer Spannungen durch erhöhte berufliche oder sonstige Leistungen, Belastungen durch Hingabe an Steckenpferde usw.

Die Psychologie lehrt, wie z. B. Minderwertigkeitserlebnisse durch Sondertalente kompensiert werden, wobei „Überkompensationen" zu meiden sind, etwa die von nicht überwundenen Minderwertigkeitsgefühlen durch Überheblichkeit, Geltungssucht, Anmaßung und Angeberei. Hier wird der innere Ausgleicher falsch eingesetzt, und dann stört er die Harmonie, statt sie zu fördern.

Der rechte Einsatz des inneren Ausgleichers ist besonders im höheren Lebenalter wichtig, weil er helfen kann, empfundene Mängel und Nachteile durch Entfaltung bisher unentwickelter Neigungen, Strebungen und Fähigkeiten wettzumachen. Dabei ist die Erkenntnis wichtig, daß geistige Leistungen vom Grad der körperlichen Vollkraft unabhängig sind.

Schopenhauer nennt *das Alter die eigentliche Zeit der geistigen Kompensation*: Er stellt den Vorzügen der Jugend — lebhafteres Reagieren von Phantasie, Empfindung und Begeisterung, intensiv-bewußtes Erleben — die des Alters gegenüber — größere Sachlichkeit, Gedanklichkeit, Urteilskraft, Reife, Erfahrung und Gründlichkeit — und betont, alles, was der Jugend eigne, könne im Alter durch Bejahung des inneren Ausgleichsstrebens und bewußte Pflege dieser Eigenschaften zu höchster Reife gebracht werden. Denn „den Stoff seiner selbsteigenen Erkenntnis, seiner originalen Grundansichten, also das, was man der Welt zu schenken bestimmt ist, sammelt man schon in der Jugend ein; aber seines Stoffes *Meister* wird man erst in späteren Jahren. Die Jugend bleibt die Wurzel des Baums der Erkenntnis, wenngleich erst das Alter als die Krone die Früchte trägt."

Wer die reiferen Jahre bewußt als die Zeit der Selbstverwirklichung wertet, sich im Vertrauen auf den inneren Ausgleicher nicht benachteiligt, sondern bevorzugt fühlt, sein Reichsein an inneren Kräften bejaht und diese mutig betätigt, der bewirkt und erfährt, *daß die wertvollsten Leistungen seines Lebens und die reifsten Früchte des Geistes den höheren Jahren zugehören.*

BEWUSSTER LEBEN

Wenn von Camping gesprochen wird, denken die meisten an junge Menschen, die es zur Natur hinzieht. Wer aber auf Camping-Plätzen herumkommt, der weiß, daß erstaunlich viele ältere Menschen hier in der Berührung mit der Natur zur Jungerhaltung und Kräfteneuschöpfung finden.

Aus dort geführten Unterhaltungen ist mir ein Satz erinnerlich, den ein älterer Geschäftsmann, der mir durch sein herzliches Lachen auffiel, aussprach: „*Ich lebe — ich bin!*" Er erläuterte das wie folgt:

„Ich lebe — ich bin!" heißt: ich lebe von Jahr zu Jahr dynamischer, intensiver, meiner selber, meiner Kräfte, meiner Gesundheit und wachsenden Leistungsfähigkeit *bewußter*. Ich habe mich daran gewöhnt, bei allem, was ich tue, mit Leib, Seele und Geist zugegen zu sein. Und seitdem weiß ich, daß *bewußtes Leben* den Körper erneuert und alle Kräfte verdoppelt.

Irgendein Pessimist meint zwar, nicht das Sein, sondern das *Bewußtsein* sei die Quelle allen Elends. Ich habe das Gegenteil festgestellt: *Das Bewußtsein ist die Quelle der Lebenskraft.*

Woher ich das weiß? Von *Kant*, und zwar aus seinem berühmten Büchlein „Von der Macht des Gemüts, durch den bloßen Vorsatz der krankhaften Gefühle Meister zu sein". Daraus habe ich gelernt, den Körper vom Gemüt, vom *Geiste* her zu beherrschen, seine Leistungskraft zu erhalten und ständig zu erhöhen. Seitdem widme ich mich mit Vergnügen dem *bewußten Lebensgenuß.*

Auf dieses bewußte Tun kommt es an, weil es jene psychodynamischen Gesetzmäßigkeiten zum Wirken bringt, die das Alt- und Schwachwerden verhindern.

Leben und Leistung sind das Produkt positiven Zusammenwirkens von Körper und Geist. Je bewußter der Geist auf den Körper einwirkt, desto vollkommener beherrscht er dessen Funktionen und Lebensablauf.

Was Voronoff von außen her, durch Überpflanzen von Keimdrüsen auf ältere Menschen, erreichen wollte — die mittelbare Verhinderung des Alterns —, das erreicht man unmittelbar von innen her durch *bewußtes Leben*, das dem Geist die Erneuerungsarbeit im Körper erleichtert, auf das hormonale System funktionsanregend wirkt und so auf natürlichste Weise die Durchseelung und Durchgeistigung des Leibes fördert, seine stetige Erneuerung, Verjüngung und wachsende Leistungskraft.

LATENTE TALENTE

Daß das durchschnittliche menschliche Lebensalter, das um das Jahr 1000 nur 33 Jahre betrug, in stetem Anstieg ist, hat seinen Grund, neben den Fortschritten der Medizin und Hygiene, im Übergang der menschlichen Tätigkeit von der Hand- auf die Kopfarbeit, also in der

Intensivierung der Gehirntätigkeit, die bisher schlummernde Kräfte und latente Talente zur Auslösung brachte, die wiederum ein *erhöhtes leibseelisches Anpassungs- und Regenerationsvermögen* zur Folge haben.

Heute wissen wir, wie weitgehend der Mensch vom *Hirn* aus lebt, altert und stirbt. Wo die Hirntätigkeit infolge nachlassender positiv-optimistischer Teilnahme an Leben und Fortschritt abnimmt, setzt eine entsprechende Stillegung der Körperfunktionen ein, also Vergreisung und Absterben.

Nicht mit Unrecht wird darum heute der Ruf nach geistiger Selbstdynamisierung erhoben, wenn Lebenskraft und Lebensdauer weithin von Grad und Richtung der Hirnaktivität abhängen. Wer ständig geistig positiv aktiv ist, sich ohne Hinblick auf die Jahre immer neuen Interessen und Aufgaben widmet, reißt neue Kräfte und schöpferische Vermögen aus dem Schlummer und schafft so die besten Voraussetzungen für ein reiches und längeres Leben.

Mit der Zunahme der Zahl der positiven Engramme in der Großhirnrinde wachsen die Möglichkeiten zielbewußter Selbstbeeinflussung der Leib-Seele-Einheit von innen her durch Aktivierung schlummernder Vitalenergien.

An solcher Lebensvertiefung und -verlängerung haben jene den stärksten Anteil, die *bewußt* bisher *latente Talente* aus sich entfalten und damit eine Verinnerlichung und Verwesentlichung einleiten, die vom geistseelischen Gefüge her den Körper mitreißt.

So steckt in den latenten Talenten — von denen jeder und jede mehr besitzt, als man bisher ahnte — eine von jedermann nutzbare Möglichkeit natürlicher Lebensverlängerung von innen her.

Es lohnt sich also, darüber nachzudenken, welche Neigungen und Eignungen bisher, vielleicht seit der Kindheit, unberücksichtigt und unentfaltet blieben und welchen neuen Interessen und Steckenpferden es sich demzufolge zuzuwenden gilt, um schlummernde produktive und regenerative Kräfte zu mobilisieren und sich ein reicheres, sinnerfüllteres und zugleich längeres Leben zu sichern.

Der handelt weise und lebt länger, der aus diesen Einsichten die positiven Konsequenzen zieht.

DYNAMISIERE DICH SELBST!

An einem meiner Freunde fällt der Umwelt auf, daß er seit Jahrzehnten unverändert aussieht, scheinbar immer gleich jung bleibt, indes seine Altersgenossen müde werden, vergreisen und dahinsterben. Nach dem Geheimnis seines Jungbleibens befragt, besann er sich und meinte dann: „Du weißt, daß ich über ein Dutzend Liebhabereien habe, die mich im Wechsel beschäftigen, mir Beruf und Alltag verschönen und mir zu jederzeitiger Entspannung, Ab- und Umschaltung verhelfen, zur Selbstdynamisierung und Lebenssinnerfüllung.“

Selbstdynamisierung? hakte ich ein: Wie machst Du das?

Ich wende mich beim Denken und Schaffen wie in den Stunden der Muße bewußt dem Positiven zu, fühle, spreche und reagiere möglichst lustbetont. Ich kenne keine Langeweile, diese erste Ursache vorzeitigen Alterns, sondern bin stets geistig aktiv und körperlich in Bewegung, meide passive Zerstreuungen und achte neben der Vielseitigkeit der Interessen und Tätigkeiten auf den rechten Rhythmus von Tun und Nichttun,

Spannung und Entspannung, damit keine Seite meines Wesens zu kurz kommt, vor allem nicht Herz, Gemüt und das Verlangen nach schöpferischer Selbstauswirkung.

Praktisch wirkt sich das als fortschreitende Selbstdynamisierung aus, deren Möglichkeiten unbegrenzt sind. So könnte jeder entsprechend der besonderen Kombination seiner Neigungen, Eignungen und Kräfte die ihm gemäßen Tätigkeiten und Liebhabereien und den günstigsten *Wechsel* beider herausfinden. Er wird dann feststellen, 1) wie der harmonische Wechsel auf die jeweils ruhenden Partien im Bewußtsein, Gehirn und Körper *regenerierend* wirkt, 2) wie die Gewöhnung an häufige *Umschaltung* das raschere Abklingen von Spannungen und Erregungen fördert. Bessere Umschaltung bewirkt schnellere *Harmonisierung* und *Hormonisierung*, was sich tagsüber in erhöhter Frische, Beweglichkeit und Leistungskraft, nachts in tieferem traumlosem Schlaf auswirkt und insgesamt die schöpferischen Tendenzen und die Lebenskräfte steigert.

Am hilfreichsten ist die Gewöhnung an tägliche Zeiten *meditativer Selbst- und Kraftbesinnung:* ich gehe morgens und abends nach erfolgter Entspannung von Körper und Gedanken in die Stille, senke mich schweigend tief in mich selbst ein bis dorthin, wo die Quelle der inneren Kraft fließt, wie *Hamblin* dies in seinem Lebensbuch „*In Dir ist die Kraft!*" so meisterhaft bewußt macht, und lasse mich von den schöpferischen Kräften der Tiefe durchstrahlen, erfüllen, erneuern, dynamisieren. Ich wüßte keine bessere Methode täglicher Kraftaufladung als die Meditation.

Wer auf die übliche Weise lebt, selten zu Entspannung und Selbstbesinnung kommt, gleicht einer beidseitig angezündeten Kerze: er lebt nur halb so lang, wie er leben könnte. Um gesund, produktiv und lange zu leben, muß man *Lebenskünstler* sein: ein Meister lustbetonter Selbstdynamisierung, der sich selbst, seinen Beruf und sein Leben bejaht und stets aus allem das Bestmögliche zu gewinnen weiß. *Ihm ist ein bis zur letzten Stunde erfülltes Dasein gewiß.*

DEIN ALTER SEI WIE DEINE JUGEND!

Das Verlangen nach jugendlicher Frische bis ins hohe Alter besteht, seitdem es Menschen gibt. Schon zu *Moses* Zeiten (5. Mose 33, 25) galt die Erfüllung dieses Wunsches als hohe Verheißung: „Dein Alter sei wie Deine Jugend."

Und das Beglückende ist, daß dieser Wunsch jedem von uns erfüllt werden kann, wenn wir die immer hoffnungsvolle Haltung der Jugend bis ans Ende unserer Tage beibehalten, allem mit frohem Lächeln begegnen, jeden neuen Tag als ein uns geschenktes neues Leben dankbar willkommen heißen, zufrieden dem Augenblick leben, stets das Beste erhoffen und unser Bestes geben, immer bereit, etwas Neues zu lernen und an Erfahrung und Weisheit zuzunehmen, und allen Wesen, Mensch und Tier, mit Wohlwollen und Liebe begegnen. Wer so denkt und lebt, der bleibt immer in der Mitte des Lebensstromes und ist mit 60 so jung wie mit 20.

„Zu leben ohne zu altern, sich bis zuletzt frisch zu fühlen und das Beste seiner Jugendkraft und Eindrucksfähigkeit sich zu erhalten, und dann, wenn das letzte Stündlein naht, in den Tiefen seiner Seele den Glauben früherer Jahre zu spüren und in sicherer Hoffnung sanft zu entschlafen — ist das nicht ein beneidenswertes Los?", fragt *Marden*, und fügt hinzu:

„Der Sonnenuntergang ist gerade so schön und oft herrlicher als der Sonnenaufgang. Das Ende des Lebens sollte und kann gerade so schön und erhaben sein wie der Anfang. Solange Dir das Licht der Hoffnung über alle Enttäuschungen hinweg leuchtet und Du allen Schwierigkeiten mit heiterem Mute begegnest, ist es dem Alter unmöglich, seine Furchen in Dein Antlitz zu graben.

Solange Du optimistisch und hoffnungsvoll bist, fröhlich, begeisterungs- und hilfsbereit, solange zählst Du zu den Jungen. Das Jugendelixier, das die Alchimisten suchten, ist *in uns:* es liegt im rechten Denken und in der Harmonie unseres Geistes, der kein Vergehen kennt. Wer dazu findet, der ist mit 70 glücklicher noch als mit 17."

Solange einer geistig jung bleibt, bleibt er es auch körperlich. Solange er innerlich am Leben teilnimmt, sich auf der Sonnenseite des Daseins sieht und immer *guter Dinge* ist, wird er sich von lauter *guten Dingen* umgeben sehen und den Jungbrunnen in sich selber finden, und „sein Alter ist wie seine Jugend".

DAS ELIXIER DES LEBENS

Marden, dessen Lebensbücher in allen Kulturländern zu den „bestsellern" gehören, wurde einmal gefragt, welche besonderen Möglichkeiten es gäbe, vorzeitiges Altwerden zu verhüten, ob er ein Lebenselixier kenne das jedem helfe.

Hier seine Antwort: „Das *beste Lebenselixier*, das ich kenne, ist eine *das ewige innere Jungsein bejahende Geistes-*

haltung: es erhält den Körper von innen her rüstig und hält das Altwerden fern.

Das Altwerden verhindert nicht, wer sich müht, mit kosmetischen Mitteln und jugendlicher Kleidung jung zu erscheinen, wohl aber der, der sich gewöhnt, seine innere Jugendlichkeit zu bejahen und sich jung zu fühlen.

Was einer innerlich vorwiegend denkt und fühlt, bringt sein Körper äußerlich zum Ausdruck! Wer sich innerlich unvergänglich weiß, hält die äußeren Zeichen des Vergehens von sich fern.

Wir haben den Kampf um das Jungbleiben bereits zur Hälfte gewonnen, wenn wir im Geiste das strahlende, heitere, zuversichtliche, lebensfrohe Bild unseres Jungseins unentwegt festhalten und in dieser positiven Haltung auf weite Sicht fortschrittsfreudig und wagemutig planen, streben und wirken, ohne die Zeit zu beachten! Jeder bejahende Gedanke in dieser Richtung ist ein Tropfen Lebenselixier für den Körper und erhält ihn über die Jahrzehnte hinweg frisch, spannkräftig und leistungsfähig.

Seine volle Wirkung entfaltet dies Jugend-Elixier, wenn wir bei alledem das Leben nicht zu ernst und zu wichtig nehmen, sondern uns zur Regel machen, uns täglich für ein paar Minuten lächelnd dem Leben und der Arbeit zu entziehen, um uns auf uns selbst zu besinnen und uns bewußt zu bleiben, daß wir, richtig denkend, auf der Sonnenseite des Daseins leben, für alles Schöne und Hochstimmende Zeit haben und von Jahr zu Jahr fortschreiten, wachsen und reifer werden.

Solange wir dessen bewußt bleiben, werden wir wohl älter und innerlich wie äußerlich reicher und größer, aber *nie alt*, nie müde und verbraucht. *Wir haben dann mit 40 die Weisheit des 80jährigen und mit 80 immer noch die lebendig-frohe Schaffenskraft des 40jährigen.*"

SELBSTVERWIRKLICHUNG

Als höchstes Ziel des Lebens nennen die Weisen das der *Selbstverwirklichung*. Aber wie viele erreichen es?

Oskar Wilde nannte es tragisch, „wie wenig Menschen vor ihrem Tode im Besitz ihrer Seele sind. Nach *Emerson* ist beim Menschen nichts so selten wie eine eigene Willenshandlung; die meisten sind nur Verwirklicher fremden Wollens. Die meisten Leute sind andere Leute. Ihre Gedanken sind die Gedanken anderer." Sie leben nicht eigentlich, sie werden gelebt. Sie besitzen Selbstbewußtsein, selten aber Selbst-Bewußtheit.

Dabei ist *jeder* berufen und befähigt, zum Selbstsein, zur Selbstverwirklichung zu finden. Der Hinweis auf die Großen der Menschheit, die dieses Ziel erreichten, wird jedoch meist mit dem Einwand beantwortet: „Was diese Begnadeten vermochten, ist mir unmöglich."

Dieser Einwand ist unbegründet, da jeder die gleichen Lebenskräfte und -möglichkeiten besitzt. „Auch der Geringste, wenn er *ganz* ist, kann glücklich und in seiner Art vollkommen sein." Alles ist Einstellung, und letztlich kommt es darauf an, daß einer das, was in ihm angelegt ist und was in seiner Jugend keimte, im späteren Leben erkennt und zur Frucht bringt. Das kann, wie *Albert Schweitzer* sagt, *jeder:*

„Die Ideen, die das Wesen und das Leben eines Menschen bestimmen, sind ihm auf geheimnisvolle Weise gegeben. Wenn er aus der Kindheit heraustritt, fangen sie an, in ihm zu knospen. Wenn er von der Jugendbegeisterung für das Wahre und Gute ergriffen wird, blühen sie und setzen Frucht an. In der Entwicklung, die wir nachher durchmachen, handelt es sich eigentlich nur darum, wieviel von dem, was unser Lebensbaum in seinem Frühling an Frucht ansetzte, an ihm bleibt."

Das aber, und was man daraus macht, hängt von jedem selbst ab. Und das Ermutigende ist, daß es *nie zu spät* ist, mit dieser Selbstverwirklichung Ernst zu machen. Sie ist im Alter sogar leichter als in jungen Jahren, in denen zu viel lockendes Nichtiges den Blick vom Wesentlichen ablenkt. Bei dieser Aufgabe sind wir ganz auf uns selbst gestellt.

Fremde Hilfe ist hier weder möglich noch nötig. Denn hier geht es um die Selbst-Erkenntnis durch immer erneutes Nachsinnen über die Frage: „*Wer bin ich?*", um das bewußte Abstreifen all dessen, was nicht eigentlich zu einem gehört, was nur Hülle ist, Schale und wesensfremd, bis am Ende der Kern, das Wesen, das reine *strahlende Selbst* übrig bleibt, das seiner selbst bewußt und seiner Unvergänglichkeit und Einheit mit dem Ewigen gewiß ist.

Von da an ist der Mensch „im Besitz seiner Seele", hat die höchste Forderung: „*Sei Du selbst!*" erfüllt und ist fähig, wirklich zu leben.

Die zweite Leistungswelle

Zu den wichtigsten Erkenntnissen der Wissenschaft vom Altwerden gehört die, daß die größere Lebenserwartung des Menschen von heute weniger dem höheren Lebensstandard und den Fortschritten der Hygiene, sondern weit mehr der *veränderten Einstellung zum Leben* zu verdanken ist.

Bis zur Jahrhundertwende galt die allgemeine Auffassung, daß der Mensch mit 30 seinen Leistungsgipfel erreicht hat, ihn bis 40 hält, um mit 50, spätestens mit 60 von der Daseinsbühne abzutreten ... Diese damals im Kollektiven Unbewußten eingewurzelte Idee ließ die Menschen vorzeitig altern.

Heute denken wir wirklichkeitsnäher und wissen, daß man jahrzehntelang älter werden kann, ohne „alt" (im Sinne von „greisenhaft" und „verbraucht") zu werden.

Überall im geistigen, wirtschaftlichen und politischen Leben sehen wir Siebziger und Achtziger in unermüdlicher Tätigkeit. Wir wissen heute, *daß das biologische Alter des Menschen weit höher liegt, als er bisher ahnte*, und daß künftige Generationen die Altersgrenze immer weiter hinausschieben und vollendeter als wir die Kunst meistern werden, ihrem Leben mehr Jahre und ihren Jahren mehr Leben und Inhalt zu geben.

Wie das möglich ist?

Das biologische Alter und der Ablauf der Lebensrhythmen wird, wie schon gezeigt, entscheidend von seelisch-geistigen Energien und Faktoren bestimmt, hängt also wesentlich von der *inneren Haltung und Einstellung* ab.

Wer gläubig überzeugt ist, daß er bis 50 reift, bis 80 auf der Höhe seiner Leistungsfähigkeit bleibt und in den folgenden Jahrzehnten die Früchte seines Wirkens genießen darf, der hat die größte Aussicht auf ein hohes Alter.

Denn was dem Unbewußten durch beharrliche Bejahung als geistiges Bild eingeprägt wird, das sucht es zäh und zielstrebig herauszubilden, zu realisieren. Und da infolgedessen alle Drüsen — ähnlich den Speicheldrüsen, die ja bis zuletzt funktionieren — durch die positiven Impulse vom Unbewußten her in ihrer Aktivität und Leistungsfrische erhalten bleiben und die Erneuerung des Zellenstaats wie seither fortsetzen, gleitet der Mensch unmerklich in eine erneute Jugend und zweite Leistungswelle hinein, die ihn neue Höhen der Selbstverwirklichung und Lebensmeisterung erreichen läßt.

FÜLLE UND ERFÜLLUNG

Der Philosoph *Friedrich Nietzsche* schrieb seiner Mutter im September 1875: „*Altwerden* und *einsam werden* scheint dasselbe, und ganz zuletzt ist man wieder nur mit sich zusammen und macht andere durch seinen Tod einsam.“

Diese Worte scheinen die Klage der Vielen zu bestätigen, die im Blick zurück auf das, was unwiderbringlich dahin ist, von der *Leere* des *Alters* sprechen wie von etwas tragisch Unabänderlichem.

Wer so denkt und fühlt, der verkennt den Sinn und Wert des Altseins, das nicht Leersein, sondern *Fülle* und *Erfüllung* sein soll und für jeden sein kann, wie die Großen aller Zeiten und Völker durch ihre mannigfachen, den Aufstieg der Menschheit und den Fortgang der Kultur entscheidend bestimmenden Altersleistungen eindeutig beweisen.

Nur wer nach *außen* blickt, kann Leere und Einsamkeit empfinden, weil Fülle und Erfüllung von innen kommen. Außen ist Werden und Vergehen, innen ist Sein und Dauer. Darum ist der *innere Mensch* der eigentliche, wesentliche, schöpferische Mensch, und der handelt weise, der sich, älter werdend, mehr und mehr nach innen wendet und die Quellen der Fülle *in sich* zum Fließen bringt!

Solange man jung ist, lebt man vorwiegend nach außen, im Außen und für das Außen. Und wenn man nach Fülle und Erfüllung strebt, erweist sich auch diese, weil äußerlich, als flüchtig.

Erst wenn man älter und zugleich reifer wird, erkennt man zunehmend deutlicher, daß das Außen nur *Hülle* ist, und wendet sich einwärts, dem *Kern* zu. Hat man ihn und damit den Sinn seines Lebens gefunden, fühlt man sich nicht länger alt und einsam, leer und nutzlos, sondern wird wesentlich und schöpferisch, strebt nach Selbstverwirklichung und *findet zu jener Fülle, die innerlich und unvergänglich ist und auch das äußere Dasein verklärt und verwesentlicht.*

Das ist die Wahrheit, von der es heißt, daß sie *frei* macht: frei *von* den Unzulänglichkeiten und Nöten des Altseins, frei *zum* frohen Schaffen aus der inneren Fülle und zur Erfüllung des höchsten, ewigen Sinns unseres Lebens.

Alt und allein zu sein kann bittere Not bedeuten, ebenso aber mit innerem Reif- und Glücklichsein einhergehen. Entscheidend ist, was man daraus macht.

Auf die *Gesellschaft* kann man verzichten, nicht aber auf die *Gemeinschaft:* auf das gemütsbetonte Verbundensein in gegenseitiger Achtung und Schätzung mit durch gemeinsame Ideale oder Aufgaben wahlverwandten Wesen. Solche „geistige Gemeinschaft oder Gezweiung bildet den eigentlichen Lebensquell und die Lebensluft für den Einzelnen", wie *Othmar Spann* sagt.

Dieses geistige Verbundensein mit gleichgestimmten Naturen wird im Alter stärker empfunden als in den mittleren Jahren, und zwar um so inniger und beglükkender, je mehr der ältere Mensch sich an den *Wechsel von Einsamkeit und Gemeinsamkeit* gewöhnt, also ebenso gern allein wie mit anderen zusammen ist. Denn, wie *Schopenhauer* klarstellt, „ganz *er selbst sein* kann jeder nur, solange er allein ist; wer nicht die (zeitweise) Einsamkeit liebt, der liebt auch nicht seine Freiheit, denn nur wenn man allein ist, ist man frei."

Wenn die Einsamkeit „für große Geister eine Nahrungsquelle ist, für kleine hingegen eine Qual", so deshalb, weil die einen vom *Alleinsein* zum *All-Einsseins* weiterschreiten, die anderen hingegen nur die Bitterkeit des Einsamseins schmecken und noch nicht seine Süße spüren: die dahinter verborgene All-Gemeinsamkeit, die Goethe meint, wenn er die recht genützte Einsamkeit dem Genuß beim Essen vergleicht: sie ist „das Wohlschmecken, das Innewerden des Genusses, ohne das man dem Tier gleicht."

Bei weisem Wechsel von Allein- und Zusammensein vertieft und verwesentlicht sich das Einsamsein zur *Allgemeinsamkeit*, zur Harmonie mit dem Ewigen. Die großen Alten, die diese Allharmonie erreichten, sind gern allein und doch nie einsam. Wie mit den Menschen, so fühlen sie sich mit der Natur, mit Pflanzen und Tieren, Bergen und Sternen zu inniger Gemeinschaft verbunden, spüren überall den Geist des Lebens am Werk, den sie auch in sich wissen, und fühlen sich allem, was lebt, verwandt und eins, gleich ihm eingebettet und geborgen im Lebensganzen.

Sie haben Sinn und Wert, Würde und Aufgabe des Alters voll erfaßt und gewinnen, indem sie sich in Einsamkeit und Gemeinsamkeit gleichermaßen schöpferisch auswirken, Zustimmung von innen und von außen, ständige Bereicherung und wachsende Beglükkung.

DER GEIST ENTSCHEIDET

Daß so viele geistig bedeutende Männer und Frauen in allen Völkern bis ins hohe Alter frühlingshaft wirkten, ungleich den im Alltag Auf- und Untergehenden das Schwinden der Jahre und der Jugend nicht spürten, sondern gewissermaßen zeitlos lebten, hat eine Reihe Ursachen, unter denen die entscheidende ihre positive geistige Haltung ist.

Weil sie *aus dem Geiste leben*, ist ihnen Morgen wie Gestern. Und das heißt: sie leben im Heute und blicken weder ängstlich zurück noch gierig nach vorn, sondern widmen ihr Denken und schöpferisches Wirken der Gegenwart, die alle Vergangenheit und Zukunft in sich birgt.

Und was ebenso wichtig ist: nie blicken sie besorgt auf den Körper, weil sie wissen, daß der Geist entscheidet. Die Gefühle des Altwerdens und des Kräfteschwunds kommen nicht aus dem Körper, sondern aus negativer Geisteshaltung.

Der *Körper*, sagt *Hans Heinrich Ehrler* mit Recht, „weiß nichts vom Vorgang des Alterns. Er hat kein Erlebnis der eigenen zeitlichen Veränderung, ist auf seiner Empfindungsebene immer gleich alt, als Kind, als Jüngling, als Mann, als Greis. In der Substanz fühlt sich der 60jährige Körper gerade so alt wie der 20jährige. Fülle und Schwund der Kräfte wie die sachlichen Abläufe des Auf- und Abbaus zeigen sich nur im Pegel der gefühlsmäßigen Überwachung. Der *Geist*, nicht das Fleisch, gibt uns das tragische Geschenk des Wissens um Alter und Tod. Er macht uns erst zum Menschen. Das Tier kennt beides nicht."

Doch ist es nicht unsere Bestimmung, uns ob des Altwerdens zu grämen, vielmehr sollen wir unser Menschsein im Überlegensein über das Alter bewähren und durch das Bewußtsein unserer inneren Dauer und Zeitlosigkeit krönen.

Tun wir das, wie es uns die großen Alten vorleben, dann quillt uns die ewig sich verjüngende schöpferische Daseinskraft auch im Alter aus dem Geiste — als Frucht lebendiger Geistbewußtheit und Kraftbejahung. Dann werden uns Gestern und Morgen zum Heute und man wird — in Abwandlung eines Dichterworts — auch von uns sagen:

„Neu entfalten im Lenz der Jugend sich die Alten,
Weil sie in sich den Geist der Bejahung erhalten."

Der Hamburger Internist und Biologe *Artur Jores*, bekannt durch seine grundlegenden Arbeiten über innere Sekretion, sagt über die Ursachen des Alterns: „Wenn das Leben des Menschen seinen inneren Sinn verloren hat, setzen Vorgänge ein, die das Leben beenden."

Er bestätigt damit, daß Altern und Absterben primär vom Hirn aus ihren Anfang nehmen.

In der Tat weisen Beamte und Angestellte ebenso wie selbständig Tätige nach ihrer Zurruhesetzung oft einen *Persönlichkeitsschwund* auf, der sie einem Ballon gleichen läßt, aus dem die Luft entweicht. Ihre Lebenskraft wurde durch ihre Arbeit oder Aufgabe aktiviert; *aus sich selbst* zu leben hatten sie nicht gelernt. Mit dem Ende ihrer Berufsarbeit verlor ihr Leben daher weithin seinen Sinn. Und als ihr Geist sich zur Ruhe setzte, ging auch der Körper in den Ruhestand über, womit die wesentlichen biologischen Funktionen zum Stillstand kamen, die das Weiterleben bedingen . . .

Aber das muß nicht so sein. Wer sich rechtzeitig außerberuflichen Neigungen und Tätigkeiten, beglükkenden Liebhabereien und Aufgaben, nicht zuletzt sozialen Aufgaben widmet, die ihn nach der Pensionierung voll ausfüllen, der kann und wird weitere Jahrzehnte auf der Höhe bleiben und Wertvolles für die Allgemeinheit leisten.

Richard Wagner schrieb seinen „Parsifal" mit 70, Goethe arbeitete an seinem „Faust" noch mit 80, Ranke schrieb mit 80 seine „Weltgeschichte", Toscanini dirigierte noch mit 84, Rohlfs malte noch mit 85 und Shaw schrieb als 90jähriger so witzig und spritzig wie je, um nur einige Beispiele herauszugreifen. Was diese und tausend andere uns lehren können, ist dies:

Es ist nie zu spät! Statt zu resignieren: „Mit 70 geht das Leben zu Ende", ist es klüger und wirklichkeitsgemäßer, zu bejahen: „Das Leben beginnt mit 60 oder 70", und noch weiser, sich zu entschließen: „*Das Leben beginnt jeden Tag aufs neue, und für mich fängt hier und heute das neue Leben an! Die ganze Ewigkeit ist mein; darum setze ich mir die höchsten Ziele und fühle mich und werde — im frohen Hinsteuern auf diese Ideale — von Tag zu Tag und von Jahr zu Jahr immer aktiver und schöpferischer!*"

LEISTUNGS-BRUCH UND DURCHBRUCH

Manche Menschen vergiften sich und ihr Leben durch die Annahme eines sogenannten „*Höhepunkts im Leben*", jenseits dessen notwendig der *Abstieg* folge. Sie erwarten zu diesem Zeitpunkt förmlich den „Leistungsbruch" oder -knick als ein von der erreichten „Lebensmitte" an unvermeidliches und immer deutlicher werdendes Absinken und Nachlassen der Lebenskraft und des Leistungsvermögens ...

Keine noch so gut gemeinten Erklärungen und Aufklärungen können ihre erloschenen Hoffnungen wiederbeleben, ihren gesunkenen Lebensmut wiederherstellen, sie aus ihrer dumpfen Resignation und ihrem Wahn, von nun an zum „alten Eisen" zu rechnen, herausreißen.

Doch gibt es auch für sie einen Weg der Selbstbesinnung und Selbsthilfe:

Sie brauchen nur tiefer zu blicken und zu erkennen, daß der *Leistungsbruch*, den sie als unerbittliche Folge der Überschreitung der Lebensmitte und des Ältergewordenseins werten und spüren, in Wirklichkeit nur ein Vorläufer von etwas noch Tiefergehendem und ein Hinweis auf ihre nächste Aufgabe ist, nähmlich auf den *Durchbruch* zu einer *neuen Lebenswoge*, einer zweiten Leistungswelle, die auf sie wartet.

Was sie als Ende empfinden, ist in Wahrheit der Herold eines neuen Anfangs, und indem sie es als solchen bejahen, lernen sie es den Vielen gleichzutun, die ihre großen Werke jenseits des Leistungsbruchs, *nach dem Durchbruch zur zweiten Leistungswelle* vollbrachten.

Professor *Jores* spricht von diesem Bruch und Durchbruch als dem Beginn neuen Hoffens und damit neuen Lebens. „Wenn Hoffnungslosigkeit Tod bedeutet, so bedeutet Hoffnung neues Leben. Wir beobachten das oft selbst bei Menschen, die nach unserem heutigen Wissen an einer mit Sicherheit zum Tode führenden Krankheit leiden."

Wie diese Menschen aller Erwartung zuwider das Wunder fertigbringen, daß sie gesund werden und ein neues Leben beginnen, so auch der Mensch, der über den *Leistungsbruch* hinweg zum *Durchbruch* gelangt.

Die hier gegebenen Beispiele dafür, daß der vermeintliche *Abstieg* nur der Anlauf zu einem neuen Leistungs*anstieg* war, zeigen, daß, wer den Mut hat, sich neue Ziele zu setzen, also *etwas vor hat, eine entsprechende Zeit neuen Aufstiegs vor sich hat.* Er sieht sich in der Morgenröte eines neuen Lebens, das reicher, größer und beglückender ist als das *vor* dem Durchbruch liegende alte Leben.

PERIODISCHE NEUWERDUNG

Ein biologischer Arzt, der mit 85 Jahren noch eine große und segensreiche Praxis leitet und daneben schriftstellerisch tätig ist, schrieb mir von seinen weitreichenden Plänen, für die eine Menge Entwürfe und richtungweisende Gedanken aus 60jähriger Praxis vorliegen, zu deren Ausarbeitung er aber noch nicht komme . . . Was dieser Arzt in seiner eigenen Lebensführung demonstriert, ist das, was *Prentice Mulford* „periodische Erneuerung" nannte und von der er lehrte:

„Auch im Leben des Menschen gibt es Perioden, wo alle Kräfte und Tätigkeiten träger scheinen — im Frühling jedes Jahres und im Herbst des Lebens. Er steht dann in einem Prozeß der Wandlung und Neuwerdung. Die Natur legt ihn wie ein Schiff auf Deck, um ihn gründlich zu überholen.

Wenn der Mensch sich diesem Drängen der Natur hingibt, fühlt er jedesmal, wie neue Kraft ihn durchpulst und die Schlacken der Vergangenheit wegspült. Er wird dann in wenigen Monaten ein neuer Mensch mit einem verjüngten Körper.

Aber die meisten beachten den Wink der Natur nicht, sträuben sich gegen die Wandlung und wähnen, sie hätten den Höhepunkt ihrer Leistungskraft erreicht und überschritten, von nun an gehe es bergab... Da sie es *glauben*, und da jeder Gedanke nach Verwirklichung strebt, tritt ein, was sie fürchten.

In Wirklichkeit bedeuten die Krisen jenseits der Lebensmitte nur, daß ihr Körper sich erneuern will. *Ihr höheres Selbst ist in dieser Übergangszeit dabei, ihren Organismus von innen her zu regenerieren.* Aber sie hasten und jagen weiter, sträuben sich gegen die Zeit der Ruhe, zwingen ihren Körper, aus Angst vorm Versagen, erst recht sein Äußerstes herzugeben, halten vorübergehende Schwäche für Verfall und verunmöglichen es damit der Natur, ihnen zur Neugeburt zu verhelfen und eine zweite Jugend einzuleiten.

So kommt es, daß so viele sich verbrauchen und zugrunderichten zu einer Zeit, da sie ein neues Leben beginnen könnten!

Würden sie hingegen Geist und Körper in solchen Krisenzeiten gänzlich zur Ruhe bringen, dann würden sie zunächst — wie bei einer Fastenkur — erschrecken und fürchten, ihre Kräfte verließen sie gänzlich. Sie würden sich in dieser Übergangszeit besonders müde, träge, langsam und schaffensunlustig fühlen — eine Folge der Entspannung und des Abbaus des Alten. Am Ende aber würden die inneren Kräfte darangehen, sie von Grund auf zu erneuern, neue Kräfte und Fähigkeiten würden in ihnen erwachen und eine zweite Jugend an die Stelle des Alt- und Schwachseins treten."

Am stärksten erleben jene diese Wandlung, die schon früh dem Wink der Natur folgen lernen und sich an periodische Neuwerdung gewöhnen — am besten in jedem Frühling aufs neue.

TRIUMPH DES ALTERS

„Ich hatte mich seit je davor gefürchtet, einmal alt zu werden, weil ich meinte, dann nicht mehr all das tun zu können, was ich noch vorhatte. Nun aber — im Alter — beglückt mich die Erkenntnis, daß ich zu weit mehr die Ruhe, Besonnenheit und schöpferische Kraft besitze, als ich früher erwartet hatte."

Diesem Bekenntnis eines betagten Schriftstellers kommt heute, wo der Anteil der über 65jährigen an der Gesamtbevölkerung doppelt so groß ist wie vor 50 Jahren, erhöhte Bedeutung zu. Zeigt es doch, daß das

Problem, die höheren Jahre für immer mehr Menschen so sinnerfüllt, inhaltsreich und fruchtbar zu gestalten wie die mittleren Jahre, durchaus lösbar ist.

Daß die schöpferischen Kräfte bei älteren Menschen, die im Ruhestand leben, jedoch mit intensiver Hingabe ihren Lieblingsbeschäftigungen nachgehen, viel aktiver sind, als gemeinhin bekannt ist, zeigte eine vom Landeswohlfahrtswerk für Baden-Württemberg durchgeführte Ausstellung von Liebhaberarbeiten betagter Männer und Frauen, die große Aufmerksamkeit und lebhafte Zustimmung fand.

Dabei wurde eine 84jährige frühere Opernsängerin aus Stuttgart für einen selbstentworfenen und selbstgearbeiteten großen Wandteppich mit dem ersten Preis ausgezeichnet, der ihr einen Ferienaufenthalt im Schwarzwald eintrug. Den zweiten Preis erhielt ein 67 jähriger Kaufmann für ein von ihm gefertigtes Schiffsmodell der „Santa Maria", während der dritte Preis einem 65jährigen Kaufmann für eine künstlerische Holzschnitzarbeit zuerkannt wurde.

Das schönste Ergebnis dieser Ausstellung aber ist wohl die Bestätigung der hier betonten Tatsache, *daß die schöpferischen Kräfte des Menschen bis ans Ende aktiv bleiben, daß darüber hinaus bei rechter Einschaltung in die Zweite Leistungswelle zwischen 55 und 65 bisher brachliegende geistige Leistungsreserven aktiviert werden und, im Zusammenhang damit, eine körperliche Regeneration bewirkt und die Lebensdauer erhöht wird.*

Statt also mit 60 an den langsamen Rückzug und die baldige Zurruhesetzung zu denken, gilt es, den höheren Lebensjahren bewußt einen neuen Inhalt zu geben, sich höhere Ziele zu setzen, größeren Aufgaben zu widmen.

Denn während die Anfälligkeit wächst, wenn man sich als überflüssig und das Weiterleben als sinnlos empfindet, nehmen die Rüstigkeit, die Lebenserwartung und die Fähigkeit zu, körperliche Unzulänglichkeiten vom Geiste her zu überwinden und das Leben weiterhin erfolgreich zu meistern, wenn man sich beizeiten in den kraftweckenden Rhythmus der neuen Leistungswelle und Lebensperiode einschaltet und *ständig aktiv bleibt*.

DIE PRODUKTIVEN JAHRE

Als vor nicht langer Zeit in Meran jüngere und betagte Gerontologen tagten — Vertreter der Wissenschaft, die sich mit den Problemen des Alterns befaßt —, war die Uneinigkeit dieser Fachleute über die Einzelursachen des Altwerdens ebenso bemerkenswert wie die Übereinstimmung in einigen wesentlichen Punkten.

Der erste dieser Punkte war die Erkenntnis der entscheidenden Bedeutung positiver seelischer Haltung und Einstellung. Das Geheimnis des *produktiven Alters* — sagte ein Internist — besteht in heiterem Frohsinn und ausgeglichenem Wesen, diesen besten Mitteln, sich lange rüstig, gesund und zufrieden zu erhalten, wie es bei der einem jeden mitgegebenen Konstitution möglich ist.

Der zweite Punkt betraf die Feststellung, daß die *Altersgrenze* von 65 Jahren nicht mehr gültig ist, daß sie fast bei 75 liegt, weshalb jeder Mensch generell ein längeres Leben erwarten darf.

Der dritte Punkt ist die Einsicht, daß wohl eine Vielzahl von Faktoren das Altwerden beeinflussen, daß aber der Erbanlage, der Konstitution, der Lebensweise und ähnlichen Umständen geringere Bedeutung zukommt als den *geistigen Faktoren:* der Einstellung zu Leben und Umwelt. Je positiver diese ist, desto produktiver wird der Mensch und desto sicherer bleibt er länger geistig rege und körperlich rüstig.

Ein vierter Punkt ist die Übereinstimmung darüber, daß das *Tätigbleiben* die sicherste Garantie langer Rüstigkeit und das beste Mittel zur Verlängerung der produktiven Jahre ist. Faulpelze faulen und vergehen rasch, während die geistig *und* körperlich Aktiven durchweg länger und glücklicher leben.

Einige Gerontologen meinten, es sei Sache des Staates, neue Aufgaben und Tätigkeitsgebiete für ältere Menschen zu schaffen, um sie länger aktiv und für die Gemeinschaft wertvoll zu erhalten. Doch warum hier auf fremde Hilfe warten, wenn man jederzeit selbst dafür sorgen kann, daß die produktiven Jahre wiederkehren und neue Höhepunkte mit sich bringen!

Die Aussichten hierfür sind günstig, weil — was auf dem Meraner Kongreß nicht erwähnt wurde — einerseits das *Produktivsein* nicht von den Jahren abhängig ist und andererseits die Wellen schöpferischen Tätigseins im Leben zumeist *mehrere Höhepunkte* aufweisen, die bei den einen in den mittleren, bei anderen in den späten Jahren liegen und auch noch zu Zeiten erreicht werden können, wo die meisten nichts mehr erwarten.

Je später die produktiven Jahre liegen, desto besser, weil in ihnen dann die größere Erfahrung und Reife, Übersicht und Überlegenheit des Alters Ausdruck findet, wie die überragenden Spätleistungen der großen Geister und Meister der Menschheit zeigen.

Mit ihnen vergleichen wir diese späten produktiven Jahre, in denen ein höheres Wachstum und eine reinere Schau beginnt, jenen beglückenden Abenden, „wo schon ein Stern im Osten flimmert, während die Sonne noch nicht ganz versunken ist.“

WIEDERHOLTE PUBERTÄT

„*Man bleibt jung*, solange man noch lernen, neue Gewohnheiten annehmen und Widerspruch ertragen kann.“ Mit diesem Wort gab Marie von Ebner-Eschenbach (1830—1916) jener Altersweisheit Ausdruck, die keiner überzeugender demonstrierte als *Goethe*, der immer lernende, jedem neuen Gedanken aufgeschlossene, ständig sich wandelnde, nach jedem Irrtum tieferer Einsicht zureifende und stets wieder zu sich selbst zurückkehrende alte Weise von Weimar.

Eckermann schildert in seinen „Gesprächen mit Goethe in den letzten Jahren seines Lebens“, wie der 80jährige Dichterfürst — an einem Abend im März 1828 — alle Anwesenden durch seine Lebhaftigkeit mitriß. „Der Klang seiner Stimme und das Feuer seiner Augen war von solcher Kraft, als wäre er von einem frischen Auflodern seiner besten Jugend durchglüht.“ Dabei sprach Goethe so entschieden der Jugend das Wort, daß Eckermann sich — im Blick auf Goethe selbst, der doch „selber in so hohen Jahren einem bedeutenden Posten vorstand“ — gedrängt fühlte, auf jene Großen hinzuweisen, die sich im hohen Alter durch jugendliche Energie, Beweglichkeit und geniale Leistungen auszeichneten.

Goethe beantwortete diesen Einwand mit dem eigener Erfahrung entspringenden Hinweis, daß geniale Naturen bewußt eine *wiederholte Pubertät* erleben:

„Jede Entelechie (der zielstrebige innerste Wesenskern, die Seele des Menschen) ist ein Stück Ewigkeit, und die paar Jahre, die sie mit dem irdischen Körper verbunden ist, machen sie nicht alt.

Ist diese Entelechie *geringer* Art, so wird sie während ihrer körperlichen Verdüsterung weniger Herrschaft ausüben, vielmehr wird der Körper vorherrschen und, wie er altert, wird sie ihn nicht halten und hindern. Ist sie aber *mächtiger* Art, wie es bei genialen Naturen der Fall ist, so wird sie, bei ihrer lebendigen Durchdringung des Körpers, nicht allein auf dessen Organisation kräftigend und veredelnd einwirken, sondern sie wird auch, bei ihrer geistigen Übermacht, ihr Vorrecht einer ewigen Jugend geltend zu machen suchen.

Daher kommt es dann, daß wir bei begabten Menschen auch während ihres Alters immer noch *frische Epochen besonderer Produktivität* wahrnehmen; *es scheint bei ihnen immer einmal wieder eine temporäre Verjüngung einzutreten, und das ist es, was ich eine wiederholte Pubertät nennen möchte* . . ."

Heute wissen wir, daß diese wiederholte Verjüngung keineswegs ein Vorzug nur der genialen Naturen ist, sondern *jedem* zuteil werden kann, der sich auf sein innerstes Selbst und seine innere Kraft besinnt und es lernt, von innen her zu leben und die verjüngenden Kräfte seines Innern durch Bejahung und Betätigung mit den Jahren immer lebendiger zu entfalten.

Wer diesen Weg bewußten Lebens geht, der bleibt in lebendiger Verbindung mit den inneren Kraftströmen und, als williges Werkzeug des Geistes, bis ans Ende jung und produktiv.

Unweise werten das Alter als eine Zeit beschaulichen Müßigseins. Doch wenn sie da ist, finden sie sich unbefriedigt und unausgefüllt, bis sie entdecken, was die großen Alten, allen voran *Goethe*, bekannten: daß nur der Strebende und Schaffende zufrieden und glücklich lebt.

Was Goethe mit 80 so lebendig sein ließ wie mit 50, waren vier positive Gewohnheiten:

Die erste war die *unermüdlicher Pflichterfüllung*, die ihn jeden Tag zuerst das tun ließ, was sein Beruf an Aufgaben mit sich brachte; danach wandte er sich seinen dichterischen und wissenschaftlichen Neigungen zu und den Freundschaften, die ihm den Rest des Tages verschönten. Er wußte, daß „Ökonomie des Tätigseins", weise Planung der Tagesarbeit und gleichmäßige Stimmung wachsende Leistung zur Folge haben.

Die zweite war das Streben, *nichts Halbes* zu tun und zu sein, wie sein Wort zu Charlotte von Stein bezeugt: „Ich habe glückliche Menschen kennen gelernt, die es nur sind, weil sie *ganz* sind; auch der Geringste, wenn er ganz ist, kann glücklich und in seiner Art vollkommen sein."

Die dritte ist die Beachtung der *Wirkung der Seele* auf den Körper und die Pflege *positiver Lebenshaltung*. Goethe mied unnützes Geschwätz ebenso wie mißmutige, niedergedrückte, unzufriedene Menschen und alles, was schaffensunlustig macht, und gab sich allem hin, was lebenfördernd und freudemehrend wirkt. „Der Mensch mache sich nur irgendeine Gewohnheit zu eigen, an der er die Lust an heiteren Tagen erhöht und an trüben Tagen aufrichten kann." Ebenso sorgte er für Mäßigkeit in der Ernährung und Gleichmäßigkeit der Lebensweise, um den gleichbleibenden Strom der Schaffensfreude und Arbeitskraft zu erhalten.

Die vierte ist die *Wachhaltung der Begeisterung* durch liebende Hingabe an Menschen und Dinge. Goethe liebte Kinder, wußte um die verjüngende Wirkung der Liebe und gab sich dem Glück gegenseitigen Verstehens mit Zurückhaltung hin, wie sein Wort über Marianne von Willemer zeigt: „Sie, die Geistreiche, weiß den Geist zu schätzen, der das Alter verjüngt." Er interessiert sich für alles, führt einen umfangreichen Briefwechsel, hat täglich Besuche von Freunden und Gespräche über Fragen der Literatur, Kunst, Wissenschaft und des geistigen Lebens, arbeitet stets an mehreren Werken zugleich und strebt, „täglich etwas anderes, neues zu denken, um nicht langweilig zu werden. Man muß sich ändern, erneuern, verjüngen, um nicht zu verstocken."

So sorgt er für wiederholte Verjüngung, die keineswegs nur ein Vorrecht der genialen Naturen ist.

Und statt sich der Wehmut ob der entschwindenden Liebe oder des Heimgangs der Freunde zu überlassen, folgt er seinem Wort „Über Gräber vorwärts" und gewöhnt sich, seine Tätigkeit „mehr ins Innere zu ziehen" und sich des innigen Verbundenseins alles Zeitlichen mit dem Ewigen bewußt zu werden.

Insgesamt folgte er bis ans Ende seinem Grundsatz: „Solange es Tag ist, wollen wir den Kopf oben halten, und solange wir noch hervordringen können, wollen wir nicht nachlassen." Wer ihm darin nacheifert, wird durch das Bewußtsein beglückt und verjüngt, seinen positiven Beitrag zum Ganzen geleistet zu haben und weiter zu leisten.

Unter meinen alten Freunden ist einer der lebendigsten ein *80*jähriger Schulmann, der kaum ein Fältchen im Gesicht aufweist, immer gut aufgelegt und für alles interessiert und aufgeschlossen ist. Das Geheimnis seiner Jugendlichkeit und Leistungskraft sieht er vor allem in der Tatsache, daß er stets mit Begeisterung an eine Aufgabe hingegeben war und ist: derzeit arbeitet er an einem grundlegenden Werk über neue Methoden der Erziehung, sammelt allwöchentlich einen Kreis Gleichgesinnter zu Aussprachen über Fortschritte in Wissenschaft und Lebenskunde um sich und pflegt auch sonst noch einige Steckenpferde.

Zwei Dinge sind es, die nach seiner Erfahrung einen Menschen jahrzehntelang jung erhalten: einmal die Tatsache, daß einer, der *geistig rege* bleibt und das, was er tut, *mit Begeisterung* betreibt, seinen Jahren mehr Leben und seinem Leben mehr Jahre gibt; zum andern der Umstand, daß die *fortschrittsfreudige und bejahende Lebenshaltung* das Altwerden verhindert oder verlangsamt und die Voraussetzungen schafft für das Eintreten der sogenannten „*zweiten Leistungswelle*".

Bekanntlich hat das durchschnittliche *Leistungsalter* der schaffenden Menschen von heute, verglichen mit den Verhältnissen vor 50 und 100 Jahren, um über ein Jahrzehnt zugenommen und steigt weiter. Eines der Kennzeichen unserer Zeit ist ihr Reichtum an Frauen und Männern im höheren Lebensalter, die sich in Wissenschaft, Kunst und Literatur, im politischen und Wirtschaftsleben durch unbändigen Lebenswillen und *überragende Spitzenleistungen* auszeichnen, mit denen sie alle Jüngeren in den Schatten stellen.

Sie alle stehen, bewußt oder unbewußt, in der zweiten Leistungswelle, die jeder, mag er noch so alt sein, bei sich einleiten kann, wenn sein Geist noch beweglich und begeisterungsfähig ist und alles Denken, Wollen und Tun auf ein hohes Ziel ausgerichtet wird.

Es ist der *Geist des Wachstums und Fortschritts*, der den innerlich Junggebliebenen mit *Rilke* fühlen und bejahen läßt:

„Ich lebe mein Leben in wachsenden Ringen,
die sich über die Dinge ziehn.
Ich werde den letzten vielleicht nicht vollbringen —
aber versuchen will ich ihn!"

Dies beharrliche und bewußte Zielstreben ist es, das den Aufbruch neuer Kräfte und Talente bewirkt und die neue Leistungswelle einleitet, die den von ihr Ergriffenen zu ungeahnten Höhen emporträgt.

VERJÜNGUNGSKRAFT DER LIEBE

Einem bejahrten Manne verdachte man, daß er sich noch um junge Frauen bemühte. „Es ist das einzige Mittel", versetzte er, „sich zu verjüngen, und das will doch jedermann."

Diese Anekdote stammt von — *Goethe*, der in dieser Kunst der Verjüngung durch Liebe Meister war. Es ist gewiß nicht von ungefähr, daß auch die Ärzte, die sich mit der Hygiene des Alters und den Problemen der natürlichen Verjüngung befassen, mit Prof. *Kafemann* dahin übereinstimmen, daß „das mächtigste Verjüngungsmittel die *Liebe* ist und daß der vorzeitige seelisch-körperliche Verfall so vieler ausgezeichneter Männer auf ihre heldenhafte Askese in Bezug auf die Liebe zurückzuführen ist." Deshalb fügte er dem Rat Hamanns an Herder: „Denken Sie weniger, *leben* Sie mehr!" hinzu: „*Lieben Sie mehr!*"

Natürlich dachte Kafemann nicht an jene „Liebe", die nur Amüsement ist mit Smoking, Monokel und Scheckheft und hinter der die Torschlußpanik und die Einsamkeit und Leere des Herzens stehen, sondern an die vom *Herzen* kommende liebende Hingabe an die Menschen und das Leben, die zum beglückenden Erlebnis der Kameradschaft und *Gemeinschaft* führt.

Nur die Liebe, die nicht Haben- und Genießen-Wollen ist, sondern *Geben- und Beglückenwollen*, läßt jene lebensteigernde, verjüngende Kraft aufströmen, die alle großen alten Männer und Frauen ausstrahlen. Ihre Liebe zu den Menschen und zum Leben war es, die sie mit Goethe erfahren ließ: „Es ist unglaublich, wieviel der Geist zur Erhaltung des Körpers vermag ... Er belebt gleichsam den Körper und setzt ihn in einen aktiven Zustand, der alle schädlichen Einflüsse zurückhält."

Und im Letzten hilft diese weltaufgeschlossene, liebende Haltung auch, jene überlegene Einstellung zum Tode zu gewinnen, die Eckermann neben der unverwüstlichen Jugend am 80jährigen Goethe bewunderte und rühmte. Wer das Banner allumfassender Liebe von Jahrzehnt zu Jahrzehnt hochhält, der bleibt auch im höchsten Alter innerlich jung und kann mit Goethe bekennen:

Mich läßt der Gedanke an den Tod in völliger Ruhe, denn ich habe die feste Überzeugung, daß unser Geist ein Wesen ist ganz unzerstörbarer Natur. Es ist ein

Fortwirkendes von Ewigkeit zu Ewigkeit. Es ist der Sonne ähnlich, die bloß unseren Augen unterzugehen scheint, die aber eigentlich nie untergeht, sondern unaufhörlich fortleuchtet."

EWIGE MORGENRÖTE

Goethe erklärte seine bewundernswerten Altersleistungen, wie wir sahen, mit einer „*wiederholten Pubertät*" *des produktiven Menschen*, der, wenn er nur geistig rege bleibt und nie rückwärts, sondern immer mutig vorwärts blickt und schreitet, die Wahrheit des Satzes erfährt: „*Was man in der Jugend wünscht, hat man im Alter in Fülle.*"

Jean Paul ergänzt diese Erkenntnis in seiner Betrachtung „Über das Immergrün unserer Gefühle" durch die auf das Geheimnis des Jungbleibens hinweisende Feststellung: „*Die Jugend des Geistes ist ewig*, und Ewigkeit ist die Jugend."

Grillparzer erweitert diese Einsichten zu einem zukunftweisenden Dreiklang, wenn er darauf hinweist, daß *Jugend und Glück von innen kommt*:

„Befriedigung, die ich von außen träumte,
Kam nun von innen selber in mein Dach.
Das Leben rächt ja stets, was es versäumte:
Ich hole meine Jugendjahre nach."

Seine Jugendjahre nachholen, ein zweites und drittes Mal wiederholen kann jeder, der mit Goethe das Kennzeichen der Jugend darin erblickt, daß sie „immer wieder von vorn anfangen muß", dem Jungsein bedeutet, daß er nie an einem Ende, sondern immer wieder an einem neuen Anfang steht, in der Morgenröte eines neuen Tages.

Der lebt richtig und bleibt jung, der in einer *ewigen Morgenröte* lebt, immer bereit, zuzulernen, sich für neue Ideale zu begeistern, neuen Zielen nachzustreben, sich an neue Aufgaben zu wagen.

So heißt Jungsein — mit einem Dichterwort — „nie fertig sein, immer lernen, versuchen, umstoßen, irrelaufen und dennoch wieder die Tür zur eigenen Stube finden. *Wer solchermaßen jung ist, der bleibt es bis zum letzten Atemzuge; denn Jugend ist nichts anderes als eine innere Haltung.*"

WACHSENDE FREIHEIT

Ein moderner Methusalem, der 1856 in Dublin geborene große englische Schriftsteller und Sozialkritiker, Lebensphilosoph und Nobelpreisträger *George Bernard Shaw*, hat Wesen und Aufgabe des Alters als 80jähriger und später, als er 1950 mit 95 Jahren heimging, treffend als *fortschreitende Freiheit* erkannt.

Er gab damit einer Erfahrung und Einsicht Ausdruck, die ihn, wie viele große Alte, nach dem Durchschreiten der zweiten Leistungswelle in wachsendem Maße erfüllte und bis zuletzt anfeuerte und belebte. Seine Beobachtungen sind überaus mutmachend, weil sie einer allgemeinen biologischen Gesetzmäßigkeit entsprechen, deren Beachtung jedem ein langes und fruchtbares Leben sichert. In seinen Lebenserinnerungen („Jugend und Alter", „Meine zweite Jugend") sagt Shaw:

„*Ich bin gern alt.* Mißlich ist nur die Zeit zwischen 40 und 60, und zwar die zwischen 40 und 50, weil man dann erkennt, daß man nicht wieder jung sein wird, jedoch noch jung genug (aber noch nicht reif genug) ist, um durch dieses Gefühl bedrückt zu werden. Und zwischen 50 und 60 fürchtet man, sich zu einem idiotischen Tattergreis zu entwickeln ... Aber dann, *nach dem 60. Lebensjahr*, kommt *die Renaissance: man tritt in eine überraschend neue Lebensperiode ein. Man scheint seine zweite Kindheit zu erlangen. Man fühlt sich wohl, macht sich keine Sorgen mehr und hat ein höchst erfreuliches Gefühl der Freiheit* ..."

Und dieses Gefühl wachsenden Freiseins von innen her läßt ihn bekennen:

„Ich glaube nicht, daß der Mensch geistig alt werden muß. Die Schöpfung geht ununterbrochen weiter, und ein Mensch kann täglich neu geboren werden. Ein Stück von ihm kann immer Kind bleiben. Die Hauptsache ist, sich für alles Neue zu interessieren", im Strom der Zeit freudig mitzuschwimmen, geistig beweglich zu bleiben und das auch in Haltung und Verhalten auszudrücken, den Kreis der Interessen und Tätigkeiten mit den Jahren zu erweitern und im übrigen beständig in der *Gegenwart* zu leben, die allein wirklich und unvergänglich ist!

Das ist in einer Nußschale das, was jeder beachten und tun sollte, der ein hohes Alter in geistiger und körperlicher Frische und Rüstigkeit zu erreichen wünscht.

Fülle der Altersleistungen

Goethe nannte es ein Übel seiner Zeit, daß sie „nichts reifen läßt und immer von der Hand in den Mund lebt, ohne irgend etwas vor sich zu bringen.“ Alles muß schnell gehen, und wer nicht frühzeitig seine Talente offenbart, gilt als beschränkt und untüchtig.

Obwohl diese Vorurteile keineswegs ausgestorben sind, wissen wir heute doch, daß rasche Entwicklung und frühe Reife Ausnahmen bilden und oft von vorzeitigem Stillstand und frühem Tod gefolgt werden, während die *Spätentwickler* sich zumeist als auf ein entsprechend langes Leben angelegt zeigen und oft *jahrzehntelang auf der Höhe der Reife und Leistung verweilen.*

Normal ist der Entwicklungsablauf etwa bei 60% aller Menschen, während 5% Frühreife aufweisen und 35% Spätentwickler sind. Bei den Naturvölkern treten Reife und Tod relativ früher ein, bei den Kulturvölkern später. Wer langsamer wächst und später reift, erreicht zumeist mit dem größeren Lebensalter auch höhere Lebenswerte.

In dieser Feststellung liegt eine trostvolle Wahrheit, die älteren Menschen neuen Auftrieb, Selbstvertrauen und Kraft geben kann:

Während die Frühreifen sich schon in der Schule hervortaten, später aber in der Masse verschwanden und oft früh dahinschieden, haben die Spätentwickler zwar in der Schule oft unter Fehleinschätzung als „dumm", „beschränkt", „untauglich" zu leiden, dafür aber die *Chance stetigen Aufstiegs in der zweiten Lebenshälfte.*

Viele große Dichter, Wissenschaftler, Erfinder und Wirtschaftsführer, die in der Jugend als unbegabte, lebensuntüchtige Versager galten, entfalteten nach der Lebensmitte ihre eigentlichen Talente und erreichten höchste Stellungen, wofür im folgenden einige Beispiele aus Tausenden gegeben werden. Was sie uns lehren, ist dies:

Wer in der Jugend infolge langsamer Reifung nicht mitkam und verkannt wurde, darf mit einem entsprechend langen Leben und um so schönerer Spätreife in den höheren Lebensjahren rechnen, *wenn* er sein ständiges Wachsen und Reifen zu immer höheren Graden der Selbstverwirklichung entsprechend *bejaht* und seine Möglichkeiten *aktiv* ausschöpft.

Wer sich als Spätreifer zu Großem berufen fühlt und sich nicht scheut, ständig zuzulernen, der bewirkt, daß Erkenntnis und Leistungskraft mit den Jahren zunehmen, indes die Jahre unvermerkt an ihm vorübergehen, bis am Ende sein Licht den Dämmer der Zeit überstrahlt und das Dasein vieler Menschen schöner und heller macht.

Das jahrtausendealte chinesische Reich erlebte deshalb eine so lange Blütezeit, weil es vom *Rat der Alten* regiert wurde. Auch die Kulturen des Westens erreichten ihren Gipfel, als die Völker sich von der Weisheit des Alters lenken ließen.

Mit Recht entsandten die Spartaner ihre *Geronten* — d. h. die weisen alten Männer — in die Regierung, die Römer die *Senatoren*, d. h. die Alten, — im Bewußtsein der von Ovid ausgesprochenen Wahrheit: „Senis venit usus ab annis": „Alter gibt Erfahrung" und mit ihr Weitblick, Besonnenheit und Zielstrebigkeit.

Auch die Bibel setzt das „Zunehmen an Alter, Weisheit und Gnade" gleich, weil man, solange man jung ist, kaum weiß, daß man lebt, während man, älter und besonnener werdend, nicht nur weiß, *daß*, sondern auch erkennt, *wozu* man lebt, und, indem man über sich selbst hinausschreitet, in eine Zukunft hinausweist, die kein Ende kennt, sondern nur immer neuen Anfang und ewige Jugend.

In diesem Verschlungensein von Alter und Jugend liegt das Geheimnis und die zeitlose Bedeutung der großen Alten.

Wohl dem Volke, das seine großen Alten ehrt und seine Zukunft nach ihnen ausrichtet!

WAS DIE ERFOLGREICHEN LEHREN

Die allgemeine Auffassung geht heute noch dahin, daß die entscheidenden Leistungen des Menschen auf die *mittleren Jahre* entfallen, während das Geschaffene im Alter höchstens eine Fortsetzung und nur selten eine Steigerung erfährt.

Die Erfahrung widerlegt diese Meinung und zeigt, daß viele führende Männer und Frauen im öffentlichen wie im Wirtschafts- und Geistesleben gerade *im höheren Alter grundlegende Neuerungen schufen* und weitblickende Maßnahmen trafen, die oft eine zielklarere Intuition und Initiative sichtbar werden ließen als die Leistungen der mittleren Jahre.

Wer sich mit dem Leben und Werk der Erfolgreichen aller Zeiten befaßt, kann hierfür viele Beispiele anführen. Denken wir nur an *Werner von Siemens*, dessen rühriger Geist sich im letzten Jahrzehnt seines Lebens über seine eigenen Erfindungen und Unternehmen hinaus allgemeinen Aufgaben zuwandte und mit die Grundlagen für die deutsche Patentgesetzgebung schuf. Oder an *Wilhelm Maybach*, der als 61jähriger zusammen mit dem 70jährigen Grafen *Zeppelin* eine neue Fabrik für Luftschiffmotoren gründete und mit 70 Jahren die Maybach-Motorenwerke schuf, denen er bis zu seinem Tode vorstand.

Oder denken wir an *Edison*, der hunderte von Erfindungen machte und seine Laboratorien bis zuletzt leitete — getreu seinem Grundsatz, daß man, solange man Ziele und Aufgaben hat und unermüdlich strebt und schafft, auch die beste Aussicht hat, lange lebendig, gesund und leistungsfähig zu bleiben.

Zahllose Pioniere der Technik und Wissenschaft, des Wirtschafts- und Geisteslebens verhielten sich ähnlich: weil sie auch im höheren Lebensalter nicht die Hände in den Schoß legten, sondern Geist und Körper in Bewegung hielten, sich neuen Aufgaben zuwandten und ihren Blick wie ihre Schritte in die Zukunft richteten, besiegten sie unmerklich Zeit und Vergehen.

Der hohe Prozentsatz geistiger Altersschaffender macht deutlich, wie wichtig die geistige Haltung, das geistige Wach-, Lebendig- und Aktivbleiben für die Lebensverlängerung und Leistungssteigerung ist.

Wer hierauf achtet, wird nie über das Alter klagen, sondern es wie die früheren Lebensabschnitte freudig und bewußt in den Dienst ständigen inneren und äußeren Wachstums, Reifens und Vollendens stellen.

Im Leseraum unserer Stadtbücherei sehe ich jahrein jahraus eine Reihe rüstiger Alter in eifrigem Studium, die das geistige Tätigsein auffallend zeitlos erhält. Bei Unterhaltungen mit ihnen — der älteste Leser ist 88 — zeigte sich, daß ihre Gedanken sich kaum mit dem Altsein beschäftigen, sondern ganz ihren Interessengebieten zugewandt sind, die für sie Leben und Beglückung bedeuten.

Diese Männer sind lebendige Beispiele dafür, wie sehr der Geist den Körper und sein Befinden bestimmt. Sie zeigen, *daß das Alter keine Zeit des Abstiegs, sondern der Gipfelwanderung ist, die den Menschen dem Höchststand seiner Entfaltung und zugleich dem Himmel näherbringt.*

Daß Cicero Cato eine „Lobrede über das Alter" halten ließ, erscheint berechtigt, betonen doch führende Alterswissenschaftler, daß es in der Regel erst dem Alter möglich ist, kraft seiner tieferen Einsicht und vollkommenen Überschau wirkliche und wesentliche Höchstleistungen hervorzubringen.

Daß Michelangelo mit 66 das „Jüngste Gericht" vollendete, mit 78 die „Kreuzabnahme", mit 86 das große Modell zur Kuppel von St. Peter, daß die letzten Bildnisse Tizians, der mit 99 an der Pest starb, in ihrer Aussage so stark sind wie seine früheren Arbeiten, daß Goya, der mit 82 starb, seinen großen Zyklus vom Unheil des Krieges in den beiden letzten Jahrzehnten seines Lebens schuf, daß Bernard Shaw, der mit 95 starb, mit seinen Alterswerken sein dichterisches Schaffen krönte, und daß viele andere Dichter, Musiker, Philosophen, Wissenschaftler und Wirtschaftsführer es ihnen gleich taten, zeigt, wie sehr der Mensch auch im Alter das wird, was er denkt.

Wer jahrzehntelang auf Grund umfassender Lebenszielsetzung auf hohe Ideale hin geistig und körperlich tätig bleibt, erlebt im Alter die Zeit der Ernte und der Gipfelwanderung. Dabei bedeutet jede zusätzliche Liebhaberei, der man sich in den höheren Jahren widmet, eine entsprechende Verwesentlichung *und* Verlängerung des Lebens.

Alle großen Alten lehren das Gleiche, was meine Freunde im Leseraum sichtbar machen: *Es gibt keinen Stillstand in der seelisch-geistigen Höherentwicklung, und gerade das Alter kann und soll eine Zeit bewußten geistigen Fortschritts und erhöhter Produktivität sein.*

Je williger man im Alter mit der Zeit schreitet, Neues aufnimmt, scin Bewußtsein erweitert, sein Herz weitet und für alles Große, Schöne und Edle empfänglich hält, desto deutlicher erweist sich, daß die Gipfelwanderung des Lebens nicht in entsagungsvoller Einsamkeit statthat, sondern in lebendiger Gemeinsamkeit mit dem Geist des Lebens und damit mit der Zeit, in der man lebt, und, über die Zeit hinaus, mit der Ewigkeit.

DIE SCHÖPFERISCHEN JAHRE

Der englische Staatsmann und Philosoph *Thomas Hobbes* (1588—1679) gehört zu den vielen großen Männern und Frauen, die sich durch überragende Altersleistungen auszeichneten und hier als Beispiele angeführt werden.

Als 60jähriger begann er mit der Herausgabe seiner grundlegenden, stark rationalistisch gefärbten philosophischen Werke, vom „Leviathan oder Form und Autorität der Regierung“ (London 1651) bis zu „De corpore“ und „De homine“ (1658).

Mit 70 Jahren wandte er sich von der Philosophie der Geschichtsschreibung zu und verfaßte unter dem Titel „Behemoth“ eine Geschichte der Bürgerkriege in England von 1640—60. Es folgte eine Kirchengeschichte in lateinischen Versen.

Mit 84 schrieb er seine Selbstbiographie in Versen, und als 87jähriger gab er eine meisterhafte Übersetzung von Homers Ilias und Odyssee heraus.

Die Ursache seines langen, in den letzten Jahrzehnten an schöpferischen Leistungen reichen Lebens sah Hobbes einmal darin, daß er stets maßvoll lebte, nur aß, wenn er nicht Appetit, sondern Hunger hatte, im Alter auf Fleisch und Wein verzichtete und sich körperlich durch Wanderungen und Ballspiele bis zuletzt elastisch erhielt, zum anderen darin, daß er sich nie Gefühlen des Müde- oder Fertigseins überließ, sondern *sich mit den Jahren immer größeren und schöneren Aufgaben widmete.*

Wenn schon ein Mann wie Hobbes, der seiner philosophischen Einstellung nach dem Materialismus zuneigte und nur die Dinge der Sinnenwelt als Wirklichkeit gelten ließ, der Erneuerung des Körpers vom Geiste her in so hohem Maße teilhaftig wurde und bis ins höchste Alter so Großes leistete, solange er richtig lebte, *wieviel mehr ist dann jenen zu erreichen möglich, die sich dieser verjüngenden Wirkung des Geistes auf den Körper und der erneuernden Kraft von oben lebendig bewußt sind, sie täglich bejahen, sich willig von ihr erfüllen und erneuern und durch ein langes Leben von Leistung zu Leistung höher führen lassen!*

Es lohnt sich, hierüber nachzudenken.

DIE MACHT DES ALTERS

Vor hundert Jahren — am 26. Januar 1860 — hielt der ältere der berühmten Brüder *Grimm, Jakob* (1785 bis 1863) in der Königlichen Akademie der Wissenschaften zu Berlin seine berühmte *Rede über das Alter*.

Der 75jährige Gelehrte, der zuerst als Bibliothekar, dann als Professor der deutschen Altertumswissenschaft wirkte und sich außer durch seine Mitarbeit an dem 32bändigen „Deutschen Wörterbuch" durch seine 4bändige „Deutsche Grammatik", seine „Geschichte der deutschen Sprache" und andere wissenschaftliche Großleistungen einen Namen gemacht hat, begann seine Rede mit einem Blick auf die *mutmachenden Erkenntnisse und Leistungen der großen Alten früherer Zeiten* und behandelte dann die Mängel, Tugenden und Vorzüge des Alters. Den üblichen Vorstellungen eines müden, schwachen und ohnmächtigen Greisentums stellte er das Bild eines bis zuletzt von Mut und Arbeitslust erfüllten kraftvollen und zufriedenen Alters entgegen, das durch die Erfahrungen der vorangegangenen Jahrzehnte aufgeheitert, verfeinert und freundlich-liebreich gestimmt ist.

Neben dem wachsenden Gefühl für die Natur und dem stillen Verkehr mit ihr auf Spaziergängen, auf denen man aus jedem Atemzug Erholung und neue Lebenskraft schöpfe, gehöre zu den Vorzügen des Alters die mit der Besinnlichkeit zunehmende Schar der guten Einfälle, die Klärung vieler Zweifel und die *Fähigkeit zu größeren geistigen Arbeiten*. „Denn seine Rüstkammern stehen ja angefüllt, an Erfahrungen hat er jahraus jahrein immer mehr in sie hineingetragen; soll sein gesammelter Schatz nun in fremde Hände fallen? In begabten Männern halten Kraft und Ausdauer fast ohne Abnützung lange an: welche Fülle ununterbrochener Tätigkeit und geistiger Gewalt hat ein Humboldt bis ins höchste Alter kundgegeben!" *So stellt das Alter „eine eigene Macht dar, die sich nach ihren besonderen Gesetzen und Bedingungen entfaltet*".

„Was man in der Jugend wünscht, hat man im Alter die Fülle', ruft uns ein großer Dichter zu (Goethe), der selbst das reichste, gesegnetste Alter durchlebte. Der Jugend gehören die Wünsche, dem Alter fällt in vielem die Erfüllung zu. Darum ist ein gesundes Alter lebensfroh und -bejahend: Solange uns die Sonne scheint, ist die Zeit des Wirkens" — und zwar im Blick auf den wichtigsten Vorzug und die größte Macht, die dem Alter eigen ist: „Die mit dem Alter wachsende und gefestigte *freie Gesinnung* ... Je näher wir dem Rande des Grabes treten, desto ferner weichen von uns Scheu und Bedenken, die erkannte Wahrheit auch kühn zu bekennen ... Und wenn auch hinter allen Wünschen die Wirklichkeit in unermessenem Abstand bleibt, sollen uns doch jene Ideale vorschweben als Leitsterne, die der Alte schon am Rande des Horizonts aufschimmern sieht ..."

ZEIT DER VOLLENDUNG

In der gleichen Rede über das Alter machte *Jakob Grimm* sichtbar, was der alte Mensch als Wahrheitssucher und Zielwisser vor dem jungen voraus hat. Ganz modern ist seine Feststellung, daß das *Alter keine Zeit des Niedergangs*, sondern ein ebenso wichtiger Entwicklungsabschnitt wie die vorausgegangenen Lebensstadien ist und als *Periode schöpferischer Höchstleistung und weiser Vollendung* eigentlich deren Krönung bildet. Selbst- und Menschenkenntnis, Lebenserfahrung und Weltbild finden in der Leidenschaftslosigkeit und heiteren Gelassenheit der höheren Jahre ihre Läuterung und Klärung; zugleich wird der Mensch seines Verwurzeltseins im Ewigen gewiß.

Heute wissen wir, daß Grimm mit seiner These, *daß die Gipfel menschlichen Schöpfertums vorwiegend im höheren Lebensalter liegen*, in einem viel tieferen Sinne recht hat, als er ahnte.

Schöpfertum ist Ausdruck geistiger Zeugungskraft, die nach dem Erlöschen der sexuellen Potenz ebenso lebendig und fruchtbar bleibt wie in der Blütezeit körperlicher Zeugungskraft, weil sie im Gegensatz zu dieser seelisch bedingt und in hohem Grade vom Körpergeschehen unabhängig ist.

Entweder wird bei schöpferischen *Frühleistungen* körperliche Zeugungsenergie bewußt oder unbewußt in geistige Schöpferkraft transmutiert, d. h. umgewandelt (wofür seit altersher bewährte Methoden bekannt sind), oder tritt nach dem Abklingen der körperlichen die geistige Zeugungskraft in der unendlichen Zahl und Mannigfaltigkeit *schöpferischer Altersleistungen* in Erscheinung.

Bisher waren diese Altersleistungen, weil ihre Ursachen, ihre Voraussetzungen und ihre Erweckbarkeit nur selten erkannt wurden, weithin dem Zufall überlassen.

In Zukunft aber werden sie zweifellos immer bewußter und planvoller angestrebt, gefördert und entfaltet werden, je mehr erkannt wird, daß es sich bei diesen Offenbarungen voll entfalteter geistiger Zeugungskraft nicht um *Ausnahmen*, sondern um etwas handelt, was zur *Regel* werden kann, sowie wir lernen, die Voraussetzungen dafür zu schaffen, *daß unsere Lebensspanne nicht nur ihre Höchstdauer erreicht, sondern auch bis zum letzten Tage ein Prozeß fortschreitender Reifung und Vollendung bleibt.*

ERFÜLLUNG DER BESTIMMUNG

Fünfzehn Jahre nach Jakob Grimms Rede über das Alter hielt der Verfasser der „Römischen Geschichte", Professor *Theodor Mommsen* (1817—1903), der, gleich groß als Historiker, Rechtswissenschaftler und Philologe, 1902 den Nobel-Preis für Literatur erhielt, in der Berliner Universität eine bedeutsame Rede über das gleiche Thema (am 22. März 1875).

„Unter allen Vorträgen, die an dieser Stelle gehalten wurden" — begann er — „ist vielleicht keiner so allgemein in die Kreise der Gebildeten eingedrungen wie *Jakob Grimms* Rede über das Alter; und diese Auszeichnung ist wohlverdient. Die meisten von uns erinnern sich noch des feinen Antlitzes in dem Schmuck der weißen Haare, auf dem jene Liebenswürdigkeit und Anmut, die eben nur das hohe Alter zeigt, wie stiller Sonnenschein stetig lag" — ein lebendiges Zeugnis für die Wahrheit seiner Worte von der Schönheit und Macht des Alters!

Anschließend entwickelte Mommsen seine eigenen Gedanken über das Alter, die in dem Satz gipfelten, daß es „keine Kunst sei, alt zu werden, wohl aber, *das*

Altwerden zu ertragen". Glücklich nannte er jene, die diese Kunst zu meistern lernten. Denn es sei „wünschenswert, den Becher des Lebens bis zum letzten Tropfen leeren zu dürfen. Je voller und bedeutender ein Mann im praktischen Leben steht, desto weniger wird er die Neige des Bechers schal und bitter finden, desto mehr wird umgekehrt von ihm gesagt werden müssen, *daß alt stirbt, wen Gott lieb hat.*

Wer weiß nicht, wie in jedem Berufskreise die *erfahrenen Alten* eine Stellung einnehmen, mit der kein Jüngerer wetteifern kann. Uns Forschern vor allem sagt die eigene Erfahrung, daß die große wissenschaftliche Leistung nicht anders völlig gelingen kann als in vieljähriger rastlos fortgesetzter Arbeit."

Mögen manchem die großen Erkenntnisse, die den Fortschritt der Welt förderten, in seinen reifen Jahren aufgegangen sein, „die Saat ist nur die Hälfte der wissenschaftlichen Tätigkeit, und die Zeit der Ernte nicht minder unentbehrlich, wenn ein bedeutender Forscher seine Bestimmung erfüllen soll".

Eben in dieser *Erfüllung der Bestimmung*, die nur der bis zuletzt Leben und Leistung bejahende Mensch erreicht, liegt der Sinn und das Glück des Alters. Das meint auch *Rousseaus* Wort: „Einerlei, wie weit der Augenblick des Todes von dem der Geburt auch entfernt sein mag; das Leben ist immer zu kurz, wenn diese Frist schlecht ausgefüllt ist."

Wo aber das Denken und Trachten des Menschen auf die Sinnerfüllung des Lebens gerichtet ist, auf die Doppelaufgabe, sich selbst zu erkennen und ganz er selbst zu sein, *da wird das Alter zur Erfüllung, Verklärung und Krönung des Lebens in seiner Ganzheit.*

In der Ehrung des Alters sah der Königsberger Philosoph *Immanuel Kant* (1724—1804) eine Würdigung der Weisheit und der Verdienste des Alters, vor allem der Tatsache, daß ein *langes* Leben Frucht und Kennzeichen rechten Denkens und Verhaltens ist.

Kants gewaltiges Lebenswerk ist überwiegend Altersleistung: Erst im sechsten Jahrzehnt wurde er der Schöpfer der „Kritik der reinen Vernunft" (1781), der die „Kritik der praktischen Vernunft" (1788) folgte, die „Kritik der Urteilskraft" (1790), „Die Religion innerhalb der Grenzen der bloßen Vernunft", die „Metaphysik der Sitten" (1797) und andere Arbeiten, die zum Teil erst lange nach seinem Tode veröffentlicht wurden.

Für unser Thema der *Schönheit des Alters* am bedeutsamsten ist eine seiner letzten Schriften: „Von der *Macht des Gemüts*, durch den bloßen Vorsatz seiner krankhaften Gefühle Meister zu sein". Sie ist das überzeugendste Zeugnis des fast 80jährigen großen Denkers dafür, *daß bis zuletzt der Geist als die führende Macht Zustand und Befinden des Körpers bestimmt.*

Kant, von Kind auf mit einem schwächlichen, engbrüstigen und anfälligen Körper belastet, dem man kein langes Dasein zutraute, spricht aus reicher Erfahrung, wenn er schildert, wie er sich durch rechtes Denken und Verhalten ein hohes Alter sicherte und bei zunehmender Leistungskraft immer mehr von sich forderte:

„Denn im Alter sich zu pflegen und zu schonen, ist falsch, weil es das Leben nicht verlängert, sondern verkürzt. Man muß den Körper zu einem willigen Werkzeug des Geistes erziehen, der selbst weder alt noch krank werden kann."

Prof. *Hufeland*, der Kants Schrift herausgab, bemerkt dazu, Kants Beispiel schöpferischen Wirkens bis ans Ende zeige deutlich, was einer im Alter für andere sein könne, wenn er der Erkenntnis folgt: „*Der Geist allein lebt! Das Leben des Geistes allein ist wahres Leben. Das Leben des Leibes muß jenem immer untergeordnet und von ihm beherrscht werden*, nicht umgekehrt der Geist sich den Launen und Trieben des Körpers unterordnen, wenn das wahre Leben erhalten werden soll."

REGENERATION VON INNEN HER

Eine bedeutsame Erkenntnis der Gerontologie oder Alterskunde ist die, daß der Mensch keine Maschine, sondern ein lebendiger Organismus ist, der im Gegensatz zu dieser durch stärkere Inanspruchnahme nicht rascher abgenutzt, sondern rüstiger und leistungsfähiger wird, da ihm die Fähigkeit der Regeneration von innen, vom Geiste her eignet.

Das zeigt sich vor allem bei den geistig Tätigen, und hier beispielsweise bei den großen Geschichtsschreibern, von denen viele sich durch ein auffallend langes Leben auszeichneten.

Hier stellt sich die Frage: Sind ihre Spätaltersleistungen nur Ergebnis ihres langen Lebens und des dadurch bedingten größeren Überblicks? Oder ist ihre geistige Regsamkeit und ihr große Zeiträume umspannendes ziel- und planvolles Wirken der Auslöser ihrer Rüstigkeit und Langlebigkeit?

Der große Geschichtsschreiber *Leopold von Ranke* (1795—1886) neigt der letzteren Auffassung zu. In einem Brief an Bismarck schrieb der *82*jährige: „Ich habe immer gedacht, daß der Historiker *alt werden muß:* er muß viel erleben und der Gesamtentwicklung einer großen Epoche anwohnen, um fähig zu sein, die früheren Zustände zu beurteilen."

Das heißt: Wer Großes vollbringen will, muß von vornherein *ein langes Leben und Rüstigbleiben bis ins hohe Alter bejahen.*

Ranke entwickelte bis zum *90.* Lebensjahr eine außergewöhnliche Produktivität. Seinen vielbändigen Werken der mittleren Jahre über die Geschichte der römischen und germanischen Völker, die römischen Päpste usw. ließ er im Alter andere große Geschichtswerke folgen, und mit *85* begann er seine 16bändige Weltgeschichte, die er zwar nicht vollendete, die aber von seinen Schülern aus seinem Nachlaß bis zum Ausgang des Mittelalters fortgeführt wurde.

Ist ein schönerer Abgang denkbar als dieses Scheiden mitten im Werk — mit dem Bewußtsein künftiger weiterer Vollendung des irdischen Wirkens, das ja immer Stückwerk bleibt? Ranke sah in der Geschichtsforschung mit Recht einen „Weg zur ahnenden Erkenntnis des göttlichen Wirkens", das hinter dem Weltgeschehen wie dem Einzelschicksal als lenkende Macht steht und dem Leben erst seinen tieferen Sinn verleiht.

Rankes Alterswerk ist ein weiterer Beweis für die Wahrheit, daß Altern kein mechanischer Abnützungsprozeß ist, sondern von der geistigen Haltung bestimmt wird, *daß stärkere Leistungsansprüche, die an Hirn und Körper gestellt werden, das Altern hemmen, geringere es fördern.*

Während alte Menschen beim Fehlen einer Aufgabe vorzeitig dahinsiechen und sterben, bleiben sie im Maße ihrer begeisterten Hingabe an große Aufgaben und Ideale oft jahrzehntelang gegen das Altwerden immun, weil rege geistige Tätigkeit im Alter auf das Zentralnervensystem und Gehirn erhaltend und leistungserhöhend wirkt und die Regeneration von innen her fördert.

GESETZ DES WACHSTUMS

Auch im Alter müssen Wille und Gefühl über die Seele und damit über den Körper herrschen! Diese Altersweisheit des bekannten Physiologen, Psychologen und Philosophen *Wilhelm Wundt* (1832—1920) hat dieser selbst bis zuletzt überzeugend vorgelebt.

Nach abgeschlossenem Studium der Medizin wurde Wundt 1864 in Heidelberg Professor der Physiologie, zehn Jahre später in Zürich und schließlich in Leipzig, wo er das erste Institut für experimentelle Psychologie gründete. In zahlreichen Schriften und Lehrbüchern behandelte er Kernprobleme der Physiologie, der Menschen- und Tierseelenkunde, der physiologischen Psychologie, später der Erkenntnislehre, Ethik und Philosophie. Das von ihm dargelegte *Gesetz des Wachstums der Energie*, in dem sich die schöpferische Kraft des Geistes, sein Einfluß auf den Körper äußert, demonstrierte Wundt, indem er als *70*jähriger neben anderen Arbeiten, die laufend erschienen, sein Hauptwerk, die zehnbändige „Völkerpsychologie“ begann, deren letzten Band er als *88*jähriger vor seinem Tode abschließen konnte.

Auch die Tatsache, daß Wundt sein Lehramt bis zum *85*. Lebensjahr innehatte und aktiv ausübte, zeigt, was ein Mensch vermag, dem alles Körperliche und Materielle nur als die äußere Hülle gilt, hinter der sich das

Schaffen, Streben, Fühlen und Empfinden des *Geistes* verbirgt. Dieser Geist wiederum offenbart durch sein sichtliches Angelegtsein auf ständiges Wachstum und fortschreitende Höherentwicklung sein Verbundensein mit dem göttlichen *Weltwillen*, der in und hinter der Welt als die alles Werden und Geschehen plan- und sinnvoll lenkende Urkraft am Werk ist.

Energie oder *Innenkraft* ist das, was die Körper bewegt, was Bewegung erzeugt, beschleunigt und in ihrer Richtung bestimmt. Sie ist ihrem Wesen nach geistiger Natur, äußert sich im Willen und Charakter des Menschen und erweist ihr Angelegtsein auf ständiges *Wachstum* um so deutlicher, je lebendiger ein Mensch der Dynamik des Geistes und seiner Macht über den Körper bewußt ist und seine Innenkraft im Dienste der Lebensverlängerung und Leistungssteigerung bis zuletzt recht zu nützen weiß.

VEREDELUNG DER INNENKRAFT

„*Vergeude keine Energie, veredle sie!*" lautet der von dem Naturwissenschaftler und Philosophen *Wilhelm Ostwald* (1853—1932) formulierte „Energetische Imperativ", dessen Befolgung um so wichtiger wird, je älter ein Mensch ist.

Oswald wurde 1882 Professor am Polytechnikum in Riga und wirkte seit 1887 als Professor der Chemie in Leipzig. Dort erschienen seine Lehrbücher der Chemie, der Elektrochemie und seine anderen chemischtechnischen Werke. Für diese und für seine Arbeiten über Katalyse erhielt er 1909 den Nobelpreis.

Sein Hauptwerk aber fällt in das 6. Jahrzehnt seines Lebens: die Entwicklung seiner „*energetischen Philoso-*

phie“, nach der alles, auch die Materie, nur Erscheinungsform der Energie ist. Die Aufgabe des Menschen als eines Meisters der Energieveredlung sieht er darin, die Natur immer vollkommener zu beherrschen.

In seiner Schrift „Der energetische Imperativ“, seiner „Philosophie der Werte“ und seiner im *73.* Lebensjahr veröffentlichten dreibändigen Autobiographie „Lebenslinien“ sah Ostwald das Wesen aller Höherentwicklung darin, daß der Mensch die Kräfte der Natur mit abnehmender Mühe in die höheren Energieformen des Lebens und der Kultur umwandelt.

Wohl setzte Ostwald, der mit seiner Lehre den wissenschaftlichen Materialismus überwinden wollte, an dessen Stelle nur einen *dynamischen Monismus.* Es gelang ihm nicht, bis zum *geistigen Monismus* und zur Weisheit der Religion durchzustoßen.

Insofern aber lebte er seine Lehre, als er sich im hohen Alter einer neuen Aufgabe zuwandte: dem Ausbau der Farbenlehre. Seine „Mathematische Farbenlehre“ erschien 1921, sein großes Sammelwerk „Die Farbe“ von 1920—26. Damit setzte er seinen Kräften neue Ziele, die ihn bis an sein Ende begeisterten und schöpferisch erhielten.

Doch sein energetischer Imperativ fordert mehr: es gilt nicht nur, die Quellen der Innenkraft dadurch am Fließen zu erhalten, daß man sich *im Alter mit jedem Jahrzehnt neuen Aufgaben zuwendet* und so die ständige Veredelung der angeborenen Kräfte und Fähigkeiten fortsetzt; vielmehr gilt es darüber hinaus, sich bewußt zu werden, daß unser Geist ein Teil des Allgeistes, *unsere Innenkraft ein Nebenfluß der Allkraft ist und von dort her nach dem Maße unseres Bereitseins zum Veredeltwerden und unseres Vertrauens zur Hilfe und Führung von oben gespeist und verstärkt und immer wieder in die rechten Bahnen gelenkt wird.*

Wer dieser tieferen Einsicht folgt und nach ihr lebt, der erntet, wie die Erfahrung lehrt, die Segnungen des Alters in ihrer ganzen Fülle.

ÜBERLEGENHEIT DURCH BEJAHUNG

Auch einer von denen, die sich im hohen Alter zur Lebensüberlegenheit durch Bejahung durchrangen, war der Literarhistoriker und Ästhetiker *Friedrich Theodor Vischer* (1807—1887). Der urwüchsige und kampfesfreudige Schwabe wurde mit 30 Jahren Philosophieprofessor in Tübingen und entwickelte sich zum größten Kunst- und Literaturkritiker seiner Zeit. Seiner liberalen Gesinnung wegen einige Jahre amtenthoben, ging er 1855 als Professor an die Kantonale Hochschule in Zürich und wirkte von 1866 an wieder in Tübingen und Stuttgart als Lehrer der Literaturgeschichte und Ästhetik.

Sein bekanntestes Werk ist die dreibändige „Ästhetik oder Wissenschaft des Schönen". *Sein größtes Alterswerk* aber ist sein humorvoller philosophischer Roman „*Auch Einer*", mit dem der *72*jährige eine neue Schaffensperiode einleitete. Dieser teils autobiographische satirische Roman schildert humorvoll den ewigen Kampf des Menschen gegen die „Tücken des Objekts" und den Widerstand der stumpfen Welt und regt dazu an, die tieferen Zusammenhänge und die Sinnerfülltheit des Lebens zu erkennen. Er führt mit dem echten Humor des weisen Alten in die Kunst der Lebensüberlegenheit durch Bejahung ein.

Diesem reifen Alterswerk folgten die „Lyrischen Gänge“ und die „Beiträge zur Charakteristik Goethes“ (1883), in denen er im alten *Goethe* den ihm seelisch verwandten sonnenhaft-bejahenden Geist in der Fülle seiner Kraft erkennt, und andere Schriften, die erst nach seinem Tode von seinem Sohn Robert herausgegeben wurden.

Die Alterswerke des großen Lehrers alles Schönen und Guten, Rechten und Wahren, wie Gottfried Keller ihn nannte, machen die Wahrheit sichtbar, *daß es vom Menschen selbst abhängt, was er aus der mit den Wechseljahren und dem Älterwerden verbundenen seelischen Umstellung macht:* ob er sich von den Wandlungen des Körpers bestimmen, verstimmen und zur Erde niederziehen läßt, oder ob er mit den Jahren den Blick immer bewußter und freudiger aufwärts zum Himmel richtet und sich zur heiteren Abgeklärtheit und lebensüberlegenen, weil alles bejahenden *Weisheit des Alters* erhebt.

SONNENGLANZ DER FREUDIGKEIT

Goethe nennt das *Tätigsein* des Menschen erste Bestimmung. Die zweite ist das *Frohsein;* denn es macht das ganze Dasein zu einem „Augenblick, gelebt im Paradiese“.

Einer von tausend Beweisen hierfür war der Berliner Geheimrat *Ernst Ludwig Heim* (1747—1834), der nicht nur als Pockenforscher und dadurch bekannt wurde, daß er jahrzehntelang allmonatlich 300 Menschen unentgeltlich behandelte, auch noch als *80*jähriger, sondern vor allem lehrte und bewies, daß die menschlichen Kräfte und Fähigkeiten im höheren Lebensalter nicht ab-, sondern mit der Reife und Erfahrung *zu*nehmen.

Sein Arbeitstag begann um 4 Uhr früh und war Stunde um Stunde ausgefüllt; sein Wirken war überstrahlt von einer humorvollen Herzlichkeit, die die Kranken sich schon in seiner Nähe gebessert fühlen ließ. Kein Wunder, daß seine Geburtstage in Berlin wie Volksfeste gefeiert wurden und die Gratulanten von der Königin Luise bis zum Bettler sich die Hände reichten.

Dabei war Heim von zarter Konstitution, und als begeisterter Naturfreund, Kletterer und Reiter erlebte er Dutzende von schweren Stürzen und Unfällen, auch noch als 80jähriger; seine unverwüstliche Lebensfreude und unermüdliche Tätigkeit ließen ihn jedoch alles überwinden und noch mit *85* bekennen: „Ich fühle mich besser denn je".

So nahe wie die Menschen standen seinem Herzen die *Tiere*, denen er half, wo er konnte. Allem begegnete er mit Liebe: den Menschen in ihrem Leid, den Tieren in ihrer Unbekümmertheit, den Pflanzen in ihrer Schönheit. Und die Ehrfurcht vor allem Lebendigen wie die Freude am Dasein ließen ihn tausendmal bekennen: „Wie ist das Leben schön!"

Die immer hilfsbereite Aufgeschlossenheit allem Leben gegenüber und die sprühende Lebensbejahung ließen seine Lebenskraft immer neu hervorsprudeln und erfüllten sein Herz bis zuletzt mit der Freude am tätigen Dasein. Er schied, *88*jährig, mit der gleichen frohgemuten Heiterkeit, mit der er sein Leben zubrachte — und das Leben, dem er tausendfach Helfer und Retter war, dankte ihm für alle sichtbar durch einen Schwarm bunter Schmetterlinge, die lange über den Blumenkränzen am offenen Grabe schwebten.

Was Heim vorlebte, gilt für jeden von uns, wenn wir jene frohe Lebensbejahung zum Leitstern unseres Denkens und Tuns machen, die Nietzsche an den großen Alten rühmte: „*Das selbe Leben, das seinen Gipfel im Alter hat, hat auch seinen Gipfel in der Weisheit, im milden Sonnenglanze einer beständigen geistigen Freudigkeit.*"

DIE JAHRE ZÄHLEN NICHT

Wenn ich an die Fülle der schöpferischen Altersleistungen denke, denen die Menschheit einen Großteil ihres Fortschritts, ihrer Zivilisation und Kultur verdankt und von denen hier nur einige Beispiele angeführt sind, fällt mir immer das Wort eines greisen Gelehrten ein, der auf die Frage, welchen Umständen er die Erhaltung und sogar Steigerung seiner genialen Leistungen in hohen Jahren verdanke, lächelnd antwortete: „*Die Jahre zählen nicht; der Geist entscheidet.* Wenn man die Jahre nicht achtet, lassen sie einen ebenfalls unbeachtet und gehen spurlos an einem vorüber."

Auf eine solche Haltung kann man nur mit *Lessing* antworten: „Welche Freude, wenn es heißt: Alter, Du bist weiß an Haaren, blühend aber ist Dein Geist!"

Denn es ist, wie immer wieder herausgestellt werden muß, unsere geistige Haltung, unsere gedankliche Einstellung, die Verfall und Erneuerung des Körpers bestimmt und darüber entscheidet, was wir aus unserem Leben machen.

„Nur in unserer beschränkten Auffassung" — sagt *Paul Ernst* mit Recht — „verteilt sich das Leben auf Jahre; in Wahrheit ist das Leben unser Werk". Das hat noch jeder erfahren, der es den großen und schöpferischen Menschen gleich tat und die Jahre nicht zählte, sondern sein *Werk* voranstellte und immer ein hohes Ideal und Ziel vor Augen hatte, das ihn die Zeit nicht achten ließ.

Wo der Geist regiert und der ganze Mensch mit Leib und Seele an eine Aufgabe hingegeben ist, da verlangsamt sich nicht nur, wie tausendfache Erfahrung lehrt, der Prozeß des Alterns, sondern da offenbart sich die *verjüngende Kraft des Geistes*, der dem Zellenstaat des Körpers ständig Impulse der Erneuerung und des Neuaufbaus vermittelt und ihn für seine Aufgaben leistungsfähig, elastisch und rüstig erhält.

Ein solcher Mensch bleibt jahrzehntelang auf der Höhe der Leistungskraft, wird, ohne daß er es spürt, 70, 80 oder noch älter und hat auch dann, wie vor Jahrzehnten, begeisternde Ziele und Aufgaben vor Augen, denen sein ganzes Denken und Trachten gehört.

Eben weil er die Jahre nicht zählt und nicht ans Altern denkt, sondern ständig mit Freuden zulernt und wächst, neue Gewohnheiten annimmt und sich mit jedem Jahr reifer und reicher fühlt, bleibt er bis zum letzten Augenblick jung.

ALTERSREIFE UND GEISTESBLÜTE

Die Altersleistungen, von denen hier berichtet wird, machen deutlich, *daß die Geisteskräfte mit dem Alter zunehmen*. Diese Tatsache wurde auch experimentell erhärtet, unter anderem von dem amerikanischen Psychologen *William A. Owens*, der von 180 Studenten, die 1919 am Staats-College von Iowa die Prüfung bestanden hatten, 127 ausfindig machte und den nun über 50jährigen die gleichen Prüfungsfragen wie damals vorlegte.

Das Ergebnis zeigte, daß 1. die meisten geistigen Fähigkeiten sich in der Zwischenzeit erheblich entwikkelt hatten und 2. die Menschen über 50 durchweg geistig mehr auf der Höhe sind als während ihrer Reifezeit, die bisher als die Periode besonderer Aufnahmefähigkeit und Aktivität galt.

Ähnliche von anderen Seiten durchgeführte *Intelligenztests an älteren Personen* und die Vergleiche mit ihren früheren Leistungen haben gleichfalls ergeben, daß bei aktiven Naturen Gedächnis und Lernvermögen, Intelligenz, Begabung und Leistungskraft mit den Jahren, und zwar bis 70 und 80, stetig zunehmen.

Bemerkenswert ist auch die weitere Beobachtung, daß geistige Aktivität in der Regel körperliche Rüstigkeit mit sich bringt.

Wer also den Wunsch hat, daß Altersreife und Geistesblüte bei ihm recht lange Hand in Hand gehen, daß seine geistige Leistungskraft und seine körperliche Rüstigkeit mit den Jahren zunehmen, der sollte zwei Bedingungen erfüllen:

Erstens sollte er seine Kräfte ständig üben, immer aufgeschlossen und bereit sein, zuzulernen, sich neuen Gedanken und Interessen offenhalten und sich gewöhnen, zu allem, was kommt, ja zu sagen, also an allem das Gute zu sehen.

Zweitens sollte er im höheren Lebensalter den Nahrungsbedarf reduzieren, seinem Körper weniger verschlackende Nahrungsmittel zuführen, leichte pflanzliche Kost vorziehen, oder zumindest, wenn möglich, seinen Körper, wie es der 83jährige Dr. *Buchinger* auf Grund reicher klinischer Erfahrung empfiehlt, durch eine jährliche Fastenkur unter ärztlicher Aufsicht zu einem möglichst reinen und sensiblen Instrument des schöpferischen Geistes und zu einem Träger froh-lebendiger Bewußtheit machen.

Entscheidend aber bleibt die ständige Übung der geistigen Kräfte. Viel gewonnen hat schon, wer sich von falscher Selbstunterschätzung seines Alters wegen frei macht und durch die Hingabe an neue Interessen und Aufgaben seine Lebenskräfte aktiviert und von Jahr zu Jahr bewußter zu schöpferischem Wirken bringt. Das liegt nicht nur für den *Mann*, sondern gleichermaßen für die *Frau*.

FRAUEN UND FREUEN

„Geist macht Frauen alt", schrieb Nietzsche einmal, und seine gelehrten Zeitgenossen meinten, die Frauen seien von Haus aus unschöpferisch; ihre größte Leistung sei, daß sie die Mütter aller großen Männer waren; aber von *Altersleistungen der Frauen* könne keine Rede sein.

Heute wissen wir, daß Frauen in allen Bereichen des Lebens schöpferisch tätig sind und daß bei ihnen wie beim Manne die Altersleistungen oft die der Jugendjahre übertreffen.

Zu allen Zeiten bildeten Frauen wie *Goethes Mutter* den Mittelpunkt geistiger Kreise, die das Gesicht ihrer Zeit bestimmten. Die Literaturgeschichte nennt viele Dichterinnen mit bedeutenden Alterswerken, etwa *Malvida von Meysenbug*, die mit *60* ihre „Memoiren einer Idealistin" schrieb und ihnen mit *82* den „Lebensabend einer Idealistin" folgen ließ. *Marie von Ebner-Eschenbach* blieb, wie Selma Lagerlöf, bis ins hohe Alter die packende Erzählerin.

Das bedeutende schweizer „Lexikon der Frau“ hat den Anteil großer Frauen an der Gestaltung der Menschheitskultur sichtbar gemacht. Wer ihre Biographien verfolgt, erkennt, daß das Altern bei ihnen leichter zu depressiven Stimmungen führt und daß dann die körperliche und geistige Leistungskraft vorzeitig gehemmt und erstickt wird, daß aber gerade die großen Frauen Zeugen dafür sind, daß das Älterwerden durchaus nicht mit der Einbuße der schöpferischen Vermögen und der Anziehungskraft einhergehen muß, sondern mit einer Steigerung der Interessen und der Leistungen beantwortet werden kann, die mit den Jahren zunehmen.

Heute, wo die Lebensdauer des Menschen allgemein und die der Frau im besonderen höher liegt als je zuvor, wird dies deutlicher als früher erkennbar. *Viel mehr ältere Frauen füllen im Berufs- und Geistesleben ihren Posten aus, und die Zunahme der Altersleistungen ist unverkennbar.*

Heute erkennt man mit Morgenstern „den seelischen Wert einer Frau daran, wie sie zu altern versteht und wie sie sich im Alter darstellt“. Humboldt erkannte bereits, daß „das Alter auch in Frauen vieles bewahrt und zur Entfaltung bringt, was man in ihrer Jugend vergeblich suchte“, dies einmal, weil es sich nun ungehemmter entfalten kann, zum andern, weil heute bekannt ist, daß Mann *und* Frau bis ins höchste Alter zu positiven Leistungen bestimmt und befähigt sind, solange sie zuzulernen, zu wachsen und tätig zu bleiben bereit sind.

Und wo es an der *Tat* gebricht, bleibt der *Rat*, d. h. die Aufgabe, den Jüngeren Vorbild und Mittler zeitloser Lebensweisheit zu sein und der ewigen Aufgabe der Frau zu dienen, *bis ans Ende Freude ins Leben zu tragen*. Denn:

„Frauen sind genannt von Freuen,
weil sich freuen kann kein Mann
ohn' ein Weib, das stets von neuem
Seel' und Leib erfreuen kann."

KRAFT VON OBEN

Ein immer sprudelnder Quell lebendigen Überlegenseins über alles Schwach- und Altwerden ist die *Hinwendung zum Ewigen.* Es ist auffallend, wie viele große religiöse Genien der Menschheit ein langes Leben mit überragenden Altersleistungen verbanden.

Von *Buddha* wissen wir, daß er noch als 80jähriger lehrend und predigend von Ort zu Ort pilgerte und den Blick der Menschen von der Vergänglichkeit der Sinnenwelt (mâyâ) auf die Zeitlosigkeit der Innenwelt (nirwâna) richtete, die jeder Mensch durch Selbst-Besinnung und Vertiefung mitten im Strom des Werdens und Vergehens als die Insel des Friedens und ewigen Lebens zu erreichen vermag.

Ebenso wissen wir von anderen Religionsstiftern, Heiligen und Erleuchteten aller Zeiten bis zu den christlichen Kirchenvätern und Mystikern, daß sie, soweit sie nicht ihr Leben für ihren Glauben hingaben, oft ein ungewöhnlich hohes Alter erreichten und durch unvergängliche Spätaltersleistungen hervorragten — etwa wie der große christliche Kirchenlehrer *Augustin*, der sein unsterbliches Hauptwerk „Über den Gottesstaat" zwischen seinem 60. und 75. Lebensjahr als Dokument höchster Wachheit und schöpferischer Leistung des Menschengeistes schuf.

Gewiß war es nicht nur die erhöhte geistige Regsamkeit, die ihren Körper bis zuletzt zu einem willigen

Werkzeug der Seele machte, sondern auch und vor allem ihre ständige Hinwendung zum Ewigen, die die großen religiösen Geister der Menschheit sich bis ins höchste Alter vollenden ließ.

Erfahrung und Beobachtung lehren, *daß das Streben des Menschen nach dem Göttlichen auf den Leibesorganismus wie eine immerwährende Neugeburt wirkt*. Der Körper wird durch die ständige Hinwendung des Gemüts zum Ewigen zunehmend durchgeistigt und damit gegen Krankheit und Verfall gefeit, so daß das Ende wie bei Buddha und vielen christlichen Heiligen ein schmerzloses Hinübergehen ist aus dem zeitlichen ins ewige Leben.

Je mehr das Ewige im Menschen vorherrscht, desto überlegener wird er auch körperlich gegenüber der Zeit, dem Vergehen und dem Schwinden der Kraft. Er schöpft sichtbar aus dem immer strömenden Quell der Kraft von oben, mit deren Hilfe er in fortschreitender Durchgeistigung des Leibes über die Vergänglichkeit des Irdischen triumphiert und durch ein langes Leben und sein bis zum letzten Tage schöpferisches Wirken die Macht des zu sich selbst erwachten Geistes über Leib und Leben demonstriert.

DIE KRONE DER WEISHEIT

Gewiß sind Sie auch schon einem jener Alten begegnet, die eine Atmosphäre unsagbarer Ruhe und Harmonie, des Vertrauens und der Liebe um sich verbreiten, denen man sich schon beim Anblick innerlich zuneigt. In ihnen hat sich die Weisheit eines langen Lebens zu jener Geborgenheits-Gewißheit verdichtet, in deren Kraftfeld auch der Unruhigste zum Frieden und zur Neubesinnung findet. Bei ihnen sind Denken und Beten, Gesinnung und Tun so eins geworden, daß man sich in ihrer Nähe innerlich erhoben und zum Gutsein gedrängt fühlt.

Hier spürt man, daß es nicht so ist, wie *Novalis* meinte, daß „Beten in der Religion ist, was Denken in der Philosophie; der religiöse Sinn betet, wie das Denkorgan denkt". Vielmehr wird einem bewußt, daß Denken und Beten zwei Formen des gleichen Tuns sind: Beten ist bejahendes, glaubensbetontes, dynamisches Denken — im Gegensatz zum gewöhnlichen diskursiven Denken, das zu Schlüssen und Entschlüssen führt, während das dynamische Denken oder Beten Verwirklichungen bewirkt. Führt Denken zum Wahrheitserkennen, so Beten zum Wahrmachen, zum Verwirklichen des Wahren.

Das wird um so deutlicher, je älter ein Mensch wird: entweder kommt er denkend-grübelnd zu dem pessimistischen Schluß, daß „nun kein Beten mehr hilft" oder wandelt sich sein ganzes Leben zum Gebet, zu liebendvertrauender Hinneigung zum Ewigen.

Er erkennt dann mit *Spinoza*, daß der Verstand zu schwach ist, die Mittel zu übersehen, die Gott zu Gebote stehen, um den Menschen zur Vollendung zu führen, und gelangt zu der weiteren Haltung: „Nicht wie ich will, sondern *wie Du willst;* denn was Du willst und wirkst, ist immer das Beste!"

Wo diese Haltung herrscht, wird sie zum Amulett gegen Kleinmut, Traurigkeit und alle Unbill des Alters, ja, zum Sieg des unvergänglichen Geistes über die Vergänglichkeit der Materie. Jeder dankbare Gedanke wird zur Meditation, die die Harmonie mit dem Unendlichen vertieft und den Augenblick zur Ewigkeit weitet. Sie ist nicht Ausdruck des Verlangens nach diesem oder jenem, sondern des Strebens nach Vertiefung, Verwesentlichung und Vervollkommnung.

Zu diesem Gipfel der Lebensweisheit kann jeder aufsteigen. Er braucht nur statt nach außen nach innen zu blicken und immer tiefer in sich selbst hineinzuschreiten. Je tiefer innen, desto stiller und weiser wird er und desto näher weiß er sich dem Ewigen.

Die besten Jahre des Lebens

„*Je mehr das Alter erforscht wird, desto mehr Neuland wird hier entdeckt*", bekannte ein Altersforscher in einem Vortrag über die Kunst des Jungbleibens. Er schloß: „Angesichts der immer höheren Lebenserwartung des heutigen Menschen und des damit zusammenhängenden ständigen Anwachsens der Armee der ‚Alten' wird die Aufgabe immer dringlicher, die höheren Jahrzehnte so leidfrei, fruchtbringend und reich wie möglich zu gestalten."

Unter den vielen hierhergehörenden neuen Einsichten ist eine der wichtigsten die, daß Lebensfreude, Rüstigkeit und Schaffenskraft im höheren Alter entscheidend von den Ganglienzellen des Gehirns abhängen und davon, daß diese zugleich empfindlichsten und dauerhaftesten Zellen unseres Körpers ständig in *Tätigkeit* gehalten werden.

Denn von hier aus — durch immerwährende Übung und damit bessere Durchblutung des Denkorgans — verhindern wir vorzeitige Vergreisung. Diesbezügliche Untersuchungen machen eindeutig klar, daß die geistig Trägen, die nichts mehr hinzulernen mögen, die das Nachdenken scheuen, die mehr rückwärts statt vorwärts blicken, ihre Entwicklung für abgeschlossen halten und sich keine Denk- und Strebensziele mehr setzen, im Maße ihres geistigen Stillstandes von den Ganglienzellen her degenerieren und absterben.

Auf der anderen Seite erreichen jene, die geistig viel und intensiv denken und arbeiten, infolge ihrer geistigen Regsamkeit durchweg ein hohes und gesundes Alter.

Die Erfahrung bestätigt, daß hohe Gehirnbeanspruchung nicht zu vorzeitiger Erschöpfung und Abnutzung, sondern im Gegenteil zu zunehmender Tüchtigkeit und Lebenstauglichkeit führt. Geistig regsamen Menschen ist eben darum auch der Begriff des ‚*Lebensabends*' fremd; sie sprechen höchstens von einem besonders fruchtbaren *Lebensnachmittag*, bezeugen übereinstimmend, *daß die besten Jahre des Lebens die zwischen 50 und 80 sind*, denken nicht an ein Ende ihrer Tätigkeit — und halten es eben durch diese Einstellung fern.

Auch diese Tatsache sei an Beispielen illustriert, und zwar an *Erfahrungen und Feststellungen schöpferischer Menschen in den verschiedenen Jahresklassen zwischen 60 und 100 Jahren.*

60 IN DER GEGENWART LEBEN!

Bei einer *Sechziger-Feier*, auf der es hoch herging und viele Reden geschwungen wurden, fand die folgende kurze Ansprache eines, wie er von sich selber sagte, ‚alten Knaben' die größte Zustimmung:

„Meine lieben Altersgenossinnen und -genossen" — sagte er —, „wenn wir hier zusammenkommen, dann nicht nur, um froh zurückzublicken und ebenso zuversichtlich in die Zukunft zu schauen, sondern vor allem, um uns auf die Tatsache zu besinnen, *daß das Wichtigste immer die Gegenwart ist.*

Ich betone das mit Absicht, weil die meisten hier falsch denken und leben, was schon *Schopenhauer* beklagte, als er in seinen „Aphorismen zur Lebensweisheit“ feststellte, daß so viele Menschen einseitig auf einen bestimmten Lebensabschnitt ausgerichtet sind, den sie für den wichtigsten halten: ‚Einige sind liebenswürdige Jünglinge, und dann ist’s vorbei; andere kräftige, tüchtige Männer, denen das Alter allen Wert raubt; manche stellen sich am vorteilhaftesten im Alter dar, wo sie milder, weil erfahrener und gelassener sind.‘

Diese Menschen *leben* aber nur ein Drittel ihres Daseins, während sie in den restlichen zwei Dritteln vegetieren. Warum? Weil sie nicht sehen, daß in Wirklichkeit *jeder Lebensabschnitt*, jedes Jahrzehnt ihres Daseins, seine bestimmten Aufgaben, Freuden, Höhepunkte und Erfüllungen hat, weshalb es abwegig ist, sich in der Jugend nach der Reife, im Alter nach dem Jungsein zu sehnen.

Richtig lebt, wer zu jeder Zeit in der Gegenwart lebt und die Aufgaben, Freuden und Erfüllungen des Lebensabschnitts, in dem er sich gerade befindet, erkennt, bejaht und das Beste daraus macht. Dann hat er wirklich teil an allen Vorzügen des schrittweisen Reiferwerdens und genießt alsdann in den höheren Jahrzehnten des Daseins die größere innere Ruhe und Abgeklärtheit, das Freisein von ängstlichen Sorgen und jene Gelassenheit des Alters, die, wie Humboldt sagt, ‚den Dingen der Welt ihre Schärfe und Schwere nimmt und sie in das innere Licht der Gedanken stellt, wo man sie in größeren, immer beruhigenden Zusammenhängen sieht.‘

Wer so lebt, der wird wohl älter, aber nicht alt, weil er zu jeder Zeit im *Jetzt* lebt und sich damit der Ewigkeit immer gleich nahe weiß!“

IM ABENDLICHT

Einer meiner Schriftstellerfreunde, *Johannes Fernando Finck*, entfaltete, ohne je vorher gemalt zu haben, als *Sechzig*jähriger urplötzlich ein erstaunliches Maltalent und schuf in kurzer Zeit eine Vielzahl künstlerisch vollendeter Gemälde.

Meine Frage nach der Herkunft dieser Gabe beantwortete er dahin, daß neue Talente kein Zuwachs seien, sondern Früchte der Selbst-Enthüllung.

Alles ist in uns, erklärte er, „*und je reifer wir werden, desto sichtbarer ent-hüllt sich unser innerster Wesenskern als Quellbrunnen allvermögender Kräfte und Gaben*. Je mehr einer sich dem *Wesentlichen* zuwendet, desto mehr Kräfte brechen in ihm auf; und ich bin gewiß, daß bei der letzten Enthüllung unser Wesenskern strahlend hervortritt und, leibbefreit, seine neuen größeren Aufgaben erkennt."

Im Strahlen seiner Augen, das diese Worte begleitete, sah ich den Widerschein eines Abendleuchtens, das hinter dem flüchtigen Alltag jenen ewigen All-Tag ahnen läßt, von dem Jean Paul sprach: „Die Jugend des Geistes ist ewig, und die Ewigkeit ist Jugend."

In dem, der den *Abend* (des Tages wie des Lebens) *bewußt* erlebt, wird das Abendlicht immer stärker und durchsonnt, von innen nach außen durchbrechend, das ganze Dasein: alles Erleben wird inniger, tiefer, entzückter, alles Sein ist voller Wunder und Geheimnisse, und aus allen Wesen blickt einen das gütige Auge Gottes an. Im Abendlicht verklärt sich die Erinnerung, kleinste Dinge beginnen zu leuchten, Dunkles hellt sich auf und der Ewigkeitssinn des Daseins wird spürbar.

Und noch eines erwacht: jene Heiterkeit der Seele, die über Unzulängliches und Widriges hinweghebt, die die Scheinhaftigkeit des einst wichtig Genommenen durchschauen und Wesentlicheres gewinnen läßt: das wahre Leben, das *innen* ist und so unvergänglich wie die Kraft.

In diesem Abendlicht bewährt sich die Lebensmeisterung, die der Mensch zu erringen bestimmt ist, aber, wenn je, erst im Alter erreicht, um dann durch seine Haltung, sein Erhoben- und Gelassensein zu offenbaren, *daß das Alter kein Abstieg ist, sondern eine höhere Lebensstufe und als solche Verheißung abermals höherer, die jenseits der dunklen Pforte liegen.*

Darum habe ich Ehrfurcht vor der verborgenen Größe des Alters, die sich nur dem enthüllt, der Augen hat und lernte, das Licht des Abends zu sehen: das Licht der Vollendung, das ein Herold ist größerer Vollendungen, zu denen unser Geist sich jenseits der Zeitlichkeit erheben wird.

JUNG MIT 60!

Eine Filmschauspielerin, die ich nach zwanzig Jahren wiedersah, machte mir bewußt, wie viele *Frauen*, wenn sie älter werden, in jedem Jahrzehnt neue Reize und verborgene Schönheiten entwickeln, die sie auf eine neue Weise anziehend und liebenswert machen.

Es ist nicht die Kunst der Kosmetik, die durch Schönheitsmittel und gesichtsverjüngende Operationen die Beantwortung der Frage: „Wie alt ist diese Frau?“ unmöglich macht, sondern es ist etwas Unmaterielles, Seelisch-Geistiges, das eine Frau *zeitlos jung* erscheinen läßt: ihre lebendige Teilnahme, die mütterlich-lebensbejahende Haltung, die erneuernde Kraft der Liebe, die Begeisterung für eine Aufgabe, die sie mit dem Geist der Jugendlichkeit erfüllt.

Auch bei *Männern* spürt man oft, wenn sie älter werden, dies zugleich Lebenssprühende und Zeitlose, zu dem ihre grauen Haare einen reizvollen Kontrast bilden. Einer von diesen war der Dichter *Heinrich Seidel*, dessen Verse aussprechen, worin das *Geheimnis des Jungseins mit 60* besteht:

„Sie nannten mich jüngst einen alten Mann.
Wie sich die Welt doch irren kann!
Der kahle Scheitel, das graue Haar,
Die machen das Alter nicht, fürwahr!
Der ist nicht alt, dem jung das Herz
Mitfühlend pocht bei Ernst und Scherz
Und dem's auf dieser schönen Welt
So ganz besonders gut gefällt,
Den, wenn der Frühling sich erneut,
Noch jede junge Blume freut,
Dem jedes kleinen Vogels Sang
Ein Freudenlied, ein Feierklang!"

Jeder ist so jung wie seine Interessen oder so alt wie sein Pessimismus, so jung wie sein Selbstvertrauen oder so alt wie seine Lebensfurcht, so jung wie seine Liebe und Hingabe oder so alt wie sein bissiger Spott, so jung wie sein Glaube oder so alt wie seine Zweifel.

65 LÄNGER LEBEN — MEHR LEISTEN

Eine Umfrage bei Männern mit *65* und mehr Jahren, ob sie in ihrem Beruf oder einem neuen Aufgabenkreis *weiterhin tätig sein* könnten und möchten, wurde von weit über der Hälfte der Befragten mit Ja beantwortet.

In diesem Ja findet die Erkenntnis Ausdruck, daß angesichts der ständigen Erhöhung der mittleren Lebenserwartung mit 65 Jahren das aktive Leben keineswegs zu Ende gehe, sondern, recht gesehen, ein *zweites Leben* beginne — ein, wenn man will, reiferes und reicheres Leben auf einer höheren Leistungsebene.

In den Vereinigten Staaten, in denen neue Einsichten sich leichter als bei uns in Europa durchsetzen, arbeitet man bereits planmäßig daran, auch die älteren Menschen dem Arbeitsprozeß zu erhalten oder sie erfolgreich wieder in ihn einzuschalten. Die Erfahrung lehrt, daß *sinnvolle Tätigkeit* besser ist als ein vorzeitiger Ruhestand, daß durch sie der Gesundheitszustand gebessert, insgesamt mehr geleistet und das Sozialprodukt erhöht wird.

Zur Zeit sind in den USA von den Männern der Altersklassen 65—70 über 50% noch oder wieder berufstätig, von den 70—75jährigen über 40% und von den 75—80jährigen über 20%, wobei großzügige Handhabung der Arbeitszeit zumeist qualitative Hochleistungen zur Folge hat.

Das von den Männern Gesagte gilt auch für die Frauen. Daß die amerikanischen Frauen den höchsten Lebenserwartungs-Quotienten aufweisen, ist bekannt, weniger der Grund: aktive Teilnahme am Leben, lebendiger Kontakt mit der Jugend, tätige Mitarbeit an sozialen Hilfswerken und in geistigen und religiösen Organisationen und Bewegungen, Beschäftigung mit zahlreichen Steckenpferden bewirken neben der freudigen Berufshingabe, daß mit dem längeren Leben erhöhte Daseinsfreude und wachsende Mehrleistung einhergehen.

Immer deutlicher wird, *daß auch die höheren Lebensjahre das sind, was man aus ihnen macht, und daß, wer viel aus ihnen macht, mit einer Vielzahl glücklicher Jahre und mit ungeahnten Fortschritten und Erfolgen im höheren Lebensalter rechnen kann.*

67 JUGENDLICHE SCHWUNGKRAFT

Nach einem Vortrag unterhielten sich zwei Herren über den Redner des Abends. „Ich zweifle", bemerkte der eine, „daß dieser Mann noch so begeistert sprechen wird, wenn er 20 Jahre älter geworden ist".

„Warum sollte er nicht?" meinte der andere.

„Ich glaub's nicht", verneinte der erste, „und *Sie* würden es auch nicht, wenn Sie mal so alt sind wie ich. Ich bin 60 und weiß, was Altwerden heißt!"

„Und ich bin *67* und fühle mich jung!" lächelte der andere.

„. . . Aber so sehen Sie gar nicht aus!"

„Natürlich nicht, weil ich nicht an die Jahre denke, sondern auf die Schönheit und den Reichtum des Lebens blicke."

„Aber wie haben Sie es nur fertig gebracht, das Aussehen und die Schwungkraft der Jugend mit der Reife des Alters zu verbinden?"

„Indem ich mir die eine erhielt und die andere von selbst eintreten ließ, habe ich beider Vorteile vereinigt und die Nachteile des Alterns von mir ferngehalten." —

In der Tat kann *jeder* — einerlei, wie alt er ist — an jedem neuen Morgen seine Wiedergeburt feiern und sich als ein neuer Mensch erheben, der mit dem Mann oder der Frau von gestern nur die guten Eigenschaften und Errungenschaften gemein hat. Die Erhaltung der jugendlichen Schwungkraft ist eine Frage der *rechten Einstellung.*

Die meisten stellen sich unbewußt falsch ein: sie denken zuviel an ihr Älterwerden — und spüren darum die Jahre. Sie halten das Alter für eine Zeit des Abstiegs — und fördern dadurch den Verfall des Leibes, der Schönheit und der Kräfte. Sie sorgen und grämen sich wegen des Alters — und mehren damit die Runzeln, die grauen Haare und die Beschwerden des Alters. Sie fürchten das nahe Ende — und vergällen sich damit die Freuden des Daseins und verkürzen ihr Leben.

Richtig denken heißt: in der Gegenwart leben; den Daseinsabschnitt, in dem man steht, als den schönsten und bedeutsamsten des ganzen Lebens erkennen; sich selbst und die Aufgabe, der man lebt, bejahen; für alles, was der Tag bringt, wach und aufgeschlossen sein; und sich allem, was man tut, mit Liebe und Begeisterung hingeben!

An dem, der so denkt und lebt, gehen die Jahre spurlos vorüber. Weil er lebendig ist, verhindert er Erstarrung und Verkalkung. Weil er innerlich nicht altert, bleibt er auch äußerlich jung.

Weil er den Mut hat, sich um Alter und Tod nicht zu bekümmern, sondern schöpferisch tätig und ein Segen für andere zu sein, sorgt der Geist des Lebens für seine Erhaltung und schenkt ihm im Alter Beglückungen und Einsichten, die kein anderer Lebensabschnitt dem Menschen zu geben vermag.

70 GESETZ DES AUSGLEICHS

In einer Versammlung von 70jährigen und älteren Kameraden klagte ein Verdrießlicher: „Was mir das Alter verbittert, ist die Kürze des Daseins, die ich besonders stark empfinde, weil mir die Fehler, die ich machte, und die Nöte, Sorgen und Ärgernisse des Lebens keine Zeit ließen, es je zu genießen."

Der Älteste unter den Anwesenden, der am jüngsten aussah, wandte sich ihm zu und meinte lächelnd: „Du übersiehst das Beste — das allem Lebendigen innewohnende Gesetz des Ausgleichs, das jedem hilft, im Gleichgewicht zu bleiben und das Ziel seines Lebens zu erreichen."

Wo Schatten ist — fuhr er fort —, ist immer auch Licht. Eines wäre nicht erfahrbar ohne des anderen Gegenwart. Alles Leben bewegt sich zwischen Gegensätzen. Der Tiefe des Wellentals entspricht die Höhe des folgenden Wellenkamms. Jede Tendenz oder Kraft läßt auf das Dasein ihrer Gegenkraft schließen. Den Fehlern, die Du begingst, stehen entsprechende Tugenden gegenüber, die Du durch Bejahung entfalten kannst.

Keiner ist gut *oder* schlecht; jeder ist *beides* in wechselndem Verhältnis. In jedem ist Dunkles und Lichtes, ein Teufel und ein Engel. Und es hängt von uns ab, wessen Kräfte wir durch Bejahung zum Wirken bringen.

Auf Grund des Ausgleichsgesetzes bist Du nicht nur, was Du zu sein glaubst oder scheinst, sondern auch das Gegenteil davon. Und ebenso alle Dinge und Erfahrungen. Es liegt bei Dir, aus dieser Erkenntnis das Bestmögliche zu machen. Du bist ‚kein ausgeklügelt Buch, sondern ein Mensch mit seinem Widerspruch', mit seinen Gegensätzen *und* mit seinem Streben nach dem Gleichgewicht innen wie außen.

Das ist so, weil Du, wie jeder, in Dir den *besseren Menschen* trägst, der Dein eigentliches Selbst ausmacht.

‚An diesem inneren Sein, nicht an dem veränderlichen Außen, muß man hängen', wie *Humboldt* sagt, damit die positiven Kräfte des Innern die negativen Einflüsse von außen ausgleichen und aufheben.

In dieser Einsicht liegt nicht nur Trost und Kraft; sie macht von Jahr zu Jahr gelassener. Und mit der Gelassenheit wächst die *Fähigkeit bewußten Ausgleichs* und damit die Lebensüberlegenheit.

Gerade das Alter mit seiner Tendenz zur Besinnlichkeit ist die beste Zeit, Dich hierauf zu besinnen und Dir das Gesetz des Ausgleichs dienen zu lassen, indem Du durch beharrliche Bejahung das Positive in Dir und um Dich lebendig machst. Dann wird Dein Leben ständig größer, fruchtbarer und reicher. Bejahe die Notwendigkeit der Gegensätze als gottgewolltes Mittel zu Deinem Wachstum und Reifwerden!

Erkenne, daß *alles gut* oder *zu etwas gut* ist und Deinem Besten dienen muß! Alle großen Alten haben sich zu dieser Einsicht durchgerungen und raten mit Goethe: *„Hast Du es so lange wie ich getrieben, versuche wie ich das Leben zu lieben!" Dann lernst Du, das Gleichgewicht, also die Mitte zu halten und Haltung zu bewahren, weil Du den inneren Halt gefunden hast — den einzigen, den es in dieser Welt ewigen Wechsels gibt.*

GEHEIMNIS DER KRAFT

Der beliebte nordamerikanische Dialekt-Dichter *Charles Godfrey Leland* (1824—1903) berichtet in seinem Buch „Your Will-Power" (Deine Willenskraft) über eine entscheidende Erfahrung, die er in seinem *70.* Lebensjahr machte:

„Mir ging auf, daß, wenn Autosuggestionen und Bejahungen das Leben erleichtern, sie mir auch zu wachsenden schriftstellerischen und sonstigen Leistungen bei abnehmender Ermüdbarkeit verhelfen könnten. Von da an pflegte ich abends und morgens den leichten Beginn und die Mühelosigkeit meiner Tagesarbeit sowie die Zunahme meiner schöpferischen Kraft zu bejahen. Ich habe dadurch erreicht, *daß ich mich seitdem immer weniger anstrengen mußte und dabei doch immer mehr und Besseres leistete als in den vorangegangenen Jahrzehnten.*"

Was Leland, der fast 80 Jahre alt wurde, mit Erfolg erprobte, war das schon von *Emerson* erkannte *Gesetz der inneren Kraft*, demzufolge der Lebenskraftstrom mit dem Aufhören des Schaffens, dem „Zurruhesetzen", nachläßt und bald versiegt, hingegen beim Regehalten des Geistes und zielstrebigen Weiterschaffen *ständig stärker fließt.*

Wie eine stillstehende Maschine Rost ansetzt und an Wert verliert, so entwickelt sich ein Mensch, der stillsteht und sich geistig „zur Ruhe setzt", rückwärts und stirbt ab, während er, wenn er beharrlich weiter vorwärts strebt, vorankommt und ein entsprechend höheres Alter erreicht.

Wer dies Geheimnis der Kraft kennt und nach dieser Erkenntnis handelt, der hat damit zugleich einen Schlüssel in der Hand zum Gesund- und Rüstigbleiben und zu einem hohen Alter.

Erfreulicherweise wird diese Wahrheit in unserer Zeit in wachsendem Maße erkannt und beachtet.

Von dem jahrzehntelang unverändert beliebten französischen Chansonsänger *Maurice Chevalier* stammt der elegische Ausspruch: „Wenn man *70* ist, ißt man besser, schläft tiefer und fühlt sich frischer als mit 30. Es ist doch offenbar gesunder, eine Frau im Kopf zu haben als im Arm.“

Daß auch der entgegengesetzte Standpunkt seine Berechtigung hat, bewies der große expressionistische Maler *Christian Rohlfs* (1849—1938), der mit 70 Jahren heiratete und von da an bis zum *90.* Lebensjahr seine bedeutendsten Bildwerke schuf: Landschafts- und Blumenbilder von traumhaft-visionärer Zartheit und zugleich farbig leuchtender Expressivität.

Wenn diese beiden so verschiedenen Menschen — und viele andere gleich ihnen — sich mit 70 frischer als mit 30 fühlen, so ist das weder eine Frage der Libido noch vom Maß der vorhandenen Lebenskraft abhängig, sondern eine Frage und Folge der geistigen Haltung, der *Wachheit der psychischen Energie.*

Beide, Chevalier wie Rohlfs, gehören zu jenen Menschen, die in der entscheidenden Übergangszeit zur zweiten Leistungs- und Reifungswelle geistig beweglich und aktiv blieben, sich eben darum mit 70 wacher und leistungsfähiger als in den mittleren Lebensjahren fühlen und — wie Rohlfs — bis ans Ende produktiv, werteschaffend tätig bleiben.

Daß dieses Ideal des Aktivbleibens bis zuletzt allgemein, also praktisch von jedem erreichbar ist, zeigt gerade die endlose Reihe der bedeutenden Altersleistungen, die in einer Lebensperiode entstanden, die heute noch weithin als Zeit des Stillstands und „Wartestands“, des Abstiegs und Verfalls gewertet wird, obwohl sie, psychobiologisch gesehen, eine *Epoche der Verinnerlichung, Neuwerdung und Entfaltung neuer schöpferischer Vermögen ist.*

Viele Vorurteile, die heute noch dem Alter und dem älteren Menschen entgegengebracht werden, sind noch abzubauen, bevor Sinn und Vorgang der *periodischen Erneuerung* und Entfaltung der Tiefenkräfte im Zusammenhang mit der in Wellen fortschreitenden Selbstdisziplinierung, Persönlichkeitsreifung und Aktivierung der psychischen Energie recht gewertet werden können.

Die moderne Psychodynamik sieht den Menschen mit Recht *vom Geiste her* bestimmt: von seinem innersten Wesenskern, dessen schöpferische Kräfte durch rechtes Denken und bewußt positives Verhalten und Tun mehr oder minder stark aktiviert werden und zugleich Zustand und Befinden, Leistungskraft und Lebensdauer des Körpers mit bestimmen.

WIRKEN HEISST DAUERN

An einem Volkshochschulabend fragte ich einen bekannten Schriftsteller, der sich als *70*jähriger durch vielseitige Produktivität auszeichnet, nach den Gründen seiner Leistungsfähigkeit. Hier ist seine Antwort:

„Als 40jähriger hörte ich einmal einen Vortrag von Professor *Erich Stern* über die Anfänge des Alterns. Dabei blieb mir seine Feststellung unvergeßlich, daß ‚der Mensch mit 30 seinen Höhepunkt erreicht habe. Auch die geistigen Kräfte, vor allem die Phantasie, lassen um die Mitte der 30 nach‘, erklärte er unter Berufung auf den Physiologen *Johannes Müller*, der seine Vorlesungen mit den Worten beschloß: ,Von den geistigen Fähigkeiten ist die Phantasie als die schaffende Kraft die Quelle aller Kunst, die aber mit 30 zu fließen aufhört. Darum, wenn Sie Gedichte machen wollen, beeilen Sie sich!'

Ich mußte lachen, denn ich fühlte mich damals, mit 40, gerade am Beginn meiner literarischen Laufbahn. Und da ich Aufgaben vor mir sah, die mich jahrzehntelang in Anspruch nehmen würden, lösten Sterns pessimistische Thesen in mir die Haltung des ,*Jetzt erst recht!*' aus, die mich seitdem leitete und weiterhin begleiten wird."

Ich bemerkte dazu, daß zweifellos zu viel vom *Altsein als Übel* und zu wenig vom *Jungsein als einem inneren Zustand* gesprochen werde.

„So ist es", antwortete er. „Darum möchte ich Platos Satz: ,Große und anhaltende Arbeit ist Sache der Jugend' dahin ergänzen, daß eine große und anhaltende Arbeit *die Jugend erhält. Wirken heißt dauern.* Solange man an ein Werk hingegeben ist, nehmen die geistigen Kräfte nicht ab, sondern zu.

Das ist die Erfahrung aller, die ihr Lebenswerk bis ans Ende jung bleiben und über sich selbst hinauswachsen ließ. Unter *Jungsein* verstehe ich: nie stille stehen, nie fertig sein. Ein Werdender, ein immerfort Wachsender und Weiterschreitender bleibt zeitlebens jung.

Zusammengefaßt heißt Jungsein: immer hinzulernen, immer wieder Neues versuchen, manchmal auch irren, doch immer hoffen und vertrauen und auf den rechten Weg zurückfinden.

Glauben Sie dem Erfahrenen: *Wer innerlich jung ist, der bleibt es bis zum letzten Atemzug.* Denn Jugend ist keine Frage der Jahre oder des Aussehens, sondern eine innere Haltung."

DER BAUM DES LEBENS

„Wir zählen die Jahre eines Menschen erst, wenn er sonst nichts aufweist, was des Zählens wert ist", sagt Emerson.

Wer geistig rastet und rostet, spürt die Jahre als wachsende Last, die ihn vor der Zeit zu Boden drückt und unter den Boden bringt. Ebenso gilt das Gegenteil: Wer geistig aktiv bleibt und immer auf ein Ziel, ein Glück, einen Fortschritt und Erfolg hinsteuert, der kommt nicht dazu, die Jahre zu zählen, die infolgedessen fast spurlos an ihm vorübergehen.

Das meinte der italienische Diplomat Graf *Creppo*, der 1923 mit 103 Jahren starb und es als *70*jähriger für abwegig erklärte, mit 70 oder 80 Jahren seine Kräfte zu sparen und zu schonen und auf den Tod zu warten. Der Baum des Lebens wächst, solange er Blüten trägt, solange Geist und Lebenswille streben und wirken.

Der gleichen Haltung gab im gleichen Alter der Dichter *Johann Georg Fischer* (1816—1897) Ausdruck:

„Redet mir nicht von 70 Jahren,
Redet mir nicht von Kräftesparen!
Der eine vertut's und hat's doch immer,
Der andere spart's und hat's doch nimmer.
Hab' ich die 70 nun erklommen,
Und Gott erhält mir in alten Gnaden
Die Lust an seiner Wälder Pfaden,
Den fröhlichen Blick zwischen Licht und Wahn
Und liebe Menschen zugetan,
Wohlan, so mögen auch 80 kommen!"

Das ist die rechte Haltung, daß, so wie der Baum seine *Jahresringe* ansetzt, die von seinem Wachstum künden, wir uns der *geistigen Wachstumsringe* bewußt bleiben, die davon zeugen, daß wir von Jahrzehnt zu Jahrzehnt *stärker* statt schwächer werden — stärker als das Schicksal, stärker als das Vergehen — und darum ständig blühender und reicher werden, überlegener und gelassener.

DER GESCHLOSSENE KREIS

„*Schmäht mir das Alter nicht!*" schrieb eine bekannte Journalistin zu ihrem *70.* Geburtstag in einer großen Tageszeitung. Sie bekannte, daß sie zu denen gehöre, die „diesen letzten Abschnitt ihres Lebens ganz besonders genießen. Und es gäbe noch viel mehr Menschen, die so handeln und im Alter immer glücklicher würden, wenn nicht die falsche Meinung so weit verbreitet wäre, daß das Altsein etwas Unerfreuliches sei, daß man sauer dreinblicken, auf alle seine Wehwehchen sorgsam achtgeben und sich im übrigen ausgeschaltet fühlen müsse".

Diese Frau gehört zu denen, die das Alter richtig sehen: als die Zeit, in der sich *der Kreis des Lebens vollendet*, in der man dafür sorgen muß und kann, daß man nicht mit leeren Händen von dannen geht und, was schlimmer ist, mit leerem Herzen, sondern mit einer *reichen Lebensernte*. Sie weiß, daß in Wirklichkeit nichts von dem, was man im Lauf des Lebens an Erkenntnissen gewann, an guten Gedanken in sich aufnahm, an wertvollen Charakterzügen erwarb, nichts von dem, was man je Gutes dachte, erstrebte und wirkte, verloren geht, daß es vielmehr zu einem Schatz anwächst, den „weder Motten noch Rost fressen" und der einen in alle Ewigkeit begleitet.

Weise handelt, wer die Zeit, die Gott ihm noch schenkt, willig und bewußt dazu benützt, *diesen Schatz zu mehren*, indem er überall das Gute sieht, jederzeit willig sein Bestes gibt und danach trachtet, recht viel Segen zu stiften.

Wer so handelt, der erfährt beglückt, *daß seine Hände um so voller werden, je mehr er gibt, weil der, der mit seinen Gaben sich selbst verschenkt, aus einer Quelle schöpft, die nie versiegt.*

Mit jeder Gabe wächst der Schatz, der über Tag und Tod hinaus Bestand hat: seine Liebe, sein Geist und alle seine guten Gedanken und Werke, die, wenn sich der Kreis seines Daseins schließt, ihn als sein ewiger Besitz unverlierbar ins größere Leben geleiten und begleiten.

72 FRÜHLING IM HERBST

In einem Verein berichtet der Leiter des Landesverbands über die geleistete Arbeit, wobei der 72jährige mit einer jugendfrischen Begeisterung und Gefühlswärme sprach, die alle Zuhörer mitriß und zu Beifallsstürmen veranlaßte.

Befragt, woher er, im Herbst des Lebens stehend, diese frühlingshafte Impulsivität gewinne, antwortete er: „Recht besehen, schöpfe ich aus zwei Quellen: erstens aus der Freude an meiner Aufgabe, die mich seit dem Ausscheiden aus dem Beruf noch stärker erfüllt und keine Langeweile aufkommen läßt; zweitens aus der *alljährlichen Verjüngungswelle des Frühlings*, die mich mit unerschöpflichen Energien versorgt."

Auf weiteres Befragen nach dieser zweiten Kraftquelle gab er folgende Erklärung:

„Mit dem Aufstieg der Sonne, mit dem kosmischen Rhythmus des Frühlings erfahren auch die strahlenden und erneuernden Kräfte in unserem Körper, der ja ein Kind der Sonne ist, eine Steigerung, soweit wir uns ihnen bewußt hingeben und von ihnen willig regenerieren lassen

Wie die stärkeren Sonnenstrahlen in den Pflanzen die Säfte aufsteigen läßt, so erneuern sie auch den Zellenstaat unseres Körpers — und zwar *in jedem Lebensalter:* tote Zellen werden abgestoßen und um so spürbarer durch junge Zellen ersetzt, je williger wir uns neuen Lebensimpulsen und dem Neuwerden von innen her überlassen, etwa, indem wir uns abends frühzeitiger der größeren Müdigkeit im Frühjahr hingeben und tagsüber viel Sonne (etwa in kurzen mittäglichen Sonnenbädern) in uns aufnehmen und uns dabei entsprechend sonnig stimmen.

Je älter ich werde, desto bewußter und entspannter atme und sauge ich die erneuernden Kräfte der Frühlingssonne in mich ein, um das ganze Jahr hindurch von ihnen zu zehren. Es ist erstaunlich, wie verjüngend solche Frühlingssonnenkraft-Absorption wirkt, wie die Lebenskräfte mit jedem Jahre stärker erwachen, knospen und blühen.

Indem ich so jeden neuen Frühling in der Natur mit innerer Freudigkeit der eigenen Erneuerung dienstbar mache, erlebe ich von Jahr zu Jahr stärker den *Frühling im Herbst des Lebens*, und ich kann allen Altersgenossen, aber auch den Jüngeren nur raten, es ebenso zu machen und die gewonnenen Kräfte neuen Lebens immer freudiger in den Dienst großer Aufgaben zu stellen, um jahrzehntelang jung, gesund und leistungsstark zu bleiben."

75 DU BIST, WAS DU DENKST

Ein bekannter Vortragsredner, der mit *75* Jahren weiterhin die Welt bereist, die Schönheiten fremder Länder mit Auge und Kamera und die Weisheiten anderer Völker mit den Ohren aufnimmt und festhält und zwischendurch von Ort zu Ort in Vorträgen begeistert über seine Reiseerlebnisse berichtet und seine Worte durch Lichtbilder illustriert, wurde nach dem Vortrag von einem Hörer befragt, was er eigentlich tue, um seine staunenswerte Jugendlichkeit zu erhalten.

Er lächelte den Frager, der, obwohl zehn Jahre jünger, zehn Jahre älter aussah als der Redner, mit strahlenden Augen an und meinte: „Ich folge seit je dem Rat *Ruskins: „Mache Dich zu einer Herberge schöner Gedanken, dann geht die Zeit mit ihren Sorgen und Widerwärtigkeiten spurlos an Dir vorbei!*“ Ich habe erfahren, daß der Mensch das *wird* und *ist*, was er *denkt*, weshalb ich mein Gemüt täglich mit neuen, frohen, Jugend und Kraft bejahenden Gedanken erfülle. Das ist alles.“

„... Als wenn das so leicht wäre!“ wandte der andere ein. „Um so zu denken, bin ich *zu alt!*“

„Aber durchaus nicht! Nur dieser abwegige Gedanke ‚zu alt!‘ hindert Sie, sich so jung, frisch und leistungsfroh zu fühlen, wie Sie sich wünschen!

Statt so zu denken, sollten Sie die Gegenfrage stellen: Zu alt *wozu*? und sich besinnen: Zu alt zum Schaffen? Nein, denn meine Schaffenskraft ist ungebrochen. Oder um neue Erfolge zu erreichen? Nein, denn Erfolg ist eine Frage der Einstellung, nicht des Alters. Oder zu alt, um neue Kräfte in mir zu wekken? Nein, denn alle Kräfte des Geistes, der ewig jung ist, stehen mir zur Verfügung. Oder zu alt, um neue Aufgaben zu übernehmen? Keineswegs, denn mit der Aufgabe wächst, wenn man nicht aufgibt, die Kraft und die Leistung. Oder um glücklicher zu werden als bisher? Nein, denn Glück kommt von innen und ist eine Folge rechter Einstellung.

Also stelle ich mich richtig ein, vertraue dem Geist in mir, der lebendig macht und auch meinen Körper mit neuer Lebenskraft erfüllt.

Das nenne ich: richtig denken und natürlich leben. Alles andere ist unnatürlich. Denken Sie weniger an Ihren Körper und bewußter und zuversichtlicher an den Geist in Ihnen, dann wird er Sie mit seiner zeitlosen Jugendlichkeit, Lebendigkeit und Kraft erfüllen! Und dann werden Sie bald so aussehen und sich so jung und unternehmungsfreudig fühlen wie ich!"

Der Redner hat Recht: Die Schranke, die den Menschen hindert, so zu sein, wie er sich wünscht, ist die des negativen Denkens, des Sich-‚*zu-alt*'-Fühlens. Also weg damit! Denn was Du denkst, das wirst Du!

SONNE AUS WINTERWOLKEN

Bei der Feier seines *75.* Geburtstages bekannte ein englischer Wirtschaftsführer, dessen geistige und körperliche Spannkraft allgemein bewundert wird:

„Man wertet heute die *Kunst, älter, aber nicht alt zu werden*, mit Recht höher als die von unseren Vorfahren gelehrte Pflicht, mit Anstand zu altern. Und ich freue mich, zu sehen, wie viele große Politiker und Wirtschaftsführer, Gelehrte und Geistliche, Erfinder und Techniker heute diese Kunst meistern — nicht zu vergessen die Staatsmänner, die die Wahrheit des Cicero-Wortes beweisen: ‚Vernunft und Weisheit reifen erst im Alter, und hätte es nie Greise gegeben, so hätte es auch nie Staaten gegeben.‘ Denn die Alten, die sich jung und *rüstig* zu erhalten wußten, waren seit je und sind auch heute das *Gerüst* der menschlichen Gesellschaft und der Staaten.

Gleich ihnen sehe ich das Leben mit jungen Augen, mit heißem Herzen und einem Willen, der das Dasein und das Schaffen im Dienste des Ganzen freudig bejaht und sich von seiner Aufgabe über die Zeit und ihre Gebrechen hinwegtragen läßt.

Nur der altert, dessen Geist erstarrt und sich, träge geworden, zur Ruhe setzt. Wo aber der Geist tätig und der Blick auf die Zukunft gerichtet ist, da ist kein Stillstand, sondern Fortschritt, kein Altern, sondern Jugendfrische und Tatkraft auch bei grauen Haaren. Sonne bleibt Sonne — ob sie nun im Frühling scheint, im Sommer oder durch Winterwolken bricht!“

Seine Worte erinnern an einen Ausspruch *Schopenhauers*, der in seinem Hauptwerk („Die Welt als Wille und Vorstellung“, II, 2, 19) sagt: „Sanftmut, Geduld, Redlichkeit, Wahrhaftigkeit, Uneigennützigkeit, Menschenfreundlichkeit usw. erhalten sich durch das ganze Leben und gehen nicht durch Altersschwäche verloren; in jedem hellen Augenblick des Greises treten sie unvermindert hervor, wie die Sonne aus Winterwolken.“

Gleiches gilt von allen Kräften des Charakters und der Seele, die nicht nur von den Wandlungen des Körpers unberührt bleiben, sondern diese Wandlungen ihrerseits aufhalten und auf lange Zeit zum Stillstand bringen können. Die großen Alten beweisen es täglich aufs neue, wie sehr der Geist den Körper zu beherrschen, zu bestimmen und zu verjüngen vermag.

Und zum Glück ist es nie zu spät, sich von dieser Einsicht leiten und — erneuern zu lassen.

VOM GLÜCKBRINGENDEN JASAGEN

Vor einiger Zeit war ich Ohrenzeuge eines Gesprächs in der Eisenbahn. Einige offensichtlich sehr erfolgreiche, aber müde und verbraucht aussehende Herren unterhielten sich mit einem weißhaarigen Mann, der so jugendlich wirkte, daß er mir wie eine Sonne unter erkalteten Planeten vorkam.

In den Mienen der Herren las ich Skepsis und Angst vor dem Altern, während der Weißhaarige, der, wie ich vorher gehört hatte, „*erst 75*" sei, gerade bemerkte: „Ich will Ihnen gern verraten, was mich jung erhielt: es war ein Wort des Predigers *Salomo*: Gedenke an deinen Schöpfer in deiner Jugend, ehe denn die bösen Tage kommen und die Jahre hinzutreten, von denen es heißt: *sie gefallen uns nicht*. Daraus habe ich zweierlei für mein ganzes Leben gewonnen: das Vertrauen zur Führung von oben und — als Folge davon — die Gewohnheit des Jasagens zu allem, was kommt."

Ich hatte den Eindruck, als wären diese Worte bei den Herren nicht recht angekommen, während sie mir wie durch einen Blitz eines der tiefsten Geheimnisse des *Jungbleibens bis zum Tode* enthüllten: Wer zu allem, was ihn trifft, zu den Jahren wie zum Leben die Einstellung hat: „*Es gefällt mir nicht*", der altert vor der Zeit. Wer hingegen zu allem freudig *Ja sagt*, weil es gottgewollt und darum für ihn am besten ist, der verwandelt alles in Quellen des Glücks und des Jungbleibens.

Wenn eine bekannte Schauspielerin nach ihrem Come back bekannte: „Ich kann nicht alt werden, denn ich liebe meine Kunst, ich liebe das Leben", so gibt sie der gleichen Wahrheit Ausdruck. Man ist nicht so alt, wie man aussieht oder sich fühlt, sondern wie man sich *macht*; und die meisten machen sich alt (und krank) durch ständiges Ärgern und Abwehren, Fürchten und Neiden, Grämen und Sorgen, mit einem Wort: durch *Neinsagen*. Wer hingegen mit kindlichem Vertrauen alles, was kommt, willkommen heißt, in allem, was ihn trifft, etwas Treffliches und Gutes sieht, alles liebt und zu allem *Ja sagt*, der kann nicht altern, sondern erlebt, daß, wie Elihu zu Hiob sagte, „sein Fleisch wieder grünt wie in der Jugend und er von neuem jung wird."

Einer, der dies erkannte und lehrte, war *Johannes Müller: „Das Geheimnis ewiger Jugend liegt im Ja!* Darum gibt es Greise, die werden immer freundlicher, klarer, lichter, geduldiger. Wenn sie scheiden, ist's, als ob eine Sonne von freundlichem Glanze unterginge für ein Haus, für eine weite Umgebung. In denen ist das Ja zum Siege gekommen, schon lange; und es entfaltete sich immer köstlicher und verschlang den Schutt des Nein."

Zum Glück kann jeder von uns dahin gelangen: er braucht nur dem Geist des Lebens zu vertrauen und sich daran zu gewöhnen, immer seltener Nein und immer häufiger Ja zu sagen und das Leben zu lieben. *Dann erlebt er, von innen her, eine zweite Jugend, und der frische Lebensmut und das Bewußtsein ewigen Geborgenseins wird ihn nicht mehr verlassen.*

77 DIE GROSSE VERANTWORTUNG

Ein reicher Industrieller, der trotz seiner 77 Jahre die Führung seines Unternehmens fest in der Hand hält und von Mitarbeitern wie Geschäftsfreunden fast wie ein Vater verehrt wird, antwortete mir auf die kecke Frage, worin eigentlich die *Würde des Alters* bestehe, die zuweilen eine bis zur Ehrfurcht gesteigerte Achtung auslöse, nach einem Blick, der ihm gezeigt haben mochte, wie ernst es mir mit dieser Frage war, bedächtig:

„Schiller sieht in der *Würde* den Ausdruck einer *erhabenen Gesinnung*. Aber das trifft noch nicht den Kern. Hinter der rechten Gesinnung steht ein Größeres: das *Bewußtsein einer weltweiten Verantwortung*, die gerade wir Alten zu tragen haben."

„Verantwortung?" fragte ich zurück, worauf er seine Bemerkung erläuterte:

„Ich meine jene Verantwortung für die Ordnung und das Gleichgewicht der Welt, von der ein Philosoph sagt, daß ‚die Alten und Weisen sie zu tragen hätten. Sie müßten den Erkenntnissen und Taten, den Entdeckungen und Neuerungen der jungen Menschen als die Älteren, Weiseren und Weiterblickenden die Grunderkenntnis von der Ewigkeit und Gültigkeit der letzten Dinge und der unzerstörbaren Harmonie der Welt entgegenstellen. In ihnen müsse die letztlich tief in der Welt steckende Harmonie Gestalt gewinnen. Durch sie müsse ein Strom von Ruhe, Gelassenheit und Harmonie in diese unruhige, unharmonische und zerrissene Welt einströmen. Um die ruhige, stetige und wärmende Flamme eines würdevollen Alters müßten sich ab und zu die Jungen sammeln und sich in ihrem Licht besinnen und stärken können', wenn die Welt ein Kosmos bleiben und nicht zum Chaos werden soll.

Das haben" — schloß er — „die Menschen des Ostens klarer erkannt als die des Westens: sie bejahen im Rat des Alters die Stimme des Lebens, der jeder zu seinem Besten folgt. Mit Recht, denn im Alter gehen, wie Goethe erkannte, dem gesammelten Geiste Gedanken auf, Einsichten, die als Geschenke der Ewigkeit jene fördern, die sie beachten. *So ist auch die Würde und Verantwortung des Alters ein Geschenk der Ewigkeit und zugleich Verheißung eines Größeren, das auf uns wartet*".

80 ÄLTER WERDEN HEISST ECHTER WERDEN

Auf einer *Achtziger-Feier* gab ein vergnügter Alter auf die Frage eines Rundfunkreporters, zu welcher Erkenntnis über Welt und Leben er gelangt sei, die halb ironische, halb humorvolle Antwort: „Die meisten Menschen sind mit Unvernunft begabte Tiere. Nur einige gewinnen im Alter jene *Weisheit*, die nichts ist als das Wissen um die Dummheiten, deren man fähig ist, und jene *Gelassenheit*, die das Dummheitenmachen — den anderen überläßt. Nehmen Sie diese Worte bitte nicht krumm, sondern lächeln Sie darüber. Denn am Lächeln erkennt man — den Weisen."

Der Reporter lächelte etwas verlegen und richtete dann die gleiche Frage an einen anderen Alterskameraden, dessen besinnliche Antwort allen Zuhörern echte Freude bereitete.

Der 80jährige sprach von den Geschehnissen der verflossenen Jahrzehnte in Kultur und Technik, Wirtschaft und Politik und gab dann seiner Freude und seinem Dank an die Vorsehung Ausdruck für das *Geschenk des langen Lebens* und der Rüstigkeit im hohen Alter.

Und dann ließ er eine tiefe Wahrheit aufleuchten, als er das *Älterwerden* ein *Echterwerden* nannte, eine fortschreitende Abwendung vom Unwesentlichen und Vergänglichen und Hinwendung zum Wesentlichen und Ewigen, einen Prozeß der Verinnerlichung und Vergeistigung.

Im Blick hierauf hätten die ‚Altersjubilare' das Recht, wirklich zu jubilieren — nicht äußerlich, sondern mehr innerlich, weil sie nicht nur dankbar rückwärts, sondern auch zuversichtlich vorwärts blicken dürften auf das *größere Leben*, das ihrer warte und für das sie immer reifer würden.

Zweifellos war dieser Mann zur tieferen Weisheit gelangt — *zu jener Weisheit, die das Zeitliche dem Ewigen verbindet und das Vergängliche von dort her verklärt und verwesentlicht*. Denn Höheres kann der Mensch im Leben nicht gewinnen.

WIE DIE SONNENUHR

Eine *80*jährige Politikerin gab auf die Frage, welchen Umständen sie ihre jugendliche Elastizität und geistige Beweglichkeit zuschreibe, die aufschlußreiche Antwort:

„Ich habe es stets mit der Sonnenuhr gehalten, die heiteren Stunden festgehalten und die dunklen nicht beachtet. Ich habe eingesehen, daß man klug tut, Unerfreuliches zu übersehen, Unangenehmes zu vergessen und nur das Schöne und Beglückende im Bewußtsein zu bewahren."

In der Tat bestimmt die *Blickrichtung* die Lebensrichtung und den Körperzustand weit mehr, als die meisten ahnen. Je düsterer einer das Leben sieht, desto schwerer und ärmer wird es. Die Menschen hingegen, die sich auf der Sonnenseite des Lebens sehen, sich ein heiteres Gemüt bewahren, für alles Gute und Schöne aufgeschlossen sind und *mit* dem Leben gehen, haben die beste Aussicht, doppelt so lang und gut zu leben wie jene, die überall Mängel und Mißstände sehen, sich neuen Gedanken verschließen und geistig stillstehen.

Keiner kann lange jung bleiben, der zu wachsen aufhört. Und keiner wächst weiter, der nicht mehr freudig am Leben teilnimmt.

Vorzeitig alt zu werden, ist leicht: man braucht nur das Altwerden zu fürchten, zu erwarten, zu fühlen, das Leben zu verneinen und oft an das Ende zu denken.

Genau so leicht aber ist es, jung zu bleiben und lange zu leben: man braucht nur das Leben zu lieben, sich jung zu fühlen und froh sein ständiges Wachstum und die Zunahme seiner Kräfte und Fähigkeiten zu bejahen.

Beide bedienen sich des gleichen Gesetzes, nach welchem der Mensch das wird und erreicht, was er vorwiegend fühlt und denkt.

TAGESLAUF UND LEBENSLAUF

Wie sehr ein sonniges Alter selbstverdient, also kein Geschenk eines launischen Schicksals ist, machte mir ein Lebenskünstler bewußt, der mit *80* mitten im frohen Schaffen heimging. Sein Motto war ebenso kurz wie weisheitsvoll: *Wie der Tag, so ist das Leben!* Er folgte Grillparzers Stammbuchvers: „Heute sorgt ihr euch ums Morgen, morgen um die Ewigkeit ... Ich will heut für *heute* sorgen; morgen ist für morgen Zeit." Gleiches riet Horaz: „Genieße froh das Heute, sei nicht des Morgen Beute; nimm jeden Tag als gut, dann wächst Dir Kraft und Mut."

Indem er bewußt aus jedem Tag das Beste machte, legte er den soliden Grund für ein gleich gutes Morgen und insgesamt für ein langes, reiches und gesundes Leben.

Man kann aus der Art, wie einer seinen Tag bis zum Abend verbringt, zuverlässige Schlüsse ziehen, wie sein Leben und sein Lebensabend aussehen werden: durchlebt er den Tag ohne Sorge, ist ihm ein von vorzeitig alt und krank machender Sorgsucht freies Leben gewiß. Hetzt er durch den Tag, wird er vom Leben wie vom Alter wenig haben. Nur wer den Tag meistert, wird sich auch als Lebensmeister erweisen.

Wer sich gewöhnt, tagsüber allem die beste Seite abzugewinnen, zuerst das Gute zu sehen, stets das Beste zu erwarten und bewußt sein Bestes zu geben, der darf ein erfolgreiches Leben und ein sonniges Alter erwarten. Wer tagsüber von früh bis spät etwas vorhat und freudig schafft, wird im Alter viele Liebhabereien haben und weisheitsvoll leben, und die Dinge werden ihm sichtbar entgegenkommen ...

So hat jeder sein Leben und sein Alter in der Hand: hier und jetzt — durch die Art, wie er den *heutigen Tag* verbringt, dessen Ablauf eine Vorwegnahme und ein prophetisches Bild seines Lebenslaufs ist.

Zu dieser Vorausbestimmung des Alters ist es nie zu spät; denn was heute nicht gelang, wird bei ehrlichem Mühen morgen schon besser und übermorgen noch leichter von der Hand gehen: auch das bildet eine besonnte Zukunft vor, die im Alter zu froher Gegenwart wird.

Je mehr einer sich gewöhnt, den ganzen Tag im Geiste Coué's zu verbringen: „Es geht mir in jeder Hinsicht immer besser und besser" und den Tag am Abend harmonisch ab- und ausklingen zu lassen, sich vorm Einschlafen selbstbesinnend seines Beschütztseins von innen her und seiner Geborgenheit im Lebensganzen bewußt zu werden, desto sichtbarer werden seine höheren Lebensjahre vom Licht der Ewigkeit durchstrahlt und zum beglückendsten Abschnitt seines Daseins werden.

WORTE EWIGEN LEBENS

Ein Geistlicher, der mit *80* aussieht, wirkt und predigt wie ein 40jähriger, wurde nach den Umständen gefragt, denen er die erstaunliche Spannkraft seines Geistes und Körpers verdanke.

Seine Antwort war ein Hinweis auf die Bibel: „Suchet in der Schrift; dort findet ihr *Worte ewigen Lebens*. Heißt es nicht: ‚Ich bin gekommen, damit ihr das *Leben* habet, und habet es *in Fülle*'? Ist dem Menschen, in dem der Geist Gottes lebt, nicht die Rückkehr zu den Tagen der Jugend und ein hohes Alter verheißen? Wer mehr Gesundheit und Kraft und ein langes Leben ersehnt, die Fähigkeit, die Fülle des Lebens auszuschöpfen, der braucht nur den 103. Psalm zu beherzigen: ‚Lobe den Herrn, meine Seele, und vergiß nicht, was er dir Gutes getan ... Der deinen Mund fröhlich macht, *und du wieder jung wirst wie ein Adler.*'

Der Adler, der als Sinnbild der Gottesmacht, des Adels und der Stärke gilt, kann 200 Jahre alt werden. Vielleicht ist es sein täglicher Flug in die Sonne, seine Erhebung über die Schwerkraft der Erde, die sein langes Jungsein bewirkt. Gleich ihm erhebe ich mich allmorgendlich im Gebet über die Nebelregion des Alltags zu den Höhen der Gottheit.

Wer das nicht kann, der sollte wenigstens jeden neuen Morgen in diesem Geiste dankbar willkommen heißen und, wenn die Sonne aufgeht, Herz und Hände himmelwärts wenden, die Kraft aus der Höhe in sich einströmen lassen und sich dann, von innen her erneuert und beschwingt, den Aufgaben des Tages zuwenden.

Wer so lebt, der verlängert sein Leben und führt es aus dem Dämmerlicht der Zeitlichkeit unmerklich hinauf in das Lichtreich der Ewigkeit.“

LICHT IN DER TIEFE

Wie viele Große, von denen hier schon die Rede war, durchschritt auch der Maler *Hans Thoma* (1839—1924) im Alter eine *zweite Schaffensperiode.* Schon früh hatte er sich der Kunst zugewandt und sich bald zu einem führenden Vertreter der nachromantisch-idealistischen Landschaftsmalerei entwickelt. Noch reifer und bedeutsamer aber war sein Altersschaffen, in dessen Mittelpunkt allegorische und religiös-besinnliche Bildnisse und symbolisierende Stoffe standen.

In den siebziger Jahren schuf er unter anderem eine Folge von zwölf Monatsbildern und zehn Gemälde über das Leben Christi. Zugleich begann er zwischen 70 und 80 seine literarische Tätigkeit, schrieb seine Lebenserinnerungen „Im Herbst des Lebens“ (1909), die Trilogie „Die zwischen Zeit und Ewigkeit unsicher flatternde Seele“ (1917—19), danach „Im Winter des Lebens“ (1919) und schließlich das „Jahrbuch der Seele“ (1922). Aus diesen Schriften spricht wie aus seinen Bildnissen tiefste Natur- und Gott-Verbundenheit, Abendfriede und Ewigkeitsgewißheit.

Was ihm, der als *80*jähriger den Gipfel der Reife und Lebensüberlegenheit erreichte, zu lebendiger Gewißheit geworden war, kann jedem von uns in den höheren Lebensjahren zu neuem Lebensmut und Schicksalsvertrauen verhelfen.

Unser wirkliches Sein, sagt Hans Thoma, ist nicht an den Körper gebunden und nicht von Raum und Zeit begrenzt. Unser Wesen wurzelt im Ewigen. *In der Tiefe unseres Seins ist Licht — und dieses innere Licht macht unser Leben hell und klar und läßt uns spüren, daß der Geist des Lebens in uns ist.* Die Erkenntnis der Seele und der in ihr wohnenden immer tätigen ewigen Schöpferkraft, die aus Finsternis und Irrwahn Licht und Ordnung schafft, dieses Innewerden unseres göttlichen Ursprungs ist es, das den Menschen über Leid und Vergehen erhebt zur beglückenden Gewißheit seines Geborgenseins im Ewigen.

Möge dieser Glaube des großen Malers und Lebensweisen in vielen Herzen den schlummernden Funken zu einem hell strahlenden Licht entfachen und die größere Wirklichkeit sichtbar machen, von der Angelus Silesius spricht:

„Mensch, wenn du deinen Geist schwingst über Ort und Zeit,
Bist jeden Augenblick du in der Ewigkeit!“

DAS UNVERGÄNGLICHE IM VERGÄNGLICHEN

Eine der größten Weisheiten, die Trost im Alter und darüber hinaus vermittelt, ist das Korinther-Wort (II, 4, 16): „*Ob unser äußerlicher Mensch vergehet, so wird doch der innerliche von Tag zu Tag erneuert.*"

Das ist nicht nur ein Hinweis auf den unvergänglichen Menschen, der sich unter der Hülle des vergänglichen verbirgt, sondern auch auf die Wahrheit, daß der Geist den Körper beherrscht und bestimmt und daß unser Körper um so viel von der Unvergänglichkeit des inneren Menschen verklärt und verwandelt und mit ihm ‚von Tag zu Tag erneuert' wird, als wir den zeitlosen inneren Menschen bejahen und in uns herrschen lassen und uns die Einstellung des 80jährigen Dichters *Holmes* zu eigen machen:

„Ich bin heute, mit *80* Jahren, noch jung und werde es weiter bleiben, weil ich mich gewöhnt habe, immer in froher Stimmung zu sein, und weil ich in jedem Abschnitt meines Lebens stets mit dem zufrieden war, was kam. Ich habe mir stets das Gift des Ehrgeizes, der Unruhe und Unzufriedenheit vom Leibe gehalten und mich damit vor den Übeln des Alterns bewahrt. In einem Gesicht, das beständig das Leben anlächelt, können keine Runzeln entstehen. Der Geist, der alles im Lichte der Ewigkeit sieht, ist gegen die Gebrechen der Zeitlichkeit gefeit. Zufriedenheit ist der Born der Verjüngung. — Noch ist es heller Tag, darum besinne Dich! Denn was ist das *Alter* anderes als die volle Blüte und die reife Frucht der Jugend: eine *reifere*, *höhere Jugend.*"

Die gleiche Einstellung ließ *Goethe* über sein 80. Lebensjahr hinaus schöpferisch bleiben. „Nichts vom Vergänglichen, wie's auch geschah; uns zu verewigen sind wir ja da!"

Je weniger wir auf das Vergängliche sehen und je mehr auf das Ewige in und hinter allem, auch in unseren Werken, je mehr also der *innere Mensch* die Herrschaft antritt, desto durchgeisteter, zeitloser, jünger wird sein Werkzeug, der Körper, und *desto lebendiger haben wir teil am Strom des Lebens, der an seiner Mündung mächtiger ist als an seiner Quelle und den das Leben Bejahenden behutsam hinausträgt in den Ozean des Größeren Lebens ewiger Jugend, das kein Stumpfwerden und Altern und kein Ende kennt* . . .

82 NICHT ALT, NUR ÄLTER WERDEN!

In meiner Nachbarschaft lebt eine Frau, die die Kunst beherrscht, beim Älterwerden innerlich jung zu bleiben. Wenn sie ausgeht — und das tut sie oft —, ist sie stundenlang unterwegs, weil es überall Bekannte zu begrüßen, Bedrückte zu ermuntern und aufzurichten gibt, freundliche Worte zu spenden und Sonnigkeit zu verstrahlen. Ich staune, wie dies ständige Weitergeben mutvoller Gedanken sie selbst von Jahr zu Jahr verjüngt

Auch zu mir kommt sie zuweilen. Und als sie mir jüngst von ihren Begegnungen erzählt hatte, da wagte ich es, sie nach ihrem Alter zu fragen, das ich auf etwa 70 Jahre veranschlagte. Sie drohte mir lächelnd mit dem Zeigefinger: „Wie unhöflich, eine Frau nach ihrem Alter zu fragen!" Und dann machte sie mit dem Arm eine Kreisbewegung und fügte hinzu: „Ich bin so um 28 *herum*, also *82*. Verstehen Sie: außen 82, innen 28. Das gibt die richtige Mischung."

Ich mußte lachen: „Zufällig kenne ich das Gegenstück zu Ihnen: ein Mädchen von etwa 28, das innerlich 82 zu sein scheint, so welk und lahm, düster und lebensmüde kommt sie daher. Die müßten Sie mal aufsuchen, damit sie bei Ihnen das Jungsein lernt! Doch im Ernst: wie machen Sie es, daß Sie nur *älter*, aber *nicht alt werden?*"

Sie blickte mich mit ihren klaren grauen Augen an und meinte nachdenklich: „Es sind gewiß die *Gedanken*. Ich liebe alles Freundliche, Frohe und Frische, Lebendige, Gesunde und Helle (auch in der Kleidung). Ich sehe an allem nur das Gute und Schöne, Positive und Göttliche. Ich halte Furcht und Sorge, Haß und Neid, Aufregung und Gier von mir fern, fühle mich jederzeit geborgen und geführt und glaube, daß diese Einstellung nicht nur den Geist, sondern auch den Körper *zeitlos erhält*. Ich habe immer eine Aufgabe — und wäre es nur die, andern Kraft zu geben, ihr Herz mit Mut und ihre Seele mit Licht zu erfüllen. Wie kann man da ans Altwerden denken! Ich möchte alle Bedrückten in den Arm nehmen und ihnen helfen, ihr Gemüt mit frohen Gedanken zu erfüllen und zu erkennen, was ich erkannt habe: *daß es der Geist ist, der sich den Körper baut und das Gesicht des Lebens bestimmt!*"

Als ich ging, sah ich ihr bewundernd nach: ihre aufrechte Haltung und ihr jugendlicher Schritt waren sichtbarer Ausdruck ihres *lebendigen Geistes*, der den Körper vor dem Müde-, Alt- und Steifwerden bewahrt und das Leben reich macht. Und ich wünschte von Herzen, daß alle Alterskameradinnen und -kameraden diese verjüngende Macht der Gedanken erkennen und nützen möchten!

83 ALTSEIN ALS AUFGABE

Neulich saß im Lesesaal der Stadtbücherei ein hochwüchsiger Alter, dessen Antlitz den Frieden ausstrahlte, der sein Gemüt erfüllte. Wir sprachen über die psychologischen Werke, die er las, wobei ich nach den Ursachen der geistigen Lebendigkeit des *83*jährigen fragte. Hier ist, was er mir verriet:

Früher meinte man, von der Lebensmitte an gehe es wie mit den Körperkräften auch mit den seelisch-geistigen Kräften rückwärts. Heute wissen wir, dank der Tiefenpsychologie, daß, wenn die körperliche Kurve sich senkt, die der seelischen Entwicklung weiter aufwärts führt.

Früher resignierte der ältere Mensch vor neuen Aufgaben: „Dazu bin ich zu alt; das mögen Jüngere übernehmen." Heute weiß er: „Es gibt keinen Stillstand; ich wachse innerlich, solange ich da bin; ich übernehme darum gern neue Aufgaben, um neue Kräfte zu entfalten und neue Erfahrungen zu gewinnen."

Immer wieder habe ich beobachtet, daß es der *Gedanke an den Stillstand* ist, der, gleich, in welchem Lebensjahr, den Rückgang bewirkt, wie der *Gedanke an den ständigen Fortschritt*, an das Wachsen und Reifen ohne Ende, dazu führt, daß das Leben immer reicher wird. Ich weiß, daß Verlauf und Tempo der seelischen Entwicklung und geistigen Leistungen vor allem *einstellungsbedingt* sind, daß der Mensch vom Geiste her lebt und weit weniger vom Körper abhängt, als er ahnt. Wer das bejaht, der erlebt im Alter eine neue Lebenwelle mit fruchtbaren Neuansätzen und Erfüllungsmöglichkeiten.

Damit zu beginnen, ist es nie zu spät. Es liegt am Menschen selbst, ob die seelischen Kämpfe der höheren Lebensjahre ihn zum Verzagen und Versagen verleiten oder in einen höheren Lebensrhythmus hinüberleiten, in dem die innere Führung deutlicher wird und mit ihr die Dankbarkeit zunimmt, die willige Hingabe und jene Gelassenheit, die allem Tun einen Hauch der Ewigkeit verleiht, den Charakter einer höheren Ordnung und eines Fortschritts ohne Ende.

Nötig ist dazu, so schloß der Alte, daß man nicht bitter oder entsagungsvoll rückwärts auf Vergangenes starrt, sondern *mit frohem Blick auf die Zukunft das Höchste an Liebe, Güte und Schönheit in jede Stunde der Gegenwart hineinlegt!*

86 POSITIVE SINNERFÜLLUNG DES LEBENS

Ein *86*jähriger Pädagoge, der auf dem Gebiet der Jugend- und Heil-Erziehung führend ist, beantwortete meine Frage, welchem Umstand er seine jugendliche Haltung, sein langes, von Krankheiten freies Leben, seine körperliche Rüstigkeit und seine geistige Aktivität zuschreibe, mit fünf Worten: *der positiven Sinnerfüllung des Lebens.*

„Wer lange leben und viel leisten will, muß so denken und wirken, daß er immer einige Aufgaben vor sich hat und sich zu keiner Zeit einsam, entbehrlich oder überflüssig fühlt. Ich bin, wie Sie wissen, nach wie vor in meinem Beruf tätig, spreche im Schulwesen und in der Gemeinde beratend mit und versammle jede Woche einen Kreis junger und alter Freunde um mich, in dem gesellschaftliche, künstlerische, wissenschaftliche, politische, philosophische und religiöse Themen mit Gewinn diskutiert werden, wobei ich abschließend das Ergebnis der Diskussion in positiven Leitsätzen zusammenfasse.

Bestimmte Stunden gehören meinem Garten und anderen Liebhabereien, zu denen alljährlich neue hinzukommen, ferner den abendlichen „Spaziergängen eines Philosophen", wie ich meine besinnlichen, naturaufgeschlossenen Wanderungen allein oder mit anderen nenne. Und all das vollzieht sich, wie bei Kant, *im* Rahmen eines *geordneten Tagesprogramms, das keine toten Stunden kennt, sondern nur den Übergang von einem Gebiet schöpferischen Denkens und Wirkens zum nächsten.*

Hinzu kommt, daß ich bei der körperlichen und geistigen Nahrungsaufnahme Maß halte und alles meide, was der Überfütterung wie der Zerstreuung dient und die Sammlung auf das Wesentliche hindert.

Am wichtigsten aber dürfte wohl sein, daß ich mich an positives Denken und Verhalten gewöhnt habe, Ärger durch bewußte Hochstimmung fernhalte, an allem immer zuerst das Gute und Schöne sehe, stets das Beste erwarte und jederzeit dankbar dem unendlichen Geist des Guten vertraue, der mich trägt, erhält und ständig höher führt."

Das freundlich-gelassene Lächeln, das diese Erläuterungen begleitete und ihm seit je das Vertrauen der Menschen um ihn einträgt, war wohl die lebendigste Illustration seiner bejahenden Haltung und seines ebenso erfolgreichen wie nachahmenswerten Strebens nach positiver Sinnerfüllung des Lebens.

88 AUS DEM GEISTE LEBEN

Viele große Werke der Menschheit wurden von Männern und Frauen geschaffen zu einer Zeit, in der die Gleichaltrigen sich längst zur Ruhe gesetzt haben. Als der englische Philosoph und Mathematiker, Soziologe und Nobelpreisträger *Bertrand Russel* als *88*jähriger sein Buch „Weisheit des Westens“ herausgab, um sich danach neuen Aufgaben zu widmen, unterstrich er damit die hier vertretene Feststellung, *daß jeder so jung ist, wie er sich fühlt und bejaht.*

Die Weisheit, von der Russel spricht, ist nicht Frucht und Schmuck des Alters, sondern *Ergebnis innerer Reife, die nichts mit den Jahren zu tun hat, sondern dem zeitlosen inneren Wesenskern des Menschen eigen ist und sich darum in jedem Lebensalter offenbaren kann.*

Die meisten Menschen leben mit ihrem Bewußtsein *aus dem Körper* — und dann erscheint ihnen das Altwerden als unerfreulich, das Jungbleiben als schwer. Sie klammern sich an eine bestimmte Lebensstufe, obwohl das nicht Reife, sondern Mangel an Lebenskunst verrät.

Anders jene, die — bewußt oder unbewußt — *aus dem Geiste leben.* Sie wissen um ihr inneres Jungsein und erhalten auch den Körper jung und gesund durch die Lebendigkeit ihrer Gedanken und durch das Streben nach Sinnerfüllung ihres Lebens.

Gesundheit und Jugendlichkeit hängen, wie Prof. *Jores*, betont, „aufs engste mit dem Gefühl eines sinnerfüllten Lebens zusammen. Wer den Eindruck der Sinnlosigkeit seines Daseins hat, der neigt zu innerer Leere, Krankheit, Verfall und frühem Tod. Denn das Gefühl der Sinnlosigkeit löst Vorgänge aus, die das Leben beenden, — es sei denn, daß es dem Menschen gelingt, *seinem Leben einen neuen Sinn zu geben.*“

Besser daran ist, wer schon früh durch hohe Zielsetzungen für eine sinnerfüllte Lebensführung sorgt. Sein Dasein birgt bis zum letzten Atemzug reichen Inhalt und Gewinn und sichert ihm ständiges Wachstum.

Zum Glück ist es nie zu spät, damit zu beginnen. Denn das Leben ist jeden Augenblick neu. Glücklichsein ist keine Frage des Alters. Jeder neue Morgen ist eine Neugeburt im Kleinen und kann Anfang eines neuen Lebens sein mit neuen Hoffnungen und Zielsetzungen, neuem Aufstieg, neuen Fortschritten und Erfüllungen.

Für den zum Geist erwachten, aus dem Geiste lebenden Menschen ist das Geburtsdatum bedeutungslos, wesentlich hingegen der Grad der inneren Wachheit und Aufgeschlossenheit, die Zielklarheit und Sinnerfülltheit des Lebens. Sie sind es, die den Menschen zeitlos und aktiv erhalten und bewirken, daß die Jahre spurlos an ihm vorübergehen.

90 LEBENSKUNST MIT 90

Als der reichste Mann der Welt, der 1839 geborene amerikanische Petroleumkönig *John D. Rockefeller*, an seinem *90. Geburtstag* gefragt wurde, wie er sich trotz der Kämpfe und Aufregungen, die sein stürmischer Aufstieg und der Erwerb seines Millionenvermögens mit sich brachten, in seinem Alter die jugendliche Beweglichkeit und geistige Überlegenheit zu bewahren vermocht habe, da antwortete er lächelnd:

„Das Geheimnis meiner Lebenskunst besteht darin, daß ich für regelmäßige Bewegung sorgte, soviel wie möglich die frische Luft genieße, viel Wasser trinke, einfach lebe und strebe, daß ich nicht zu dick werde, und vor allem aber mein Herz nicht mit unnötigen Sorgen belaste!"

Bekanntlich wurde Rockefeller, der es in der Kunst, seine Möglichkeiten zu nützen und aus dem Leben das Höchstmögliche herauszuholen, zur Meisterschaft brachte, *98* Jahre alt, obwohl sein Lebensweg alles andere als leicht und seine Körperkonstitution von Jugend auf schwächlich war! Während andere, die den gleichen Weg zum Reichtum gingen, vorzeitig der Manager-Krankheit zum Opfer fielen, lernte Rockefeller, seinen Körper richtig zu behandeln und seinen Geist mit positiven Vorstellungen zu nähren.

Er wußte, daß man für Geld jeden Luxus und jedes Übermaß haben, jedoch nicht *ein* zusätzliches Lebensjahr kaufen kann. Obwohl er in der Fülle lebte, verzichtete er auf jedes Übermaß und gewöhnte sich froh an ein einfaches Leben. Vor allem aber stellte er sich innerlich auf eine Wahrheit um, die er als den *Schlüssel zum Leben* erkannte: „Jedem geschieht nach seinem Glauben!" Er bejahte darum seinen Nutzen für die Allgemeinheit und seine Erfolgskraft, und stellte seinen Reichtum willig in den Dienst der Allgemeinheit:

Wie er in der ersten Hälfte seines Lebens das Ölgeschäft und das Reichwerden organisiert hatte, so widmete er sich in der zweiten Hälfte der Organisation der Wohltätigkeit. Kaum je zuvor hat ein Mensch ein so gewaltiges Vermögen für Stiftungen und Spenden ausgegeben wie Rockefeller, der damit sein Wort wahrmachte, *daß der, der viel verdient, auch die Aufgabe hat, vielen zu dienen.* — Daß er im Laufe der Jahrzehnte für wissenschaftliche und erzieherische Einrichtungen, kirchliche, wohltätige und gemeinnützige Organisationen viele hundert Millionen Dollar ausgeben konnte, mag ihm am meisten Glück und Kraft gegeben haben; denn wer andere beschenkt, der schenkt zugleich sich selber mehr Freude, die wiederum lebenerhaltend und -verlängernd wirkt.

Wenn wir eines von Rockefeller lernen können, ist es eben dies: *Schenke und diene anderen um so mehr, je älter Du wirst; dann wächst Deine Aussicht, glücklicher und länger zu leben!*

96 DEINES LEBENS NEUGESTALTER

Als Napoleon dem Erzbischof von Paris, *de Belloy*, zu seinem *96.* Geburtstag gratulierte und daran den Wunsch knüpfte: „Möge der Himmel Sie uns bis zu Ihrem 100. Geburtstag erhalten!“, da meinte der Erzbischof lächelnd: „Sire, warum der gütigen Vorsehung Grenzen ziehen?“

Wer mit 96 noch freudig seiner Berufung folgt, der hat die rechte Einstellung zum Leben, weil er Altsein und Reifsein gleichsetzt.

Das tat auch *Tizian*, der bis zu seinem *100.* Lebensjahr malte (1576), in welchem er ein Opfer der Pest wurde, die damals in Italien wütete. Der persische Liederdichter *Saadi*, der seinen berühmten „Rosengarten“ mit 84 schrieb, erreichte 107 Jahre, *Voltaire*, als 80 Jähriger noch so rüstig und aktiv wie mit 50, starb mit 84, als er von der Aufführung seiner letzten Tragödie „Irène“ nach Paris zurückkehrte.

Der große Historiker *von Ranke* gab seinen Lehrstuhl erst mit 74 auf, nicht, um sich zur Ruhe zu setzen, sondern sich endlich seiner großen „Weltgeschichte“ zu widmen, an der er bis zu seinem Tode im *91*. Lebensjahr arbeitete.

Michelangelo wirkte am Bau der Peterskirche bis zu seinem 89. Lebensjahr, und der Naturforscher Wilhelm von Humboldt, der mit *90* starb, arbeitete bis zuletzt an seinem 5bändigen „Kosmos“.

Sie alle — und Tausende gleich ihnen — begannen in der zweiten Daseinshälfte mit einem neuen Tätigkeitzyklus, lösten damit die zweite Leistungswelle aus und bewahrheiteten das bedeutsame Dichterwort:

„Seines Lebens Neugestalter
ist das willig reife Alter.“

Gleiches kann jeder erreichen, der den Ton auf „willig“ legt, auch das Altsein gern hat, das Beste daraus macht und im frohen Schaffen und Verwirklichen seiner Ideale seine Reife offenbart!

99 WAS DIE 99JÄHRIGEN LEHREN

Die Tatsache, daß es jugendliche Greise und greisenhafte Jünglinge gibt, zeigt, daß die Einstellung entscheidender ist als die Jahre und daß das Wunschziel so vieler, beim Älterwerden jung zu bleiben, für jeden und jede erreichbar ist. Heute weiß man, daß Gesundheit und Rüstigkeit ein Produkt sind aus positiv-dynamischer Geisteshaltung und mäßiger Lebensweise und mit der geistigen Reife der Menschen zunehmen.

Nach *Balzac* war die „Frau von 30 Jahren“ im verführerisch-gefährlichen Alter; danach ging es langsam abwärts.

Als *Pitkin* sein Buch „Das Leben beginnt mit 40“ schrieb, lag die durchschnittliche Lebenserwartung schon wesentlich höher und ebenso der Höhepunkt des Lebens.

Heute verlegt man ihn in das 60. Jahr und darüber, während die durchschnittliche Lebenserwartung bei 67 liegt. Und selbst dieses Datum ist durch die Tatsachen überholt:

Die Bevölkerungsstatistik der USA von 1959 verzeichnet fast 30000 Bürger über 95, die die heutige Lebenserwartung um ein Vierteljahrhundert überschritten haben. Das Gallup-Institut in Princetown hat versucht, mit bei einer repräsentativen Gruppe, deren Durchschnittsalter *99 Jahre* beträgt, durchgeführten Tests die Ursachen ihrer Langlebigkeit zu ermitteln.

Das Ergebnis ist aufschlußreich: die Befragten waren durchweg zu sehr damit beschäftigt, aktiv zu leben, um viel über die beste Lebensweise nachzugrübeln. Gemeinsame Hauptmerkmale waren, daß sie, ohne irgendwelchen Systemen zu folgen, *mäßig und regelmäßig lebten*, mit ihrem Dasein und Beruf zufrieden waren, abends wenig oder nichts aßen, für rechten Wechsel von Arbeit und Entspannung sorgten, wobei nur ein Drittel der Befragten sich gelegentlich auch sportlich betätigt hat, da die meisten sich in ihrem Beruf genügend körperlich ausarbeiten konnten und, weil sie nie mit ihren Sorgen zu Bett gingen, auch gut schliefen. Sie nahmen das Leben, wie es kam, machten sich wenig Sorgen, waren *vorwiegend positiv gestimmt und glücklich* und verloren nie den Humor, besaßen also jene friedlich-heitere Ausgeglichenheit und Gelassenheit, die den Lebenskünstler kennzeichnen.

Sie alle können uns die Tatsache lehren, daß, wer geistig aktiv und positiv bleibt, auch körperlich rüstig und gesund bleibt.

Daß Väter und Söhne heute oft wie Brüder, Mütter und Töchter oft wie Schwestern wirken, deutet darauf, daß die dynamische Kraft positiven Denkens und die Bedeutung bejahender Lebenshaltung heute weithin erkannt wird.

100 LANGE LEBEN — KEINE KUNST

Soweit Statistiken über den *Zusammenhang von Lebensgewohnheiten und Lebenslänge* positive Winke für das Altwerden in geistiger und körperlicher Frische vermitteln können, seien diese hier kurz zusammengefaßt. Aus Feststellungen der amerikanischen Ärztin *Flanders Dunbar* in Manhattan bei dreihundert *100jährigen* und Ermittlungen des Gallup-Instituts in Princeton (NJ) ergeben sich folgende aufschlußreiche Gemeinsamkeiten:

1. Die meisten 100jährigen oder fast 100jährigen hatten kein leichtes, sondern ein hartes Leben, das alle ihre Kräfte aktiv erhielt.

2. Sie lebten und leben in geordneten, weder armen noch übermäßig reichen Verhältnissen und sind weithin frei von Gier und Sorgsucht.

3. Sie haben selten über das Leben nachgegrübelt, weil sie völlig damit beschäftigt waren, zu leben und aus allem, was kam, das Beste zu machen.

4. Sie waren und sind durchweg friedlicher Gesinnung und freundlichen Wesens, neigen weder zu Herrschsucht noch Gefühlsüberschwang, haben einen gut entwickelten Humor und infolge ihrer Geselligkeit einen größeren Freundeskreis.

5. Als entscheidende Kraft, die sie lebendig erhielt, nennen viele die tätige Liebe. Soweit sie verheiratet waren oder sind, haben sie aus ihrer Ehe das Bestmögliche gemacht und für eine gute Kameradschaft gesorgt.

6. Sie haben zeitlebens ihre Arbeit geliebt und daneben frohe Entspannung geschätzt, worauf sie zurückführen, daß ihre geistige Spannkraft mit den Jahren zunahm und im hohen Alter ihren Gipfel erreichte. Sie waren stets auf dem Posten und sind es noch.

7. Sie zeigten durchweg wenig Neigung, bedauernd rückwärts oder sorgenvoll in die Zukunft zu blicken, sondern machten und machen aus jedem Tag und jeder Erfahrung das Beste im Willen, an allem zu wachsen.

8. Ihre Grundhaltung ist vorwiegend optimistisch, heiter, gelassen, bejahend. Ihre religiöse Einstellung äußert sich wenig in Worten, sondern war und ist wesentlich darauf abgestimmt, daß sie ihren Glauben leben und ihr Vertrauen zum Ewigen durch ihr Verhalten beweisen.

9. Die meisten hüteten sich davor, abends Sorgen mit in den Schlaf hinüberzunehmen, und hatten darum durchweg einen guten Schlaf.

10. Sie lebten und leben im übrigen nicht nach bestimmten Rezepten, sondern folgten seit je ihrem Instinkt oder Gefühl für das ihnen Zuträgliche. Sie stimmen darin überein, daß mäßiges und geregeltes Essen, Trinken, Schlafen, Bewegung und Arbeitsgewohnheiten leben-, gesundheit- und kraft-erhaltend wirken.

Was sie gegenüber den Kurzlebigen auszeichnet, ist — alles zusammengenommen — ihre Fähigkeit positiver Lebensführung und Lebenskunst.

Fräulein *Marion Jones* in Edinburg (Schottland), die im Februar 1957 ihren *100. Geburtstag* feierte, schrieb ihre erste Novelle und sandte das Manuskript dem bekannten englischen Autor *Sir Philip Gibbs*, der ihr Werk gut fand und dazu bemerkte: „Das ist gewiß ein Rekord in der Geschichte der Literatur und sollte ein Ansporn sein für jene jüngeren Dichter, die, wie ich, erst 70 oder 80 Jahre alt sind."

Fräulein Jones, die bis zu ihrer Pensionierung Lehrerin war und ihre Novelle erst ein Jahr vor der Veröffentlichung begann, hat die richtige Einstellung zum Leben.

Die meisten Menschen sehen in der Jugendzeit den *aufsteigenden*, im Alter den *absteigenden* Lebensbogen und in der Lebensmitte den *Höhepunkt* des Daseins. *In Wirklichkeit liegt der Höhepunkt aber nicht in einer bestimmten Phase des Lebens, sondern immer in der Gegenwart.*

Zudem hat *jede* Lebens-Phase ihre besonderen Freuden und Sorgen, Aufgaben und Erfüllungen und liegt entwicklungsmäßig *über* den früheren. Wer sich der einzelnen Jahresringe seines Wachstums lebendig bewußt wird, der wandelt, wie Fräulein Jones, auch die höheren Jahrzehnte in eine Zeit ständigen Reifer- und Reicherwerdens und zunehmenden Schöpfertums.

Wir haben heute alle eine höhere Lebenserwartung und sollten aus dieser Tatsache die positiven Konsequenzen ziehen und das Bestmögliche aus den gewonnenen Jahren herausholen, sollten geistig und körperlich *aktiv* bleiben, uns neue Interessen und Steckenpferde zulegen, sollten uns, im Blick auf die Jahrzehnte *vor* uns, neuen

Unternehmen widmen, sollten, statt vorzeitig *aufzugeben*, das Älterwerden als *Aufgabe* ansehen und im Bewußtsein, daß viele große Werke der Menschheit *Altersleistungen* waren, uns durch neue Zielsetzungen hochstimmen und auf der Höhe halten!

Dann werden unsere höheren Jahrzehnte zu den schönsten Jahren unseres Lebens.

KRAFT IST ZEITLOS

Zu den bedeutsamsten Erkenntnissen, die wir den vielen in hohem Alter erfolgreich tätigen Menschen verdanken, gehört die der *Zeitlosigkeit der schöpferischen Kraft*, die in ihnen lebendig ist.

Novalis meinte zwar noch, Kraft sei eine Funktion von Zeit und Raum. Aber heute wissen wir, daß die Kraft wie der Geist, wenn sie sich auch in Raum und Zeit äußern, einer höheren Dimension angehören.

Ein Kraftfeld bleibt bestehen, auch wenn seine sichtbare Erscheinung zerstört ist, und ebenso der Geist, so daß Schillers Mahnung tief begründet ist: „Verzag' nie an der eigenen Kraft! Dein Herz ist reich genug, sich selber zu beleben" — vor allem dann, wenn Du der eigentlichen Quelle Deiner Kraft bewußt bist, von der Paulus sprach: „Meine Kraft ist in den Schwachen mächtig."

Diese Erkenntnis wirkt vor allem in den höheren Lebensjahren anspornend, befreiend und beglückend. Als Vorbild mag dabei der große italienische Maler *Tizian* (1477—1576) dienen, der, nachdem er längst eine beherrschende Stellung im Reich der Kunst errungen hatte, von Jahrzehnt zu Jahrzehnt immer schöpferischer und leistungsfähiger wurde und wohl noch lange unermüdlich weitergearbeitet hätte, wenn nicht die Pest ihm an der Schwelle seines *100.* Lebensjahres Pinsel und Palette aus den Händen genommen hätte.

Wenn Tizian im höchsten Alter Größtes leistete, so deshalb, weil er sich als einen ewig Lernenden bejahte, allem Neuen gegenüber aufgeschlossen blieb, mit seinem ganzen Wesen und Wollen der Gegenwart zugewandt und der Zeitlosigkeit seiner Kraft bewußt war.

Wie ihm, so kann die gläubige Bejahung der eigenen Kraft, die *Kraft von oben* ist, jedem helfen, den vermeintlichen Abstieg über den toten Punkt hinweg in einen Aufstieg zu neuen Höhen des Lebens und Schaffens zu verwandeln.

Wenn er sich bewußt bleibt, daß die zeitlose Kraft, die nicht dem Körper, sondern der Seele entströmt, auch ihn selbst zeitüberlegen macht, werden die Jahre ihn kaum berühren, und auch sein Werk wird nicht mit dem Tage vergehen, sondern Dauer erlangen.

DES ALTERS ZWEITE JUGEND

Ein englischer Pfarrer, der *105* Jahre alt wurde, beantwortete, wie *Marden* berichtet, die Frage nach den Ursachen seines langen Jungbleibens mit den folgenden Worten: „Ich habe es mir zeitig zur festen Lebensregel gemacht, nach neun Uhr abends an nichts Unangenehmes mehr zu denken.“

Er berichtete, daß er früh feststellen konnte, wie sehr die üble Gewohnheit, über ärgerliche und unerfreuliche Erlebnisse zu grübeln und Groll, Verstimmungen und Sorgen mit ins Bett und in den Schlaf hineinzunehmen, wachsende Spannungen im Körper auslöst, das Gemüt vergiftet, den Kreislauf hemmt und vor der Zeit müde und alt macht. Er habe diese Neigung darum bei sich ausgerottet und sich daran gewöhnt, jeden Tag harmonisch ausklingen zu lassen, jeden Groll durch Vergeben zu überwinden, dankbaren Herzens alles Guten zu gedenken und mit frohen Gedanken einzuschlafen.

In der Tat besteht eines der wichtigsten Mittel, das Altwerden hintanzuhalten, das Leben zu verlängern, darin, daß man die Vorgänge, die vorzeitig alt machen, wenigstens während des Schlafes ausschaltet und dafür sorgt, *daß der Geist beim Einschlafen mit heiteren, dankbaren und frohen Vorstellungen erfüllt ist.* Noch mehr tut, wer sich auch *tagsüber* daran gewöhnt, an allem nur das Gute zu sehen und das weniger Gute zu übersehen, die Menschen nicht zu kritisieren, sondern sie gern zu haben und alles Erfreuliche dankbar anzuerkennen und zu loben.

Wer so lebt und handelt, der macht die gleiche Erfahrung, der *Goethe* in einem Festgedicht zu Zelters 70. Geburtstag Ausdruck gab: „*Ein herzlich Anerkennen ist des Alters zweite Jugend.*"

Es gilt, mit dem Älterwerden die Dinge und Geschehnisse aus größerer Entfernung zu sehen, sie demzufolge mit mehr Gelassenheit zu nehmen und stets den Blick auf das *Wesentliche* zu richten: auf das Erfreuliche, Gute und Zukunftweisende, das in allem steckt.

Dadurch wird Kraft frei für die Erfüllung der eigenen Aufgaben, und zugleich genießt man, mit Goethe, ‚des Alters zweite Jugend' und erfährt, mit *Humboldt*, die Vorteile dieses Lebensabschnittes: „Es ist sichtbar ein Vorzug des Alters, den Dingen der Welt ihre materielle

Schärfe und Schwere zu nehmen und sie mehr in das innere Licht der Gedanken zu stellen, wo man sie in größerer, immer beruhigender Allgemeinheit übersieht" — und entsprechend leichter meistert.

Im Lichte der Ewigkeit

„Menschen, die früh alt werden, sind es eigentlich immer gewesen“, meint der Arzt und Philosoph *Carl Ludwig Schleich.* Jugendlichkeit und Greisenhaftigkeit sind an keine Zeit gebunden, sie sind eine Sache des Herzens, der Aufgeschlossenheit und Bereitschaft oder Unbereitschaft zu ständigem Wachstum und Fortschritt.

Gottfried Keller ahnte diese Wahrheit, als er schrieb: „Je älter wir werden, desto mehr lernen wir den Frühling schätzen. Dem unbewußten Genießen folgt die Absicht, keinen der flüchtigen Lenztage des Lebens zu verlieren, und obgleich wir fühlen, *daß der Geist ewig jung bleibt*, möchten wir doch neben seinen Früchten noch einige Blüten der leiblichen Jugend glänzen sehen.“

Wir entsprechen damit, wie *Emerson* ergänzt, durchaus dem Willen der Natur, in der alles in ewiger Erneuerung begriffen ist. Sie haßt das Alter, soweit es Stillstand und Zurruhesetzung bedeutet, Trägewerden und Kleben am Alten; denn sie will, daß jedes Wesen zu jeder Zeit seines Daseins willig weiter schreitet und dahin wirkt, daß der Abend jedes Tages nichts sei als ein Fortschritt und Übergang zum neuen Morgen.

„Die Natur will, daß wir nicht auf das blicken, was *hinter* und *unter* uns liegt, sondern auf das hin in Bewegung bleiben, was *vor* und *über* uns ist. Dann werden wir nicht älter, sondern jünger. So lebt das Kind, das sich den Eindrücken überläßt, die ihm von überall her zuströmen. Doch die Männer und Frauen von 70 Jahren nehmen an, daß sie alles kennen; sie haben ihre Hoffnung überlebt, stehen still und verzichten auf weiteres Streben. Laßt sie wieder willige Werkzeuge des heiligen Geistes werden, laßt sie Liebende sein, laßt sie die Wahrheit schauen, dann werden ihre Augen emporgerichtet, ihre Falten geglättet und der Duft von Hoffnung und Stärke umweht sie wieder ...

... Fort mit dem Mißgefühl des Altseins. In der Natur ist jeder Augenblick neu, das Vergangene ist vergessen, nur das Kommende ist heilig. Nichts ist gewiß als das Lebendige, der Übergang, der Antrieb, der Fortschritt. Gewiß enthält jeder Fortschritt, jede neue Stellung des Menschen die Elemente und Kräfte der alten, *aber alle sind erneuert. Sie tragen alle Vergangenheit in sich, sind aber selbst eine Ausströmung des Morgen, Ahnung und Verheißung der Zukunft.*"

Wer sich vom Geist in ihm, der immer fortschreitet, erneuern läßt, wer seinen Blick stets auf den neuen Morgen, die größere Zukunft gerichtet hält, *wer nie ein Fertiger, sondern immer ein Werdender und Wachsender ist, der neuen größeren Horizonten zuschreitet, der bleibt lebendig, der bleibt jung.*

WAR ALLES EITEL?

So mancher fragt sich, wenn er älter und einsamer wird, in einer stillen Stunde, ob das wohl der Sinn seines Daseins sei, daß er die einzelnen Abschnitte desselben — vom kindlichen Spiel und frühlingshaft-jugendlichen Hoffen über das sommerliche Streben und Schaffen bis zur herbstlichen Reife und winterlichen Vollendung im Alter — durchschreitet, um am Ende rückblickend zu entdecken: „Es war alles eitel, und nur wenig von dem, was ich erstrebt und errungen, ist mir am Schluß geblieben!" und dann resignierend die Augen für immer zu schließen . . .?

Wenn das wirklich alles wäre, dann wäre das Dasein ohne Sinn.

Doch zum Glück erweist sich bei schärferem Hinsehen und tieferer Einsicht alles Erleben und Geschehen, auch dort, wo es an der eigenen bewußten Lebenszielsetzung fehlte, als *zielhaft*, *sinnvoll* und von einer höheren Führung weise *geordnet*.

Wer nicht an der Oberfläche der Geschehnisse haftet, sondern in die Tiefe dringt und den inneren Zusammenhängen nachspürt, der gewinnt mit der Zeit *zwei grundlegende Einsichten: erstens die, daß das Erdendasein eine Stätte ständigen Lernens, Wachsens und Vollkommenerwerdens ist, und zweitens die, daß alles, was geschieht, schicksalhaft, notwendig und förderlich ist.*

Er entdeckt, daß die vergänglichen Werte und äußeren Geschehnisse nur dazu dienten, dem inneren Geschick und den weniger zutagetretenden *inneren Werten* des Menschen zu vollerer Entfaltung zu verhelfen: den Tugenden des Herzens, den Kräften der Liebe und Güte, der Geduld und der Freundschaft, der gegenseitigen Achtung und Hilfe, die im Ablauf des Erdenlebens von Jahrzehnt zu Jahrzehnt immer stärker werden sollen, damit wir reif werden für das Reich des Geistes, dem wir Menschen unserem inneren Wesen nach weit mehr zugehören als der Sinnenwelt, die für uns nur eine Herberge und eine Traumwelt ist, nicht die endgültige und wirkliche Welt.

Wer zu dieser Einsicht gefunden hat, der weiß, *daß nichts im Leben eitel und vergeblich, sondern alles sinnvoll und gut ist.* Mit dieser Gewißheit aber entfällt alle Sorge und alle Angst.

IM LEBENSSPIEL . . .

Jeder alte Mensch erhofft sich eine *positive Lebensbilanz*. Mancher fühlt, daß dazu die Erhaltung der *Balance*, des inneren Gleichgewichts, ebenso Voraussetzung ist wie das Interessiert- und *Aktiv*-Bleiben für die Sicherung eines *Aktivums*, eines Guthabens auf dem Schicksalskonto.

Schiller weist einen sicheren Weg dorthin, wenn er sagt, wir seien „nur da ganz Mensch, wo wir *spielen*". Das heißt: wenn wir das Leben als Schauspiel nehmen, in dem jeder die Rolle, die der Geist des Lebens ihm gab, zu spielen hat, dann ist klar, daß er sie um so besser spielt, wenn er es *willig und aktiv* tut, bis er von der Bühne abtreten, die Maske ablegen und wieder er selbst sein darf, wenn er also bis ans Ende ein *guter Mitspieler* und im Wandel der Formen und Situationen und im Wechsel der Wesen sich selber und seiner Rolle treu bleibt.

Das Alter ist in diesem Lebensspiel nur ein *neuer Akt* — mit neuen Situationen, Aufgaben und Wandlungen, an denen es zu lernen und zu wachsen und in denen es unsere Rolle zu meistern gilt. Je bewußter wir auch diesen Teil unserer Lebensrolle ausbauen, wenn nötig, geschickt improvisieren, ihm neue Lichter aufsetzen, ihn mit einem neuen Ton und Geist erfüllen, desto höher erheben wir uns über den Alltagsschein und desto mehr Freude und Beglückung gewinnen wir daraus für uns wie für andere.

Aber diese Besinnung auf unsere Rolle im Lebensspiel hat uns mehr zu geben: sie will uns — gerade im Alter — lehren, das ganze Spiel zugleich von einer höheren Warte zu sehen und uns als *Doppelwesen* zu erkennen: einmal sind wir *das, was wir darstellen* — die ‚Persönlichkeit', d. h. die Maske — und identifizieren uns als solche völlig mit unserer Rolle, wissen und kennen nichts anderes; zum anderen sind wir der *Darsteller selbst* — die hinter der Maske lebende ‚Individualität', der eigentliche Mensch, der weiß, daß er, auch im Spiel, *er selbst* bleibt, *über* der Rolle steht und sich jederzeit über das Lebensspiel erheben und seines wirklichen Seins bewußt werden kann.

Als Darsteller kann er, mitten im Spiel, sich selbst beobachten, über sich lächeln, über die Unzulänglichkeiten des Spiels hinwegsehen und jederzeit aus dem Wesentlichen leben, von innen her, wo er nicht Spieler, sondern Zuschauer ist.

Diese Besinnung und Selbstbesinnung ist jener *sichere Schatz*, dessen Besitz es im Alter ermöglicht, die zum Lebensspiel gehörenden Wandlungen und Widrigkeiten mit dem überlegenen Lächeln des Tieferblickenden ‚spielend' zu meistern und aus einem vergrämten Verlierer zu einem gelassenen Gewinner im Lebensspiel zu werden.

Eben dies meint Schillers Wort: „*Das Spiel des Lebens sieht sich heiter an, wenn man den sicheren Schatz im Herzen trägt.*"

DER FÜNFTE AKT

Ein beliebter Schauspieler hatte, als er von der Bühne abtrat, einige Freunde zu sich geladen, die begierig waren, zu erfahren, wie er das Ende seiner ruhmreichen Laufbahn wohl aufnehmen werde. Ihre überraschten Gesichter zeigten, daß keiner von ihnen das zu hören erwartet hatte, was er mit strahlenden Augen aussprach.

„Das menschliche Leben“ — sagte er — „gleicht einem Schauspiel, in welchem wir alle in bestimmten Masken auftreten und unsere Rollen spielen, bis der fünfte Akt seinem Ende zugeht und die einzelnen Schauspieler abtreten — um wieder sie selbst zu sein.

Nun nehmen aber viele Menschen den fünften Akt — die Zeit des Alters — unweise vorweg, indem sie *vor* der Zeit innerlich verkrusten, erstarren, versteinern, sich an Nichtiges verlieren und es sich so verunmöglichen, im erwachenden Bewußtsein ihrer *inneren Jugend* auch im Alter weiter zu wachsen, mehr und mehr von innen her zu leben und für die Selbstverwirklichung reif zu werden.

Sie verhindern damit die im fünften Akt eintretende ‚zweite Pubertät‘, die sie im Ausklang des alten den Aufgang eines *neuen Lebens* bejahen läßt, in das sie schon mit der Aufgabe ihres Berufslebens eintreten können...

Vielleicht denken Sie, daß ich aus einer Not eine Tugend mache. Nein, ich bejahe die Jahre, die vor mir liegen, als den reizvollsten und weisheitsvollen fünften Akt meines Lebensschauspiels, als die Krönung der vorangegangenen Lebensalter — also nicht als einen Abstieg, sondern als einen *Aufstieg zu noch unerreichten Gipfeln der Lebenskunst und Weisheit!*

Wer die Dinge so sieht, kennt nur ein Empor und gestaltet das Alter zur Hoch-Zeit der Lebensmeisterung im freiwilligen Rollen-Tausch, mit dem er den Rollentausch im Tode gewissermaßen vorwegnimmt.

Ich bin gewiß, daß jene die glücklichsten und wesentlichsten Menschen sind, die im fünften Akt ihres Lebensschauspiels diesen Schritt von außen nach innen wagen und die letzte Zeitspanne ihres Daseins bewußt zu einem Augenblick ihres wirklichen Seins erheben und verklären und schon in der Zeitlichkeit im Lichte der Ewigkeit leben."

GENIESSE DAS ALTSEIN!

„*Altsein kann Lust statt Last sein!*" Mit diesen Worten wandte sich ein bekannter Arzt, der im hohen Alter erfolgreich beruflich tätig ist, gegen die Gepflogenheit, alten Leuten mit einem Gefühl des Mitleids zu begegnen:

„Sie hätten eher Grund, uns Alte zu beneiden, wenn Sie wüßten, wie sehr gerade wir die Möglichkeit haben, *Albert Schweitzer*s Forderung zu verwirklichen: Strebe nach wahrem Menschentum! Werde *Du selbst* als ein sich verinnerlichender Mensch und mache das Bestmögliche aus Deinem Leben!"

Als er die fragenden Gesichter seiner Zuhörer bemerkte, gab er folgende Erläuterung seiner Worte:

„*Ich genieße das Altsein mehr, als ich irgendeinen früheren Abschnitt meines Lebens genossen habe.* Da ich weniger Bedürfnisse und Wünsche habe als die Jungen, kann ich sie mir um so leichter erfüllen. Ich betrachte und betreibe meine Berufsarbeit nun als mein Steckenpferd und bin darum immer froh gelaunt und rege mich über nichts auf.

Vor allem aber genieße ich mein Freisein: ich kann jetzt ganz *ich selbst* und *Mensch sein*, gehe über vieles lächelnd hinweg, was die Jüngeren noch erregt und ärgert, leiste mein Bestes, ohne dabei ‚gelten' und ‚vorwärts' kommen zu wollen, und entdecke, daß ich eben darum noch viel mehr gelte und noch müheloser vorankomme.

Ich jage nicht mehr durchs Leben, sondern genieße es. Statt hinter den Dingen her zu rasen, lasse ich sie froh und dankbar an mich herankommen. Ich habe Zeit und lebe eben darum im Zeitlosen. Ich kann mir zu alledem die Menschen als Umgang wählen, die mir verwandt sind.

Wenn ich sage: ich bin frei! so heißt das nicht nur: frei *von* vielem, was Jüngeren Kummer macht, sondern auch frei *zu* vielem — vor allem dazu, mehr nach innen zu leben und dem äußeren Leben als heiterer Zuschauer gegenüberzustehen.

Während andere die *Last* des Altseins beklagen, genieße ich das *Glück des Altseins* und zeige damit, daß alles einstellungsbedingt ist, was heißt, daß der rechte Genuß nicht von selbst kommt, sondern daß man etwas dazu tun muß. Daß man's *kann*, erlebe und beweise ich täglich. Wer's nachmacht, erfährt es."

SEHEND WERDEN!

Die großen Seher aller Zeiten waren weise gewordene Alte, die schon zu Lebzeiten mit einem Fuß die Schwelle zwischen Zeitlichkeit und Ewigkeit überschritten und eben darum dem Leben überlegen waren. Sie erfüllten eine Aufgabe, die im Grunde allem Leben gestellt ist. Denn, wie Marie von Ebner-Eschenbach einmal bekannte, „*in der Jugend lernt man, im Alter versteht man ... Alt werden heißt sehend werden.*"

Wer sich auf diese Wahrheit und damit auf seine Aufgabe in den höheren Lebensjahren besinnt, der erhebt sich im gleichen Maße über die kleinmenschlichen Unzulänglichkeiten wie über die Unbill des Alters und lernt, zu lächeln, wo andere sich grämen und lähmen.

Mit Recht! Denn ist nicht, wie *Wilhelm Raabe* sagt, „jede Stufe, die man augenblicklich aufwärtssteigend betritt, ein Glück? Und ist nicht der Treppenabsatz, auf dem man einen Moment still hält und sich nochmals faßt und alles zusammenfaßt, eine Seligkeit? — Das ist das Frohgefühl des Alters: wenn ich den Krempel um mich her ansehe und sagen kann, das brauchst du ja nicht mehr! Je älter man wird und je klarer, desto ruhihiger sieht man hinein in die Stimmungen zusammenlebender oder -treffender Menschen, die sich kreuzen und Konflikte hervorbringen, die nicht mehr die unsrigen sind und höchstens nur scheinen."

Dieses *Frohgefühl des Alters* ist der Anfang jener mit den Jahren erwachenden und reifenden höheren Weisheit, die tief innerer Wirklichkeits- und Geborgenheits-Gewißheit entspringt und eine Gelassenheit und Überlegenheit gebiert, die bei der Umwelt Ehrfurcht und Verehrung erweckt.

Denn in ihr wird die eigentliche Bestimmung des Menschen spürbar, die, wenn sie auch über dieses kurze Erdenleben weit hinaus weist, uns doch — eben in diesem Gewißsein — auf die *Gegenwart* verweist und von uns fordert, daß wir sie meistern, wie es auch der Königsberger Philosoph *Immanuel Kant* empfand:

„Was auf das Leben folgt,
Deckt tiefe Finsternis.
Was uns zu tun gebührt,
Des nur sind wir gewiß.

Dem kann kein Mißgeschick,
Kein Tod die Hoffnung rauben,
Der glaubt, um recht zu tun,
Recht tut, um froh zu glauben!"

NOVEMBER-KNOSPEN

Wenn heute in den USA bereits die Hälfte aller Menschen über 65 weiterhin beruflich tätig ist und wenn vorausblickende Unternehmen mit wachsendem Gewinn ältere Arbeitskräfte bevorzugt mit verantwortungsvollen Aufgaben betreuen, so nicht nur deshalb, weil deren Stetigkeit und Pflichtbewußtsein, Zielstrebigkeit und Zuverlässigkeit die der jüngeren oft erheblich übertrifft, sondern mehr noch, weil das *Aktivbleiben im höheren Lebensalter* erfahrungsgemäß *unausgeschöpfte Leistungsreserven mobilisiert*, die sonst der Volkswirtschaft verlorengegangen wären.

Warum haben Universitätsprofessoren, Bibliothekare, Schriftsteller und andere Geistesarbeiter eine relativ größere Aussicht auf ein langes Leben als Angehörige anderer Berufe, wie dies kürzlich wieder von Professor *Ask-Lundmark* von der Universität Uppsala festgestellt wurde? Vor allem, weil sie ihre geistige Arbeit auch nach der Pensionierung irgendwie fortsetzen, ihr Gehirn also aktiv erhalten.

Es gibt keinen biologischen Grund, warum ein 70-jähriger nicht die gleiche Gehirnleistung vollbringen sollte wie ein 40jähriger. Wir wissen heute, daß von einer ‚Abnutzung des Gehirns im Alter' keine Rede sein kann. Der Mensch ist keine Maschine. Wie ein Muskel durch Gebrauch, also Übung, ständig stärker wird, so nimmt die Leistungskraft des Gehirns bei ständiger intensiver und möglichst vielseitiger Beanspruchung laufend zu. Und wenn diese bewußte Aktiverhaltung des Gehirns vor allem während der Übergangszeit in die sogenannte Zweite Leistungsperiode, also zwischen 55 und 65 Jahren, beachtet wird, stellt sich ein Zweites ein: *das Erwachen neuer Fähigkeiten und Talente, die bisher schlummerten.*

Von daher erklärt sich die Fülle der Altersleistungen, denen die Menschheit einen Großteil ihrer technisch-zivilisatorischen, wirtschaftlichen und geistig-kulturellen Fortschritte zu verdanken hat.

Wer hier tiefer blickt, der erkennt in diesen neuen Fähigkeiten, Talenten und schöpferischen Leistungen, die bei geistig aktiv bleibenden Menschen im Alter hervorbrechen, November-Knospen, die den kommenden Frühling neuen Lebens vorauskünden und seine Freuden, schöpferischen Vermögen und Beglückungen gewissermaßen vorauserleben lassen.

Diese Erfahrung des Aufbruchs neuer Kräfte und Fähigkeiten, die jeder im Alter machen kann, birgt zugleich die schönste Verheißung und die tröstliche Gewißheit künftigen Lebens mit höheren Aufgaben und größeren Vollendungen, das auf den zur Reife gelangten Menschen wartet.

DER ZEITLOSE MENSCH

Wie sehr die Vorstellungen von Jugend und Alter kulturell bedingt sind, zeigt ein Blick auf den Wandel der Auffassungen:

Im 17. Jahrhundert trugen selbst junge Menschen eine Perücke, weil es als Ideal galt, alt zu erscheinen. Sogar die Kinder sahen damals wie zu klein geratene Erwachsene aus. Das Ende des 18. Jahrhunderts ist gekennzeichnet durch eine Überbewertung der Jugendlichkeit; auch die ältere Generation strebt nach Anpassung an einen jugendlichen Lebensstil. Mitte des vorigen Jahrhunderts war wieder das Alter das Ideal der Jugend, die den Bart als Zeichen männlicher Reife trug. Anfang des 20. Jahrhunderts war das Jungsein Trumpf und die Alten galten als unnütz. Heute schlägt das Pendel wieder nach der Seite des Ältererscheinenwollens aus.

Daneben aber beginnt sich heute ein *neues Ideal* durchzusetzen, das nicht nur kulturell, sondern auch biologisch begründet ist: die Bejahung des *zeitlosen Menschen*, der weder in der Jugend alt erscheinen möchte noch sich im Alter nach dem Jungsein sehnt, weil er den Blick nicht auf die Vergänglichkeit des Leibes und Lebens, sondern auf die Zeitlosigkeit seines Innern richtet.

Er sieht im Jungsein und Altwerden das beiden Gemeinsame und Wesentliche: das *ständige Reiferwerden*, das sein Leben und Schaffen zu *jeder* Zeit verklärt. Er weiß um die Doppelnatur des Menschen, der aus einem zeitlich-vergänglichen und einem zeitlos-ewigen Wesen besteht.

Wer hier tiefer blickt, entdeckt viele Anzeichen dieser Hinwendung zum zeitlosen Menschen, die auch das höchste Alter verschönt, reich und sinnvoll gestaltet. Die Bewußtmachung dieser Tatsache kann dazu beitragen, *daß mit den Jahren der zeitlose Mensch in uns immer wacher und führender wird und uns hilft*, *den Sinn unseres Daseins und Wesens zu erkennen*, *das auf unendliches Wachs-*

tum und Reiferwerden angelegt ist und mit all seinen Gaben in die Zeitlosigkeit, die Ewigkeit, hinausweist.

Diese Besinnung führt uns mit dem Älterwerden zu immer klarerem Unterscheiden der zeitlich-äußerlichen und der zeitlos-inneren Werte. Sie läßt uns freudiger nach den ewigen inneren Werten streben: nach mehr Weisheit und Liebe, Güte und Geduld, Wahrhaftigkeit und Sanftmut, Gerechtigkeit und Gelassenheit. Je williger wir diese Werte pflegen, desto tiefer wachsen wir in das Reich des Geistes hinein.

Im gleichen Maße wächst in uns das Gewißsein unseres Geborgenseins in diesem Reich der Wirklichkeit und des Freiseins von den Schatten und Beschwerden des Alterns.

Wer diesen Weg fortschreitender Besinnung auf den zeitlosen Menschen in ihm geht und mehr und mehr mit ihm *eins* wird, der wird immer wacher für das alles zeitliche liebend umschließende und umhegende ewige Leben, das er nicht erst nach dem Tode erwartet, sondern in das er schon hier und jetzt dankbar-heiteren Herzens hineinwächst und als seine Heimat erfährt.

IM LICHTE DER EWIGKEIT

Ein Journalist schloß die Befragung eines der bekanntesten Staatsmänner unserer Zeit über die politische Lage mit einer persönlichen Frage ab:

„Welchen Umständen schreiben Sie es zu, daß Sie durch Ihre Rüstigkeit im hohen Alter und Ihre geistige Überlegenheit alle Jüngeren übertreffen und beschämen?"

Der Staatsmann fixierte den noch jugendlichen Frager scharf und antwortete dann kurz: „*Äußerlich* sind es der

Humor und die bejahende Einstellung zum Leben und zu den Aufgaben, die das Schicksal mir gestellt hat; *innerlich* ist es das Bewußtsein des Verbundenseins mit dem, was über uns ist. Man muß lernen, das Leben und die Dinge nicht nur im Licht des Alltags, sondern auch im helleren Licht der Ewigkeit zu sehen."

In der Tat ist es eines der Geheimnisse des Jungbleibens der Großen und Weisen der Menschheit, daß sie durchweg einer sonnig-heiteren Lebensanschauung zuneigten und das Leben bejahten und sich zugleich inmitten der Zeitlichkeit stets *dem Ewigen nahe und verbunden* wußten. Die Erfahrung lehrt, daß, wer sich mit dem Ewigen in Harmonie weiß, weder geistig noch körperlich abnehmen kann, sondern gewissermaßen zeitlos, also jung bleibt.

Ähnliches sprach *Wilhelm von Humboldt* in seinen „Briefen an eine Freundin" aus:

„Der Reiz der Jugend besteht in dem heiteren und unbefangenen Hineinstreben in das Leben. Mit dem Alter ist es nichts anderes: es ist im Grunde, wo es schön und kräftig empfunden wird, ein Hinaussehen aus dem Leben, ein Steigen des Gefühls, daß man die Dinge verlassen wird, ohne sie zu entbehren, indem man sie doch zugleich liebt und mit Heiterkeit auf sie hinblickt und mit Anteilnahme bei ihnen verweilt."

Wer solchermaßen im Leben das ewige Fortschreiten sieht, der wertet und macht den jeweiligen Augenblick oder Abschnitt seines Lebens zum wichtigsten Teil und Repräsentanten der Ewigkeit, der er sich innerlich immer gleich nah und verbunden weiß.

SEGEN DES REIFSEINS

Ein Kritiker bekannte einer Schauspielerin nach ihrem unerwarteten come back, daß sie noch nie so jugendlich gewirkt und so lebendig und natürlich gespielt habe wie jetzt — im reifen Alter. Er bat sie, ihm ihr Geheimnis zu verraten.

„Ich habe kein Geheimnis", lächelte sie, „ich habe nur eine andere Einstellung gewonnen. Die meisten Menschen, die zwar *alt*, aber nicht *reif* geworden sind, klammern sich mit angstvoller Gier an das Leben, möchten das Gewesene festhalten und verschließen sich dadurch dem immerfort in ihnen Wachsenden und sich Entfaltenden: dem *neuen Leben*, das unter dem alten verborgen keimt.

Wer hingegen *reif* geworden ist, gelangt zu der Einsicht, daß alles Vergangene Vorbereitung und Hinweisung auf das Künftige ist. Und je weniger er am Gewesenen hängt, desto fühlbarer quillt das neue Leben in ihm auf und läßt ihn an den *Segnungen der zeitlosen Gegenwart* teilhaben.

Eben weil ich mich nicht ans Alte klammere, habe ich lebendig teil am neuen Leben, das immer da ist. Es ist, als wäre ich aus einem endlosen Schlaf erwacht, als hätte der Wunsch des Evangelisten: ‚*Und gib uns einen neuen Geist!*' sich an mir erfüllt, als lebte ich jetzt erst *wirklich* — nicht nur vom Körper, sondern von der Seele her, in einem größeren Leben, in dem Alter und Reifsein nicht Not und Leid sind, sondern ein Vorzug und Gewinn.

Wem ich diese Weisheit verdanke? Der Natur und der Religion: der *Natur*, die, wenn sie im Herbst die

Knospen schwellen läßt, die nach der Winterstarre aufbrechen und den neuen Frühling grüßen, damit sichtbar macht, daß im Heute schon das Morgen lebt, und der *Religion*, weil sie mir die Gewißheit der Unvergänglichkeit meines Innern gibt, der ich mich einfach überlasse.

So lebe ich aus der ewigen Gegenwart des inneren Lebens, das kein Ende hat, mich immerfort erneuert und verjüngt und mich die Jahre nicht mehr zählen läßt!"

IMMER VORWÄRTS!

„Blick nicht zurück. Es kann dir nichts mehr helfen. Blick vorwärts!" rät *Schiller* („Wallensteins Tod"), und der Lebensphilosoph *Hilty* fügt hinzu: „*Schau immer vorwärts — und zuletzt über dieses Leben hinaus!*"

Wer gern bis ins höchste Alter lebendig und leistungsstark bleiben möchte, der sollte sich bewußt machen, was dieser Rat bedeutet. Die meisten Menschen verfallen, wenn sie älter werden, dem Fehler, mehr rückwärts als vorwärts zu blicken, und spüren nicht, daß es eben dieses negative, bedauernd-entsagende Rückwärtsschauen ist, das sie schneller altern läßt und ihnen die Tore der Zukunft verschließt.

Die Wenigen, die hoffnungsvoll vorwärts-blicken, entdecken hingegen, daß sich immer wieder eine Tür auftut und daß sie sogar die eilende Zeit überholen, so daß diese für sie stillzustehen scheint — um so länger, je mehr sie nicht nur vorwärts-, sondern mit den Jahren immer bewußter „über dieses Leben hinaus" schauen und nicht nur ihre zeitlichen, sondern auch ihre ewigen Ziele im Auge behalten . . .

So handeln jene, die im Gewißsein, daß sich unter der vergänglichen Hülle oder Maske des sichtbaren äußeren

Menschen der unsichtbare innere Mensch verbirgt, mit dem Älterwerden weniger in den Dingen aufgehen und mehr in sich hineingehen, weniger nach außen, auf die Schatten, sondern mehr nach innen, auf das Licht, blikken und häufiger über die trost- und weisheitsvolle Bedeutung der Tatsache nachdenken, die Jean Paul als Erster sah, als er von den *alten Menschen* sprach: „*Wohl sind sie lange Schatten*, und ihre Abendsonne liegt kalt auf der Erde; *aber sie zeigen alle nach Morgen*" — dorthin, wo die Sonne eines neuen Lebens aufgeht.

Für den, der dies erkannt hat, gibt es auch im letzten Akt seines Dasein keinen Abstieg, sondern nur ein Empor. Für ihn wandelt sich das, was die meisten als *Untergang* fürchten, in einen bloßen *Übergang* von einer Form des Seins zu einer anderen, höheren, größeren.

Und im Besinnen darauf, daß alle Abendschatten nach Morgen zeigen, im Bejahen der Unvergänglichkeit seines innersten Wesenskernes wird er, statt müder und vergrämter, von Jahr zu Jahr gelassener und freundlicher, lebensüberlegener und reifer.

ÜBER DIESES LEBEN HINAUS

Zu den Vielen, deren Lebenswerk im Alter seine höchste Steigerung erfuhr, gehört der Leipziger Philosoph *Gustav Theodor Fechner* (1801—1887). In der 1. Periode seines Lebens wirkte er als Physik-Professor und Verfasser physikalischer und chemischer Lehrbücher. Im 2. Abschnitt wandte er sich der Naturphilosophie zu, wurde Philosophie-Professor und gab eine Reihe metaphysischer Schriften heraus, deren bedeutendste der „Zendavesta" (Über die Dinge des Himmels und des

Jenseits) war. Zur 3. Periode seines Lebens gehören Werke wie das „über die Seelenfrage“ (1861), die zweibändigen „Elemente der Psychophysik“ und die „Vorschule der Ästhetik“ und sein philosophisches Testament: „Die Tagesansicht gegenüber der Nachtansicht‘, (1879). Im 4. Lebensabschnitt wandte er sich psychophysikalischen Problemen zu, schrieb grundlegende Arbeiten über Fragen des Zeit- und Raumsinns (1884) und über psychische Maßprinzipien (1887), die das sog. *Weber-Fechnersche Gesetz* begründeten, das besagt, daß, wenn die *Reize* in geometrischer Reihe zunehmen, die *Empfindungs-Intensität* nur in arithmetischer Reihe wächst.

Daß Fechner, den die Stadt Leipzig in Würdigung seiner Leistungen zum Ehrenbürger ernannte, bis zuletzt schöpferisch tätig war, ist um so erstaunlicher, als er in der Lebensmitte infolge Überarbeitung zusammenbrach, durch eine Verdauungslähmung, zeitweise Erblindung und andere Störungen an den Rand des Grabes gebracht wurde. Sein Lebensglaube ließ ihn völlig genesen.

Daß er in der Folgezeit eine körperliche Rüstigkeit und geistige Frische erlangte, die bis ins höchste Alter unverwüstlich blieben, schreibt er dem Umstand zu, daß er mit wachsender Lebensreife zur Erkenntnis des Sinns der Weltordnung und damit zur *Sinnerfüllung des eigenen Lebens* fand und zu einem *dynamischen Arbeitsidealismus*, der aus dem religiösen Gefühl der Unvergänglichkeit seines innersten Wesens und seines Geborgenseins in der Liebe des Ewigen erwuchs und den 78jährigen jene Wahrheit bekennen ließ, zu der jeder im Alter erwachen sollte:

„Blicke ich zurück auf mein Leben, so finde ich mich nicht unter der Zahl derer, denen der Lebensweg leicht gemacht war, finde aber, indem ich den ganzen Zusammenhang überblicke, daß das Schlimme mir noch Schlimmeres ersparte und daß ich auf Wegen, die nicht im Bereich menschlicher Voraussicht liegen, Besserem entgegengeführt worden bin. Der Hauptzug des bisherigen Lebens verrät mir das Prinzip und die Richtung des Ganzen, *und so stelle ich das, was bisher noch schwer und dunkel für mich war, einer Zukunft über dieses Leben hinaus anheim, an die ich glaube.*"

UNTER DER NACHT IST TAG

In Gesprächen mit vergrämten Alten ist mir klar geworden, daß ihrem Mißmut wie ihrer Lebens- und Zukunftsfurcht ein einziger Angstgedanke zugrundeliegt: der Gedanke an den näherrückenden *Tod* als bitteres Ende ihres Daseins . . .

Mit der Zeit lernte ich, diesen letzten Grund ihres Sorgens und Grämens behutsam zu erhellen und ihnen schrittweise bewußt zu machen, daß, wer den Tod fürchtet, schon das Leben verloren hat, während der in der Gegenwart und in der Ewigkeit zugleich lebt, der im Tode den größeren Bruder des Schlafes sieht und einsieht, daß, wie jeder Nacht ein Morgen folgt, auch unter der Nacht des Todes *Tag* ist.

Wie *Wilhelm von Humboldt* treffend sagt, ist der Tod „kein Ende des Daseins, sondern nur ein Zwischenereignis, *kein Untergang, sondern ein Übergang* aus einer Form unseres Wesens und Lebens in eine andere."

Wenn uns diese Wahrheit aufgeht, fürchten wir den Tod so wenig wie den Schlaf, sondern sehen in ihm den notwendigen Durchgang zu neuem Leben. Dann ist „der Tod nur ein Schritt in unserer ständigen Entfaltung, die Geburt in eine andere Daseinsform. Die *Sinne* sterben — und darum fürchten sie den Tod —; aber die *Seele* fürchtet ihn nicht, weil sie nicht altert und um ihre Unvergänglichkeit weiß“.

Wenn wir tief genug in uns hineinlauschen, bis wir die leise Stimme der Seele vernehmen, wissen wir es auch. Zuerst ahnen und schließlich fühlen wir, daß *Schopenhauer* die Wahrheit sprach: *Wenn einer tief in sich hineinhorcht, weiß er, daß er etwas anderes ist als der vergängliche Leib.* „Daraus entsteht ihm die Zuversicht, daß der Tod wohl seinem Dasein, jedoch nicht seinem Leben ein Ende macht“, sondern ihn zu einem anderen, höheren Sein und Leben hinüberleitet, das gewisser ist als das an Täuschung und Ungewißheit reiche Sinnendasein.

Je älter man wird und je mehr man sich mit dem inneren Leben und der geistigen Welt vertraut macht, desto verständlicher wird einem, was der große chinesische Weise *Lao-Tse* als Letztes lehrte: „Alles auf der Welt wächst, blüht und kehrt zu seiner Grundlage zurück. Rückkehr zu dieser Grundlage bedeutet Ruhe und Harmonie mit der Natur. Harmonie mit der Natur bedeutet Bewußtwerden des Ewigen. *Bewußtwerden des Ewigen bedeutet das Ende der Furcht vor dem Vergehen und Gewißsein des Lebens ohne Ende.*“

DES LEBENSABENDS HEIL’GE STERNE

Wenn die Sonne sich dem Untergang zuneigt, treten mit wachsender Dämmerung die ewigen Sterne hervor und lassen die unendlichen Weiten der kosmischen Lebensreiche ahnen.

Gleichermaßen werden für den, der am Lebensabend besinnlich *nach innen* schaut, in der Dämmerung seiner Tage verheißungsvoll die Sterne des Ewigen als Boten eines größeren Lebens sichtbar, wie es der Liederdichter *Ludwig Uhland* im hohen Alter erkannte:

„Das Lied, es mag am Lebensabend schweigen,
Sieht nur der Geist dann heil'ge Sterne steigen",

und noch deutlicher *Goethe:* „Am Abend des Lebens gehen dem gefaßten Geiste *Gedanken auf, bisher undenkbare;* sie sind wie selige Dämonen, die sich auf den Gipfeln der Vergangenheit glänzend niederlassen" und von dort her in eine neue Zukunft weisen.

Für den schöpferischen Menschen ist das Alter ein neuer Entwicklungszyklus, dessen besondere Einsichten und Inspirationen es auszuschöpfen gilt: Gedanken erwachen, die „bisher undenkbar" waren, weil die Antennen dafür erst im höheren Lebensalter gespannt und empfangsfähig werden — ausgenommen bei genialen Naturen, bei denen sie schon in den frühen oder mittleren Jahren unter Strom stehen und Lebensweisheiten vermitteln, die höheren Reifestufen zugehören, in denen Goethes Wort wahr wird: „Was man in der Jugend wünscht, hat man im Alter die Fülle", nämlich die Fähigkeit, die großen Zusammenhänge des Lebens von höchster, kosmischer Warte aus zu überblicken und die Welt hinter der Sinnenwelt zu schauen . . .

Wer diesen Weg der alten Weisen geht, hat Aussicht, wie Goethe jene wiederholte Pubertät zu erleben, die die genialen Naturen in verschieden hohen Graden erfahren, und bis ans Ende im Vollbesitz seiner schöpferischen Leistungskraft zu bleiben.

Goethes hierauf bezügliches Wort: „Mit den Jahren steigern sich die Prüfungen“ meint nicht die körperbedingten Beschwernisse des Alters, sondern jene *Prüfungen des Geistes*, die ihn im höheren Lebensalter seiner reifsten Entfaltung zuführen und ihn im frohen Erleben und Schaffen die Jahre vergessen lassen.

Noch jeder, der die Antennen seines Geistes mit jedem Jahrzehnt auf höhere Inspirationen abstimmte, erwachte zu jener Einsicht, die den greisen Goethe im Anblick des Todes gelassen bleiben ließ: „*daß unser Geist ein Wesen ist ganz unzerstörbarer Natur, ein fortwirkendes von Ewigkeit zu Ewigkeit, der Sonne ähnlich, die bloß unseren irdischen Augen unterzugehen scheint, aber eigentlich nie untergeht, sondern unaufhörlich fortleuchtet.*“

Möchten des Lebensabends heil’ge Sterne in vielen Herzen diese Gewißheit der Weisen beglückend erwecken!

„WAS DU BIST, DAS SIEHST DU NICHT“

Wer nicht gedankenlos und blind durchs Leben rast, sondern bewußt um sich blickt, entdeckt hier und da alte Menschen, deren Antlitz von einem inneren Licht durchstrahlt scheint. Ich kannte und kenne einige solcher weisen Alten — und einer von ihnen offenbarte mir das Geheimnis seiner strahlenden Überlegenheit über die Vergänglichkeit des Leibes und aller irdischen Freuden:

„Was mich für immer über jede Furcht vor dem Vergehen und dem Tode hinausgehoben hat“ — sagte er mir, —“ war ein Wort des indischen Dichters *Tagore*, das mich unmittelbar anrührte: ‚*Was Du bist, siehst Du nicht; was Du siehst, ist nur Dein Schatten.*‘

In Stunden besinnlichen Nachdenkens über diese Wahrheit sind mir viele beglückende Gewißheiten aufgegangen: Was ich sehe — meinen Körper und sein Vergehen —, ist nur mein Schatten. Mein inneres Wesen, das dieser Schatten verhüllt, die strahlende Seele, die das Körperkleid verbirgt, sehe ich nicht; aber ich fühle und weiß, daß *ich es bin* und daß ich, mein eigentliches Selbst, in allen Veränderungen meines ‚Schattens', meines äußeren Wesens, unwandelbar derselbe bin und bleibe, unberührt und unberührbar von Vergehen, Leid und Tod.

Diese Gewißheit verhalf mir dazu, mit den Jahren meinen Blick immer häufiger und bewußter auf die *innere Welt* zu richten, die innere Wirklichkeit, und heute, wo ich an der Schwelle der Ewigkeit stehe, freudigen Herzens der anderen Mahnung Tagores zu folgen: ‚Laß unser Leben schlicht sein nach außen und reich an innerem Gewinn. *Inhalt — das allein entscheidet!*'

Dieses Streben nach Inhalt, nach innerer Fülle, ist es, das mehr und mehr auch mein äußeres Dasein verklärt und verschönt hat und mich alles, auch das Nichtigste, im Lichte der Ewigkeit sehen und dankbar entgegennehmen läßt."

„Was Du bist, das siehst Du nicht. Was Du siehst, ist nur Dein Schatten!" — Ich bin gewiß, daß unser ganzes Leben und Zusammenleben und unsere Welt schöner, lichter und freudenreicher werden würde, wenn mehr Menschen sich, wenigstens in der zweiten Hälfte ihres Lebens, auf diese Wahrheit besinnen und versuchen würden, nach ihr zu leben, *und weniger auf das Vergängliche und mehr und bewußter auf das Unvergängliche in uns und über uns blicken würden.*

LARVE DER EWIGKEIT

Ein Schriftsteller und Philosoph, dessen leuchtend weißes Haupthaar und wallender Bart ihn zu einer Verkörperung der Würde und Weisheit des Alters machten, war mir bis zu seinem Tode Freund und Lehrer. Unter seinen Aussprüchen ist mir einer unvergeßlich:

„Alles Leben" — sagte er, als ich ihn an einem trüben Novemberabend besuchte und unser Gespräch die Vergänglichkeit des Daseins berührte — „alles Leben ist Tag für Tag ein Absterben des Niederen zum Keimen und Gedeihen des Höheren. *Wie die Zeit die Larve der Ewigkeit ist, so ist der Mensch die Raupenform eines himmlischen Schmetterlings, die nicht ahnt, daß auch bei ihr das Absterben des Niederen dem Erwachen und Gedeihen des Höheren dient.*"

Als ich ihn um eine Erläuterung dieses Wortes bat, das mir gerade für ältere Menschen, die am Sinn ihres Daseins verzweifeln, trostvoll und bedeutsam erschien, fuhr er fort:

„Wie in der Raupe der künftige Schmetterling steckt, so ist die Menschengestalt die Vorform und Vorausküundigung eines höheren Menschenseins, das in jedem von uns angelegt ist und auf seine Entfaltung wartet.

Zeit und *Vergehen* sind die Entfaltungsmittel des Lebens, die Helfer zum Erwachen und Gedeihen des Höheren. Beide aber — Zeit und Vergehen — sind nur äußere Wirklichkeiten, keine inneren, wie schon Angelus Silesius erkannte: ‚Du selber machst die Zeit, das Uhrwerk sind die Sinnen; hemmst du die Unruh' nur, so ist die Zeit von hinnen'.

Wer sich von den Sinnen und der Sinnenwelt weg- und der Innenwelt zuwendet, der tritt nicht nur aus der Zeit in die Zeitlosigkeit, sondern gelangt zugleich aus seinem vergänglichen in sein ewiges Wesen und entdeckt mit Goethe: ‚Jedes Wesen, jede Entelechie ist ein Stück Ewigkeit, und die paar Jahre, die sie mit dem irdischen Körper verbunden ist, machen sie nicht alt.‘

Nur der äußere Mensch altert und vergeht; der innere weiß um seine Ewigkeit. Wie kann einen da noch das Schwinden der Zeit und das Vergehen des Leibes bekümmern, dient doch beides nur dem Erwachen und Gedeihen des inneren Menschen und dem Bewußtwerden seiner Unvergänglichkeit."

SEI DU SELBST

„Wenn der Greis nicht mehr könnte als der Mann, was wäre dann wohl der Sinn des Alters?"

Die Antwort auf diese Frage Gerhard Hauptmanns geht dahin, daß der Sinn des Alters in der *Selbst-Besinnung* und im *Selbstsein* liegt. Was heißt das?

Sei Du selbst! war die höchste Forderung der römischen Philosophen, vor allem der Stoiker. Ihre Erfüllung bedeutet mehr als Selbstbewußtsein im Sinne des Überzeugtseins vom Wert der eigenen Persönlichkeit: es ist ein Innewerden des Selbst und ein Einswerden mit ihm, das Bewußtsein des Geführtseins von innen her, und im Letzten: *Selbstverwirklichung.*

Der Selbstseiende ahnt nicht nur hinter dem Winter des Lebens den neuen Frühling; er *weiß* um ihn, und das macht ihn gelassen gegenüber allen Wandlungen im Äußeren, die seinen innersten Wesenskern nicht berühren.

Dem seiner selbst Unbewußten erscheint das Leben als Freund, der Tod als Feind. Dem Selbsterkennenden erscheinen beide als Freunde. Dem Selbstseienden wird diese Freundschaft in der Bejahung des Lebens wie des ewigen Seins zu lebensvoller Wirklichkeit. Er weiß, daß das Leben kein nur chemisch-physikalischer Prozeß ist, sondern Ausdruck einer höheren Ordnung, die über dieses Dasein hinausreicht und ihm erst seinen Sinn gibt.

Daher die Verschiedenheit der Blickrichtung: Der seelisch Unerwachte lebt im Alter vorwiegend in der Vergangenheit, der Selbsterkennende blickt zuversichtlich in die Zukunft, der Selbstseiende lebt in der Gegenwart — im Augenblick, der Ewigkeit ist —.

Die Gedanken des Unerwachten kreisen um das Ich und dessen Umwelt, die des Selbsterkennenden um sein Verbundensein mit der Natur, die des Selbstseienden, im Aufblick zu den ewigen Sternen, um seine Allverbundenheit und Geborgenheit im Ewigen.

Das spiegelt sich auch in den Träumen: beim Unerwachten sind sie, im Alter, dramatische Verwirklichungen geheimer Jugendwünsche, beim Selbsterkennenden Vorausblicke auf geahnte künftige Zustände, beim Selbstseienden, soweit er noch träumt, Verklärungen der zeitlosen Allgegenwart, in und aus der er lebt.

So leitet der Weg des Selbstseins empor zu jenem Leben, das immer höher führt, und erfüllt das Alter mit einem Licht und Glanz, mit dem verglichen die früheren Lebensstufen ein Tappen durch Nacht und Dämmerung sind. *Im Maße seines Selbstseins schreitet der Mensch im höheren Alter aus dem Dämmer der Ichhaftigkeit hinaus in das steigende Licht allgeweiteten ewigen Seins.*

LEBEN OHNE ENDE

Der Leipziger Biologe, Philosoph und Begründer des Neovitalismus — der Lehre von der übermechanischen Eigengesetzlichkeit des Lebens —, Professor *Hans Driesch* (1867—1941), einer der führenden Geister unseres Jahrhunderts, spricht am Schluß seiner 1951 in Basel erschienenen „Lebenserinnerungen" vom Altern:

„Ich schreibe diese Zeilen beim Eintritt in das achte Jahrzehnt meines Lebens. Merke ich eigentlich, daß ich alt geworden bin? Körperlich in gewisser Weise wohl: große Bergtouren würde ich nicht mehr machen, aber schwimmen tue ich jeden Sommer wie in meiner Jugend. Ob meine geistigen Kräfte nachgelassen haben, kann ich selbst nicht beurteilen, das müssen andere durch Vergleich meiner in den verschiedenen Lebensdezennien publizierten Werke tun. Meine *Anteilnahme am geistigen Leben* ist, soweit mein eigenes Lebensgefühl hier in Frage kommt, *unverändert geblieben*. Kurz gesagt: ich fühle mich nicht alt!

Was ich leisten konnte, ist wohl in gewissem Grade abgeschlossen; die Unvollkommenheiten des Gelehrten kennt keiner besser als ich selbst. Werden sie, in nicht allzu ferner Zeit, durch Arbeit in neuer Daseinsform gemildert werden? Ich weiß es nicht, halte es aber nicht für unmöglich. Wäre das Lebensdrama mit dem Tode zu Ende, so wäre es, trotz des im ganzen glücklichen Verlaufs, eine Tragödie. Vielleicht ist es keine Tragödie, sondern ein Drama — ohne Ende."

Als Hans Driesch am 16. April 1941, nachdem er seine Lebenserinnerungen vollendet hatte, einen sanften Tod starb, schied er mit der Gewißheit, die er aus vielen parapsychologischen Studien und Untersuchungen in der zweiten Hälfte seines Lebens in Europa wie in Amerika und Asien gewonnen hatte: daß für den Tieferblickenden hinter allem im Lebensgeschehen, wie bei einem Schauspiel, eine Absicht und ein Plan erkennbar ist, *das sichtbare Walten einer inneren Führung, die Hinführung ist zu einer höheren Wirklichkeit.*

Für diese Wirklichkeit werden wir mit zunehmendem Alter, in dem wir immer tiefer sehen, schrittweise wacher, bis wir, im Tode, gänzlich zu ihr hinüberschreiten, sie als die andere, größere Seite des Lebens erkennen und zu der Wahrheit erwachen, *daß unser Erdendasein nur ein Akt jenes Schauspiels ohne Ende ist, das wir Leben nennen und das der Tod nicht beendet, sondern nur unterbricht.*

DAS EWIGE HINTER DEM WECHSEL

Wenn ich alle Gespräche überblicke, die ich mit den ältesten Menschen um mich herum geführt habe, schält sich ein Kerngedanke heraus, dem *Kayßler* Ausdruck gab: „Warum scheint uns die Zeit immer schneller zu fliegen, je älter wir werden? Weil wir *reifer* werden, weil uns allmählich Organe wachsen, die uns befähigen, die Zeiten zusammengeballter zu sehen, mehr in großen Zusammenhängen, gleichsam mit einer *Vorahnung der Ewigkeit.*"

Wer ein hohes Alter erreicht hat, möchte, ehe es zum Scheiden kommt, seinen Lieben gern das Wesentlichste aus dem Schatz seiner Erfahrungen und Einsichten vermitteln. Solange er im Getriebe des Lebens stand, war die Sicht nicht frei; nun aber, auf dem Gipfel, schweift sein Blick ungehindert über alle Niederungen und Höhen des Daseins, das hinter ihm liegt, und wendet sich schließlich zur anderen Seite, über der eine hellere Sonne leuchtet. Und der Wunsch glüht auf, die trostvolle Gewißheit zu hinterlassen, die ihm ward: *daß hinter allem Wechsel und Wandel ein Ewiges steht — das innere Leben und Sein, für das der Tod nur ein Übergang ist.*

Nicht jeder erlebt diesen Übergang so wie der italienische Komponist *Bellini*, der in seiner letzten Stunde seine Umgebung fragte: „Hört ihr die wundersamen Töne? O wie schön! Könnte ich sie doch wiedergeben; ich hinterließe der Welt das größte aller Meisterwerke." Schon halb bewußtlos, stammelte er noch leise: „Mein Gott, wie schön das klingt. O, noch einmal, noch ein..." Das Antlitz des Heimgegangenen strahlte selige Entrücktheit . . .

Klopstock kommt der Wahrheit nahe: „Nach den letzten Augenblicken des Todesschlummers folgt Entzücken, Wonne der Unsterblichkeit"; denn das schon körperbefreite Bewußtsein schwingt sich zu höchster Lichtheit auf . . . Doch kann man diese Gewißheit niemandem geben, wie schon Goethe erkannte: „Den Beweis der Unsterblichkeit muß man in sich tragen. Wohl ist alles in der Natur Wechsel, aber *hinter dem Wechselnden ruht ein Ewiges.*"

Das Erwachen dieser Gewißheit ist die Krönung aller Weisheit und Schönheit des Alters. So sah es Herder:

„Ein Traum, ein Traum ist unser Leben auf Erden hier,
Wie Schatten auf den Wogen schweben und schwinden wir,
Und messen unsere trägen Tritte nach Raum und Zeit
Und sind — und wissen's nicht — inmitte der Ewigkeit."

K. O. Schmidt

NEUE LEBENSSCHULE

Ein Jahresplan der Lebens- und Erfolgsbemeisterung in 52 Wochenlektionen

Um die ständig steigenden Anforderungen, die in der heutigen Zeit an jeden einzelnen von uns gestellt werden, bewältigen zu können, gewinnt die Schulung der geistigen Kräfte und die Aktivierung des Überbewußtseins eine immer größere Bedeutung.

In dem vorliegenden Werk vermittelt K. O. Schmidt, der Meister des positiven Denkens, in 52 Wochenlektionen eine umfassende und gut fundierte Grundlage, das Leben optimal zu gestalten und alle Lebenshemmungen und -hindernisse zu überwinden.

Die Beherrschung der Lebensgesetze und eine Fülle praktischer Übungen, die sämtliche Bereiche des menschlichen Lebens umfassen, helfen, die schöpferischen Kräfte der Seele zu aktivieren.

Der Lebensschüler entdeckt so eine Vielzahl bisher unbekannter Fähigkeiten und Talente in den Tiefen seines Wesens. Er lernt, seiner inneren Führung zu folgen und seinen eigenen individuellen Weg zufinden. So lebt er schließlich im Einklang mit sich selbst, seinen Mitmenschen und den ewigen Gesetzen. . .

Hier eine kleine Kostprobe aus dem Inhaltsverzeichnis:

Band I: In Dir ist die Kraft

Mache Dein Leben zu Deinem Meisterwerk! – Steigerung der Willenskraft – Praxis der Konzentration – Entfaltung der schöpferischen Kräfte – Ausdauer ersetzt Genialität – Beseitigung seelischer Hemmungen – Überwindung von Minderwertigkeitsgefühlen – Grundlagen des Erfolges – etc.

412 Seiten

Band II: Macht der Persönlichkeit

Sicheres Auftraten – Macht der Persönlichkeit – Menschenkenntnis – Steigerung der persönlichen Anziehungskraft – Richtig lernen und behalten, Überwindung von Gedächtnisschwäche – Richtig verhandeln – Geistesgegenwart und Schlagfertigkeit – Selbstschutz vor Fremdbeeinflussung – Das Gesetz der Anziehung – Das Gesetz des Wachstums – etc.

348 Seiten

Band III: Die schöpferischen Kräfte

Erkenne Dich selbst! Von der Selbsterkenntnis zur Selbstverwirklichung – Der Mensch, Schatzkammer schöpferischer Kräfte – Emerson, der Lebenslehrer – Der Geist des Lebens – Der äußere und der innere Mensch – Persönlichkeit und Individualität – Aktivierung der Tiefenkräfte – Kraftfeld Mensch – etc.

384 Seiten

Einzelband broschiert DM 24,80 / Leinen DM 36,–

Band I–III zus. brosch. ISBN 3-87667-174-4 DM 68,–

Band I–III zus. Leinen ISBN 3-87667-164-7 DM 98,–

K. O. Schmidt

BEJAHUNG DES LEBENS

Wie kann man bisher ungenutzte Kräfte zu seinen Verbündeten im Leben machen?
Um unsere Wünsche zu verwirklichen und Erfolg zu haben, müssen wir die Kraft positiven bejahenden Denkens konsequent in unseren Dienst stellen. Jeder Gedanke hat die Tendenz, sich früher oder später zu realisieren und Gleiches anzuziehen.
Wenn wir nur das denken, was wir verwirklicht haben möchten, bringen wir die Gedanken anderer Menschen zum Mitschwingen. Sie unterstützen uns jetzt, bewußt oder unbewußt, bei dem Erreichen unserer Ziele. Aber auch unsere Gedankenkräfte wachsen beim bewußten Bejahen um so mehr, je gefühlsbetonter, je plastischer wir denken – so, als würden sie aus einer kosmischen Kraftbatterie gespeist.
Aber es gibt Voraussetzungen, um die Kraft der positiven Bejahung effektiv zu nutzen: K. O. Schmidt hat 111 Gedankenanregungen und Übungen zusammengestellt, die die Konzentration stärken, die Verbindung zu den Kräften des Unterbewußtseins wiederherstellen und insgesamt den Weg zu Erfüllung und Glück bereiten.

220 Seiten, kart. DM 16,80
ISBN 3-87667-175-2

REICHL VERLAG – DER LEUCHTER

Franz Arnoul

DER SCHLÜSSEL DES LEBENS

Heilung durch die biologische Therapie nach
Professor Dr. Enderlein

Die Therapie nach Prof. Enderlein kann tatsächlich der Schlüssel sein, Krankheiten, die sich bisherigen Behandlungsmethoden widersetzten, wirkungsvoll zu begegnen. Sie ist eine Regulationstherapie, das heißt sie stellt das lebensfördernde Gleichgewicht der Mikroorganismen wieder her, die mit unserem Organismus in Symbiose leben. – Seit 15 Jahren setzt Franz Arnoul als Heilpraktiker diese Therapie erfolgreich ein. Er zeigt ausführlich und allgemein verständlich ihre Grundlagen und Wirkungsweise auf. Die zahlreichen Fallbeispiele vermitteln einen Einblick über das weite Spektrum, in dem die Therapie eingesetzt werden kann:
Es reicht von Durchblutungsstörungen und deren Folgeerscheinungen wie Thrombosen, Krampfadern, Hämorrhoiden über rheumatische Erkrankungen bis zu Geschwulstbildungen und Allergien.
Die Behandlungserfolge berechtigen zur Hoffnung, daß diese Therapie bald einem breiteren Patientenkreis zugute kommen wird.

214 Seiten, geb. DM 39,80
ISBN 3-87667-196-5

EDITION ASKLERIOS IM REICHL VERLAG

Felix Aeschbacher

DIE HEILKRAFT DER STILLE

In dieser schnellebigen und lärmerfüllten Zeit haben Momente der Stille Seltenheitswert. Viele spüren, daß mit ihrem Leben etwas nicht “in Ordnung“ ist und flüchten oft in noch regere Betriebsamkeit.

Dieses Buch will Mut machen, sich auf die innere Stille einzulassen. Sie kann der Schlüssel sein zu einem Wunderland, in dem es viele Kostbarkeiten zu entdecken gibt.

Indem wir unsere innere Mitte finden, schaffen wir die Voraussetzung für das wahre Leben, für wirkliche Erkenntnis und Inspiration. Sie finden neben vielen Gedankenanregungen auch wirkungsvolle Übungen, die leicht durchzuführen sind. In einem 10-Wochen-Programm haben Sie die Gelegenheit, praktische Erfahrungen zu sammeln.

Felix Aeschbacher vermittelt eine neue Lebenseinstellung, mit der Sie jeden Augenblick Ihres Daseins bewußter, sinnerfüllter und glücklicher erleben können.

114 Seiten, kart. DM 16,80
ISBN 3-87667-179-5

DER LEUCHTER
REICHL VERLAG – D-5401 St. GOAR

Gesamtverzeichnis des Verlages auf Anfrage